古代歷史文化 研究輯刊

十九編

王明蓀 主編

第25冊

司馬遷的史學批判與《史記》的建構(下)

楊庭懿 著

國家圖書館出版品預行編目資料

司馬遷的史學批判與《史記》的建構（下）／楊庭懿 著—初
版—新北市：花木蘭文化事業有限公司，2018〔民107〕
目 4+194 面；19×26 公分
（古代歷史文化研究輯刊 十九編；第 25 冊）
ISBN 978-986-485-421-9（精裝）
1.（漢）司馬遷 2. 史記 3. 史學評論
618   107002321

ISBN-978-986-485-421-9

9 789864 854219

古代歷史文化研究輯刊
十九編　第二五冊　　　　　　ISBN：978-986-485-421-9

司馬遷的史學批判與《史記》的建構（下）

作　者　楊庭懿
主　編　王明蓀
總 編 輯　杜潔祥
副總編輯　楊嘉樂
編　輯　許郁翎、王筑　美術編輯　陳逸婷
出　版　花木蘭文化事業有限公司
發 行 人　高小娟
聯絡地址　235 新北市中和區中安街七二號十三樓
　　　　　電話：02-2923-1455／傳眞：02-2923-1452
網　址　http://www.huamulan.tw 信箱 hml810518@gmail.com
印　刷　普羅文化出版廣告事業
初　版　2018 年 3 月
全書字數　239738 字
定　價　十九編 39 冊（精裝）台幣 100,000 元　　　版權所有‧請勿翻印

司馬遷的史學批判與《史記》的建構(下)

楊庭懿　著

目

次

第肆章　「史記的建構」一：司馬遷的歷史考據

　　本章企圖從歷史編纂的角度，討論司馬遷在從事史料考據時的基本原則及其具體步驟。具體來說，前述所論究者爲司馬遷的史學思想，本章則爲史學方法。

　　由於「史學方法」屬於現代觀念，或許有人認爲以現代觀念解釋古人，難免有「以今度古」〔註1〕之弊。但筆者以爲：許多觀念實在是古今相通，只是用語有別而已。故以現代詞語以詮釋古人，亦屬人文研究的任務之一。況且，誠如美國著名傳播學教授尼爾‧波茲曼（Neil Postman，1931～2003）所言：「社會研究從來不發現任何東西，它只是重新發現人們過去知道、現在需要重述的東西。」〔註2〕相信人文研究亦然，故如何爲古人喉舌，才是關鍵所在。〔註3〕

　　史學方法爲二十世紀中西史學發展的主流議題之一，〔註4〕尤其是 1922年伯倫漢（Ernst Bernheim）的《史學方法論》發行中譯本後，我國史學界以

〔註1〕　崔述《考信錄提要》云：「人之情好以己度人，以今度古，以不肖度聖賢。至於貧富貴賤，南北水陸，通都僻壤，亦莫不互相度。往往逕庭懸隔，而其人終不自知也。」參〔清〕崔述：《崔東壁遺書‧考信錄提要》，卷上，頁6。
〔註2〕　〔美〕尼爾‧波茲曼（Neil Postman）：《科技奴隸》，頁185。
〔註3〕　著名經濟史家侯家駒嘗言：「思想史研究者的任務，不僅是古人思想的探索者與整理者，而且還要作其『舌人』。」本文之態度即由此而來。參見氏著：《先秦儒家自由經濟思想》，頁（二）。
〔註4〕　王爾敏認爲史學通論、史學方法與史學史三者可視爲二十世紀史學研治重心的代表。參見氏著：《新史學圈外史學》，頁46。

「史學方法」爲主題的研究著作便不曾中斷過。根據王爾敏的統計,從 1910 年周嵩年的《中國史研究法》爲起始,迄至 1979 年杜維運的《史學方法論》出版,近七十年,同類著作凡三十二種,相當於每隔兩年便有類似的著作出版。〔註5〕這還只是根據書名的類似性所作的籠統計算,其他如法國學者布洛克(Marc Bloch)所著《史家的技藝》、英國史學家愛德華・卡耳(Edward. H. Carr)的《何謂歷史》,或著名的後現代史學家凱恩・詹京斯(Keith Jenkins)《歷史的再思考》等,雖未冠上「史學方法」之名,但就內容而言,皆是觸及歷史研究方法的重要著作。由此來看,「史學方法」的探究確實爲引領二十世紀史學發展的主流風潮,且至今未衰。雖然如此,但是否在此之前的史學發展就毫無方法可言呢?其實凡有意識的從事史學工作者(無論其目的在於紀錄、考證或詮釋),其欲完成工作賴以憑藉的概念、原則或執行步驟,皆該以「史學方法」等視之。以司馬遷撰述《史記》爲例,縱使當時連「史學」一詞都未見發明,但《史記》中自道其著述過程、考信方法等,實在已是「史學方法」的具體運用。

其次,縱使伯倫漢以其《史學方法》一書,享有西方史學方法論之鼻祖的令譽,〔註6〕但從史學史的角度來看,其背後反映的是以德國史學家蘭克爲主的客觀主義史學觀點,〔註7〕未能代表其他史學流派。換言之,「史學方法」會隨著研究者的意識形態、理論模型或終極關懷而有所改變,「並無一人能建立最完善的治史方法,也沒能建立一種嚴格的標準測斷」。〔註8〕然「史學方法」的研究或學習,是否便因此失去他的價值?答案當然不是。從史學史的角度而言,研究個別史學家的史學方法,有助於了解史學發展脈絡的前因後果,包括一種意識形態、理論模型或終極關懷的形成及其演變陵夷;從歷史教育的角度而言,瞭解個別史學家的史學方法,除了可供資鑑外,亦是訓練不同視野切入考量的思辨契機。再者言,比較不同史學家觀點的異同,歸納史學的普遍性與特殊性,不亦正是史學研究的目的之一嗎。

〔註 5〕王爾敏:《新史學圈外史學》,頁 47〜48。

〔註 6〕杜維運:《憂患與史學》,頁 158。

〔註 7〕王晴佳稱其屬於「科學史學」當中的「德國歷史學派」模式,而張廣智則稱其爲「客觀主義史學」。參〔美〕格奧爾格・伊格爾斯(Georg G. Iggers)、王晴佳:《全球史學史:從 18 世紀至當代》,頁 128。張廣智:《西方史學史》,頁 214。

〔註 8〕王爾敏:《新史學圈外史學》,頁 48。

故本章則旨在點出以蘭克史學爲主的「史學方法」，乃是建立在科學精神與進化史觀爲前提下的一種方法論，而非最後一種方法論。而司馬遷所處之世，雖未有完整的史學方法論產生，但就「實質」而言，其毫不遜色於今日諸種「史學方法」之說；甚至近世流行的口述史學，蘭克有別於其它科學化史學流派注重「客觀事實」的特徵等，皆在《史記》文本中有所呈現。故本章除了從史學史角度分析司馬遷史學方法的承先啓後外，最重要的是呈現其仍舊能與現今接軌的部份觀點，以平反中國史學自民初以來遭西方進化論與科學主義扭曲的落伍評價。

一個歷史研究工作的完成，大抵可分成三個步驟：蒐集資料、考證資料，最後是綜合資料；綜合資料的篇幅又可依據研究主題或研究目的的不同決定其篇幅，小至一條史料的考證報告，大至一個主題斷代的敘事論述，皆可納入綜合資料的討論當中。而綜合資料之內容如何表現，又決定於主筆者其切入的視角（包括其意識形態、理論模型或終極關懷等），故而同樣的題材，由不同的史學家處理，產生截然不同的面貌或評價是可以理解的，否則如同《史》、《漢》比較之類的研究將毫無意義可言。

故而本章所要論究的，乃是司馬遷如何蒐集資料、考證資料及綜合資料。第一節專注於說明史遷蒐集史料的類別及範疇；第二節則分析其在綜合史料此一過程中，背後的問題意識以及具體操作的細節。

第一節　史料的蒐集與分類

一、史料的類別

史料的蒐集與考證，爲史學工作中最基本卻也是最重要的步驟，誠如梁任公所言：「史料爲史之組織細胞，史料不具或不確，則無復史之可言。」〔註9〕在科學治史的要求下，史料學逐漸發展成史學方法論中重要的一環，對於史料的定義與範疇亦越發深入且寬廣。有別於傳統僅以文獻爲主的史料概念，如伯倫漢（Ernst Bernheim）將史料分爲「傳說」和「遺物」兩大類；梁啓超分爲「文字」與「非文字」兩類；傅斯年則分爲「直接」與「間接」兩類；許冠三分爲「供證」和「遺跡」兩類；杜維運分爲「同源」與「異源」

〔註9〕梁啓超：《中國歷史研究法》，頁83。

兩類。以上五家之說，又可歸納爲兩派，一派以史料的傳播、敘事爲目的作區別，〔註 10〕一派以史料的來源爲一手或二手作區別；前者如伯倫漢、梁任公、許冠三皆以此爲定義標準，後者如傅斯年、杜維運皆從此角度切入。

　　史料的認知是與時俱進的。但二千多年前的司馬遷，在史料的蒐集與考證的處理上，有暗合於現代的史學觀念與方法。如傅斯年點出史料有「直接史料」和「間接史料」的差別，「凡是未經中間人手修改或省略或轉寫的，是直接的史料；凡是已經中間人手修改或省略或轉寫的，是間接的史料。」〔註 11〕能利用「直接史料」，方能獲得最接近事實、最接近客觀角度的紀錄陳述，因爲凡經過轉手的史料，無論有心或無意，在記憶能力有限，或爲求文學表現，或受意識形態驅使等因素下，皆有造成記錄失眞的可能。即如傅氏所言：

> 直接材料雖然不比間接材料全得多，卻比間接材料正確得多。一件事經過三個人的口傳便成謠言，我們現在看報紙的記載，竟那麼靠不住。則時經百千年，輾轉經若干人手的記載，假定中間人並無成見，並無惡意，已可使這材料全變一翻面目；何況人人免不了他自己時代的精神；即免不了他不自覺而實在深遠的改動。〔註 12〕

而杜維運除了延續伯倫漢「傳說、遺跡」的二分說外，還在傅斯年的定義基礎上提出了史料有「同源、異源」的性質。〔註 13〕「同源史料」，即作者爲同

〔註 10〕如伯倫漢言：「凡事故方面所直接遺留，至今尚存者，謂之遺跡，其由事故方面傳說而來，經過人之觀察而重復述出之者，則謂之傳說。」許冠三申之更明，言曰：「一切供證必然出諸記敘的形式。記敘以外的文獻皆不應該被視爲供證。具有記敘形式的文獻雖然有時也可作遺跡用，但主要地是作供證用。」具言之，對於許冠三而言，甲骨卜辭雖然帶有文字敘述的文獻性質，但這「只是往事存在的痕跡，而不是對往事存在所作的紀錄。」而「紀功紀事碑」等，其目的在於記錄往事，便列入供證。至於梁任公之定義則仍未脫傳統史學對於史料的認知，即單以文獻和非文獻作區分。參見〔德〕伯倫漢著、陳韜 譯：《史學方法論》，頁 190。許冠三：《史學與史學方法》，頁 181。梁啓超：《中國歷史研究法》，頁 85。

〔註 11〕傅斯年：《史學方法導論》，收入《傅斯年全集：第二卷》，頁 309。

〔註 12〕傅斯年：《史學方法導論》，收入《傅斯年全集：第二卷》，頁 311。

〔註 13〕杜維運於其著《史學方法論》中闢有〈比較方法〉一章，言曰：「史學家必須應用比較方法。紛紜龐雜的史料，蒐集在一起，不經過比較，無法看出每一種史料所代表的特殊性質以及史料與史料間詳略異同之所在；……所以比較方法是史學方法中最基本最重要的方法之一，史學家不能摒拒應用這一種方法。」而傅斯年於〈史料論略〉曰：「假如有人問我們整理史料的方法，我們要回答說：第一是比較不同的史料，第二是比較不同的史料，第三還是比較不同的史料。」並且列出「八雙十六類」的比較項目。故言杜氏立基於

一人，或來源出處相同的史料；「異源史料」，即不同史料之間內容相涉卻細節相異的史料。〔註 14〕因爲細節相異，故有比較的價值，而歷史事實往往則能從此相異處磨合出接近事實原貌的契機。

前述提及二手史料有可能因爲種種因素，造成內容失眞，其實這種情況，那怕是身歷其境的當事人所記錄的第一手資料，也可能因此緣故而記下偏頗或片面的記錄，講究蒐羅「同源、異源」史料的目的亦可補強此種闕漏，以達到還原事實眞相的效果。故傅氏言：

> 一旦得到一個可信的材料，自然應拿他去校正間接史料。間接史料
> 的錯誤，靠他更正；間接史料的不足，靠他彌補；間接史料的錯亂，
> 靠他整齊；間接史料因經中間人手而成之灰沉沉樣，靠他改給一個
> 活潑潑的生氣象。〔註 15〕

直接史料與間接史料兩者彼此如何互正、互補、互校的功能，孟眞言之明矣。

而此種憂心次級史料造成事實失眞的問題意識，司馬遷於《史記》中亦有所表露，如〈仲尼弟子列傳〉贊曰：

> 學者多稱七十子之徒，譽者或過其實，毀者或損其眞，鈞之未覩厥
> 容貌，則《論言弟子籍》出孔氏古文，近是。余以弟子名姓文字，
> 悉取《論語弟子問》，并次爲篇。疑者闕焉。

司馬遷認爲許多學者提及孔子七十弟子皆能侃侃而談，稱譽者往往過多溢美之詞，而疵毀者則不惜捏造故事、扭曲眞相，倘若要認眞探究他們的資訊來源，卻沒有一個人能經得起追問，因爲他們根本沒有親身接觸關於七十弟子第一手資料的經驗。幸好如今孔宅壁中發現一批古文典籍，其中便包括《論語》，其中記載了與孔子對答對問的弟子名姓。既然出於孔子宅邸，又以古文撰述，內容應該是最貼近事實的第一手資料，故取孔宅《論語》中所錄弟子名姓、事蹟與現實所聽聞、蒐集的孔子弟子資料相參，一一序次成篇，有疑惑處便擱置不理。此種藉出土文獻之直接史料以釐清謠言、考辨眞僞的方法，不正與民初學人藉甲骨卜辭考證《史記·殷本紀》的手法如出一轍嗎？

　　傳說之上。參見傅斯年：《史學方法導論》，收入《傅斯年全集：第二卷》，
　　　頁 305～352。杜維運：《史學方法論》，頁 87。
〔註 14〕杜維運：《史學方法論》，頁 87～109。
〔註 15〕傅斯年：《史學方法導論》，收入《傅斯年全集：第二卷》，頁 311。

　　司馬貞對於司馬遷的質疑，恰可反證司馬遷在面對第一手資料與轉手資料的嚴謹態度。如〈仲尼弟子列傳〉曰：「孔子既沒，子夏居西河教授，爲魏文侯師。」司馬貞案云：「子夏文學著於四科，序《詩》，傳《易》。又孔子以《春秋》屬商。又傳《禮》，著在《禮志》。而此史並不論，空記《論語》小事，亦其疏也。」司馬貞所言「禮志」，應即《禮記》一類之書籍；查今本《禮記》，〈檀弓〉上下篇、〈曾子問〉、〈孔子閒居〉、〈樂記〉諸篇皆有關於子夏言行之記載，而內容確實未在〈仲尼弟子列傳〉中反映出來，故司馬貞譏其疏也。今《漢書‧藝文志》於六藝禮家錄有「記百三十一篇」之多，並注曰：「七十子後學者所記也」，但對於司馬遷而言，出自孔宅壁中的《論言弟子籍》古文原典與後世傳錄轉鈔的《禮記》，前者應爲第一手資料，後者應爲轉手之資料，就史料價值來說，孰重孰輕，相信已不言而喻。

　　司馬遷不僅在撰述文章上以運用第一手資料爲優先，甚至在行文需要或資料充足可信的情況下，他也盡量直接轉錄傳主的文章或言談，讓史料自己說話，這正是民初流行的蘭克史學對於歷史研究的直接訴求。〔註16〕如〈老莊申韓列傳〉引用韓非〈說難〉、〈屈原賈生列傳〉引用屈原〈懷沙賦〉、賈誼〈弔屈原賦〉、〈鵬鳥賦〉、〈李斯列傳〉引用〈諫逐客書〉、〈議焚書書〉、〈人主督責書〉等，甚或〈魯仲連鄒陽列傳〉的鄒陽，通篇傳記幾乎全繫於其所作〈獄中上梁孝王書〉一文，以辨鄒陽之冤。司馬遷積極地在傳記中引用傳主著作除了出於對直接史料的尊重外，亦有借文章的剪裁編排隱含其評價的意味（參第伍章「裁文章以托指歸」）。

　　再就杜維運提出「同源、異源」史料的比較方法言，司馬遷即針對同一主題，多方蒐集不同的資料以進行對比考證。以〈五帝本紀〉的撰述過程爲例，司馬遷於傳末論曰：

> 學者多稱五帝，尚矣。然《尚書》獨載堯以來；而百家言黃帝，其
> 文不雅馴，薦紳先生難言之。孔子所傳〈宰予問五帝德〉及〈帝繫
> 姓〉，儒者或不傳。余嘗西至空桐，北過涿鹿，東漸於海，南浮江淮
> 矣，至，長老皆各往往稱黃帝、堯、舜之處，風教固殊焉，總之不

> 離古文者近是。予觀《春秋》、《國語》，其發明〈五帝德〉、〈帝繫姓〉
> 章矣。顧弟弗深考，其所表見皆不虛。書缺有閒矣，其軼乃時時見
> 於他說。非好學深思，心知其意，固難爲淺見寡聞道也。余幷論次，
> 擇其言尤雅者，故著爲〈本紀〉書首。

司馬遷言當時許多學者都曾討論過五帝之事蹟，但其時代畢竟是太遙遠了，仍有更進一步蒐集資料以強化事實證據的必要。其疑難在於作爲經典之一的《尚書》僅載錄堯舜以後的事蹟，而百家談論黃帝的內容又大多近似巷聞雜談不可置信，甚至連專業的學者都難以解釋清楚。雖然孔子也有討論五帝的言談記錄傳世，但卻不是所有的儒生都認同。加上司馬遷曾親身周遊各地，針對五帝傳說進行鄉野訪談、口述調查，結果固然是能肯定五帝傳說由來已久，流佈亦廣，但內容依舊是參差不齊。是故司馬遷最終仍是以不悖離古文所記載爲主，輔以《春秋》、《國語》等書的零碎記載，綜合各家說法，選擇文辭最爲典雅可信者，完成此篇。

　　縱使司馬遷多方搜索史料，對比考察，似乎仍無助於釐清文獻記載不足的窘況。但其極力藉由異源史料以探究事實眞相的用心，則昭彰可睹。

　　誠如前述，司馬遷對於史料的定義認知固然不如現代已臻成熟的「史料學」之精細明確，但就方法論的執行上，其有以暗合現代要求科學治史的專業表現，茲論之。

二、史料蒐集的範疇

　　司馬遷於《史記》中屢屢交代其史料來源和蒐羅的過程，歸納其對於史料定義認知的內在思路，大抵分爲兩大類，即「文獻史料」與「非文獻史料」。關於《史記》撰寫所用書目，歷代史學研究者皆關注此議題，已可說是研究《史記》不可或缺的基本論題。最早關注此論題的是班彪父子，《後漢書·班彪傳》載其爲斟酌前史、譏正得失所作〈略論〉曰：

> 孝武之世，太史令司馬遷採《左氏》、《國語》，刪《世本》、《戰國策》，
> 據楚、漢列國時事，上自黃帝，下訖獲麟，作〈本紀〉、〈世家〉、〈列
> 傳〉、〈書〉、〈表〉凡百三十篇，而十篇缺焉。遷之所記，從漢元至
> 武以絕，則其功也。至於採經摭傳，分散百家之事，甚多疎略，不
> 如其本，務欲以多聞廣載爲功，論議淺而不篤。〔註17〕

〔註17〕本論文所引之《後漢書》本文，皆以洪氏出版社《後漢書》爲主；若有版本

班固之論大抵與其父相差不遠，《漢書・司馬遷傳》曰：

> 漢興伐秦定天下，有《楚漢春秋》。故司馬遷據《左氏》、《國語》，采《世本》、《戰國策》，述《楚漢春秋》，接其後事，訖于（大）〔天〕漢。其言秦漢，詳矣。至於采經摭傳，分散數家之事，甚多疏略，或有抵梧。亦其涉獵者廣博，貫穿經傳，馳騁古今，上下數千載間，斯以勤矣。

司馬遷敘事論理是否分散疏略、淺而不篤？尚可待公議，但其涉獵廣博、勤覽群書，則是不爭的事實，如清人焦循言：

> 竊觀〈太史公自序〉，歷歷道其本原，而每傳贊，有曰：「余觀《春秋》《國語》」、「余觀《牒記》」、「太史公讀《秦記》」、「余讀《孟子》書」、「余讀商君〈開塞〉〈耕戰〉書」、「余讀〈離騷〉〈天問〉〈哀郢〉」、「余讀孔子書」、「吾讀管氏〈牧民〉〈山高〉〈乘馬〉〈輕重〉〈九府〉及《晏子春秋》」，可爲博覽羣書矣。〔註18〕

焦循在搜考史遷所用史料方面，相較於班彪父子僅列出《左傳》、《國語》等五種書已是有更進一步的認識，因爲在此之前，如劉知幾、鄭樵等人仍局限於班說，對史遷引書之簡略頗有微詞，如鄭樵云：

> 司馬氏世司典籍，工於制作，故能上稽仲尼之意，會《詩》、《書》、《左傳》、《國語》、《世本》、《戰國策》、《楚漢春秋》之言，……然大著述者必深於博雅，而盡見天下之書，然後無遺恨。當遷之時，挾書之律初除，得書之路未廣，亘三千年之史籍，而蹰躇於七八種書。所可爲遷恨者，博不足也。〔註19〕

又言：

> 遷書全用舊文，間以俚語，良由採摭未備，筆削不遑。故曰：「予不敢墮先人之言，乃述故事，整齊其傳，非所謂作也。」劉知幾亦譏其多聚舊記，時插雜言。〔註20〕所可爲遷恨者，雅不足也。〔註21〕

差異甚大，以至於影響本論文之闡述者，筆者皆會另加註解說明。除外，則不再另外標明出處。

〔註18〕〔清〕焦循：《雕菰集》，卷十三，頁 205～206。

〔註19〕〔宋〕鄭樵：《通志二十略・總序》，頁 1。

〔註20〕劉知幾原文曰：「尋《史記》……兼其所載，多聚舊記，時采雜言，故使覽之者事罕異聞，而語饒重出。此撰錄之煩者也。」參〔唐〕劉知幾 著、〔清〕浦起龍 通釋、呂思勉 評：《史通・六家》，頁 16。

通觀鄭樵之評論，可知其對史遷蒐羅史料範圍的評論未脫班彪父子的認識，焦循隨口徵引史遷自道引書來源就已近十種之數，何來「踽踽於七八種書」呢？

　　焦循對於「史記資材」之議題，已有超越前賢之認識，但仍屬「枚舉式」的說明。至於近代，學人以地毯式搜索的方式，一一檢錄史遷的撰著取材。其最早取得引人注目之研究成果者，應屬瀧川資言於 1934 年出版的《史記會注考證》中附錄之〈史記資材〉一文，羅列書目總計 75 種。雖然統計稍嫌簡略，亦未對所列書目有深入的考證說明，但已開此題此法之先行風氣。爾後有金德建於 1933 年始陸續發表關於「司馬遷所見書考」此一議題的研究論文，於 1963 年集結出版成冊，共計 82 種，每列一書名，除附《史記》原文出處外，並與《漢書‧藝文志》作對比參照，疑難未明之處亦有細密之考證，將「史記資材」此課題推向高峰。此後學人大多在金氏此著的基礎下，雖於書目方面有所增益刪潤，但未能更具突破性的研究成果。

　　本論文既以探究司馬遷的治史方法為目的，「史記資材」固亦是不可避免的議題。今人阮芝生、張大可等學人亦有斯類之作，惟在分類細節與羅列書目上仍有可待商議之處，故綜合前人及時賢之作，〔註 22〕分為「文獻史料」與「非文獻史料」兩大類，各門類再分細項，共計 5 門 34 類 202 種。為清眉目，以表列為主，輔以文字說明。凡有可商酌處，於每門類之後，附案語說明。表中「備註」所列書目，以《漢書‧藝文志》為主，唯恐有例外，故不直接以《漢書‧藝文志》為欄名。又《史記》部份傳主，《漢書‧藝文志》有載錄其著作，但《史記》未明述引用其作，僅稱用其語，或立傳而已，於此情況，均於「引文」一欄中別加說明，而不徵引內文。

（一）文獻材料

　　文獻材料是史著取材的主要來源。現代科技的進步，記錄歷史的形式不再局限於以書寫為主的傳統模式，錄音、攝影、錄像等器械的產生，使得歷史的保存能夠更具備即時性，以貼近真實的事情面貌。歷史研究者們也藉由

〔註21〕〔宋〕鄭樵 著：《通志二十略‧總序》，頁 2。

〔註22〕本表大抵據瀧川資言、金德建、阮芝生、張大可等四位學人著作而成，參〔日〕瀧川資言：《史記會注考證》中〈史記資材〉一文。金德建：《司馬遷所見書考》。阮芝生：《司馬遷的史學方法與歷史思想》中〈史料的搜集與處理〉一章。張大可：《史記研究》中〈史記取材〉一文。如遇有疑義者，筆者亦會另加註解說明。

日新月異的科技，希望開發出更多元以切入歷史現場、還原時空真相的方法與理論，於是如計量史學、口述史學、影視史學等借重科技技術的特性為基礎，進行推廣發展的新興學科，逐漸通過具體的研究成果，以逐漸建構其影響力。雖然如此，但新科技所記錄的史料仍舊無法完全取代傳統的文獻史料，甚至需要文獻史料作為資證，甚或轉譯為文獻史料，方能發揮預期的效果。如知名的口述史學家唐德剛在為胡適撰寫《口述自傳》時，胡適的口述只佔百分之五十，另外百分之五十則要自己找材料加以印證補充，〔註23〕加上「一個人的記憶是很容易發生錯誤的。甚至本稿的錄音和繕校都會有錯誤」。〔註24〕故事前必須藉由與口述者相關的文獻材料以擬定訪問大綱，事後則要通過文獻材料以考證口述者所言的真實性或記憶上的謬誤。〔註25〕可知在歷史研究領域中，以機械技術為憑藉的新興史料類型，雖然為歷史事實的即時性提供了莫大的助力，但仍無法撼動或取代文獻史料的地位與重要性，現代尚且如此，那就遑論兩千年前的司馬遷所處的研究環境了。

　　司馬父子因著職位之便，其《史記》的撰寫過程在取得文獻史料的取得上有得天獨厚的優勢。如〈太史公自序〉曰：

> 周道廢，秦撥去古文，焚滅《詩》、《書》，故明堂石室金匱玉版圖籍散亂。於是漢興，蕭何次律令，韓信申軍法，張蒼為章程，叔孫通定禮儀，則文學彬彬稍進，《詩》、《書》往往間出矣。自曹參薦蓋公言黃老，而賈生、晁錯明申、商，公孫弘以儒顯，百年之間，天下遺文古事靡不畢集太史公。

又《漢書·藝文志》云：

> 漢興，改秦之敗，大收篇籍，廣開獻書之路。迄孝武世，書缺簡脫，禮壞樂崩，聖上喟然而稱曰：「朕甚閔焉！」於是建藏書之策，置寫書之官，下及諸子傳說，皆充祕府。

〔註23〕唐德剛：《史學與紅學》，頁48。

〔註24〕唐德剛：《胡適口述自傳》，頁10。

〔註25〕如唐德剛回憶當年為胡適所擬的「訪問計畫」說：「我計畫的第一步是把胡適有關他自傳的著作如《四十自述》、《藏暉室劄記》、歷年日記以及其他零星散文排個隊，並擇要整編一番；第二步我再以『訪問』（interview）方式來填補這些著作的『空白』。做個詳細的『胡適年（日）譜』；第三步再根據這個系統中底高潮，擇要而做其文章──一方面我可以幫助『胡適』『口述』其『自傳』；另一方面我自己也可以根據這個系統和資料，從旁補充而評論之。」參唐德剛：《胡適雜憶》，頁296。

而逯耀東認為司馬父子自言職守「文史星曆，近乎卜祝之間」，且按制「天下
計書先上太史，副上丞相」，故武帝「建藏書之策，置寫書之官」，欲大規模
整理圖書與保管國家文獻檔案的典藏計畫，主其事者則應是司馬父子無疑。〔註
26〕除了在文獻掌握上獲得獨特優勢外，司馬遷被刑獲釋後，任職中書令，相
當於漢武帝的機要祕書，能親見漢武帝詔令函牘，也是可以想見之事，本文
統計《史記》中引用漢武帝詔令大約在二十六篇之數，為漢興五帝之最。故
《史記》所載上下貫串三千年間史事，著言五十二萬六千五百字，列傳記名
者凡三萬六千八百五十一人次，〔註 27〕記事空間東起朝鮮半島，北邊自西伯
利亞貝加爾湖以南，向西一直延伸到裏海東部，西南至印度，南邊達於越南
的北半，已是當時漢人能知地理範圍之極限，〔註 28〕內容之宏闊深邃，包羅
萬象，絕非如鄭樵所言「蹢躇於七八種書」便能完成。

　　本節據張大可〈史記取材〉原有「六經及其訓解書」、「諸子百家及方技
書」、「歷史地理及漢室檔案」、「文學書」四種分類，因篇幅與性質之需要，
將「歷史地理及漢室檔案」再拆解為「曆法、譜牒及圖像」與「皇帝制詔、
命令與系列官檔」兩項；而「文學書」易名為「書信與賦作」。每大項之分類
標準、補充說明等則列於項末案語當中。列表如下：

1. 六藝及其訓解書共 7 類 32 種

書　名	篇　目	引　文	備　註〔註 29〕
1. 易經 （1）易 （2）王同 易 （3）楊何 易 （4）韓嬰 易	 太史公自序 仲尼弟子列傳 仲尼弟子列傳 儒林列傳	 太史公受易於楊何。 （田）何傳東武人王子中同。 （王）同傳菑川人楊何。 韓生者，燕人也。〔註 30〕	 易經十二篇 王氏二篇 楊氏二篇 韓氏二篇

〔註 26〕逯耀東：《抑鬱與超越・〈太史公自序〉的「拾遺補藝」》，頁 47～57。
〔註 27〕此據劉國平依台灣大通書局印行之《史記索引・人名部》逐頁統計而得。參
　　　　見氏著：《司馬遷的歷史哲學》，頁 14，註 1。
〔註 28〕阮芝生：《司馬遷的史學方法與歷史思想》，頁 64。
〔註 29〕凡「備註」中言「未見某某之名」，即指《漢書・藝文志》中，未見此書載錄
　　　　之意。
〔註 30〕《史記・儒林列傳》未曾言韓嬰傳《易》，然《漢書・藝文志》有韓氏二篇，
　　　　並說明為韓嬰所作，故疑而存之。

書　名	篇　目	引　文	備　註〔註29〕
2.尚書			
（5）古文尚書	儒林列傳	孔氏有古文尚書，而安國以今文讀之，因以起其家。	尚書古文經四十六卷。
（6）伏生尚書	儒林列傳	伏生者，……孝文帝時，欲求能治尚書者，……乃聞伏生能治。	經二十九卷
（7）尚書大傳	魯周公世家	子之魯，慎無以國驕人。〔註31〕	傳四十一篇
（8）書序	孔子世家	孔子之時，……序書傳。	（未見書序之名）
（9）周書	貨殖列傳	周書曰：「農不出則乏其食……虞不出則財匱少。」	周書七十一篇
3.詩經			
（10）詩	殷本紀	自成湯以來，采於書詩。	詩經二十八卷
（11）申公詩訓	儒林列傳	申公者，魯人也。……獨以詩經為訓以教……。	魯故二十五卷，又魯說二十八卷〔註32〕
（12）齊轅固生詩	儒林列傳	清河王太傅轅固生者，……以治詩，孝景時為博士。	（未見齊詩轅固生之所傳）
（13）韓嬰　詩	儒林列傳	韓生者，燕人也。……推詩之意而為內外傳數萬言，其語頗與齊魯閒殊。	韓內傳四卷。又韓外傳六卷。又韓說四十一卷
4.禮			
（14）士禮	儒林列傳	於今獨有士禮，高堂生能言之。	禮古經五十六卷，經七十篇。〔註33〕
（15）記	孔子世家	孔子之時……追跡三代之禮，……故書傳、禮記自孔氏。	記百三十一篇
（16）周官	封禪書	周官曰：「冬日至，祀天於南郊，……。」又「封禪用希曠	周官經六篇。又周官傳四篇。（疑為小

〔註31〕瀧川資言考證云：「子之魯以下，采尚書大傳。」參氏著：《史記會注考證》，卷三十三，頁9，總頁553。

〔註32〕金德建以爲魯申公《詩訓》即《漢書・藝文志》所錄《魯故》也。參氏著：《司馬遷所見書考》，頁43。

〔註33〕金德建云《士禮》即《儀禮》，並附記云：「《漢志》十七篇（案：七十篇之誤）《儀禮》史公見及，其餘佚禮未見。」參氏著：《司馬遷所見書考》，頁25。

書　名	篇　目	引　文	備　註〔註29〕
		絕，莫知其儀禮，而羣儒采封禪尚書、周官王制之望祀射牛事。」	戴禮記王制篇之別指）〔註34〕
（17）王制	封禪書	「夏四月，文帝……而使博士諸生刺六經中作王制。」	（見小戴禮記）〔註35〕
（18）中庸	孔子世家	子思作中庸。	（見小戴禮記）〔註37〕
（19）樂記	樂書	（樂書錄樂記）〔註36〕	樂記二十三篇（又見小戴禮記）
（20）司馬法	司馬穰苴列傳	齊威王使大夫追論古者司馬兵法而附穰苴於其中，因號曰司馬穰苴兵法。	軍禮司馬法百五十五篇
5. 春秋			
（21）春秋	五帝本紀	予觀春秋、國語……。	春秋古經十二篇，經十一卷。
（22）左氏傳	十二諸侯年表	魯君子左丘明……成左氏春秋。	左氏傳三十卷。
（23）公羊傳	儒林列傳	漢興至于五世之閒，唯董仲舒名爲明於春秋，其傳公羊氏也。	公羊傳十一卷。
（24）春秋雜說	平津侯主父列傳	丞相公孫弘者，……年四十餘，乃學春秋雜說。	公羊雜記八十三篇〔註38〕
（25）穀梁傳	儒林列傳	暇丘、江生爲穀梁春秋。	穀梁傳十一卷
（26）鐸氏微	十二諸侯年表	鐸椒爲楚威王傳，爲王不能盡觀春秋，采取成敗，卒四十章，爲鐸氏微。	鐸氏微三篇

〔註36〕阮芝生：《司馬遷的史學方法與歷史思想》，69。

〔註34〕金德建以爲司馬遷所見《周禮》即今〈王制〉，參氏著：《司馬遷所見書考・司馬遷所見《周官》即今《王制》考》，頁171～174。

〔註35〕金德建以爲司馬遷所見《周禮》即今〈王制〉，參氏著：《司馬遷所見書考・司馬遷所見《周官》即今《王制》考》，頁171～174。

〔註37〕金德建以爲司馬遷僅見〈中庸〉一文，而《漢書・藝文志》所載錄《子思》二十三篇成書在史遷之後，參見氏著：《司馬遷所見書考》，頁27。

〔註38〕金德建以爲《春秋雜說》爲公孫弘所著，並引朱彝尊《經義考》以爲《漢書・藝文志》所錄《公羊雜記》八十三篇即《春秋雜說》別稱。詳見氏著：《司馬遷所見書考》，頁130～132。

書　名	篇　目	引　文	備　註〔註29〕
（虞氏微傳）	十二諸侯年表	（《史記》有傳）	（虞氏微傳二篇）〔註39〕
（27）國語	五帝本紀	予觀春秋、國語……。	國語二十一篇
（28）戰國策	漢書司馬遷傳	故司馬遷據……戰國策。	戰國策三十三篇〔註40〕
（29）楚漢春秋	漢書司馬遷傳	故司馬遷……述楚漢春秋。	楚漢春秋九篇
6. 傳記〔註41〕			
（30）論語（論言弟子籍、論語弟子問）〔註42〕	仲尼弟子列傳	學者多稱七十子之徒，……則論言弟子籍，出孔氏古文近是。余以弟子名姓文字悉取論語弟子問并次爲篇，疑者闕焉。	論語古二十一篇，齊二十二篇，魯二十篇，傳十九篇
（31）五帝德	五帝本紀	孔子所傳宰予問五帝德及帝繫姓，儒者或不傳。	（見大戴禮記）〔註43〕
7. 孝經			
（32）孝經	仲尼弟子列傳	曾參，……孔子以爲能通孝道，……作孝經。死於魯。	孝經古孔氏一篇。又孝經一篇。

　　案：瀧川資言於〈史記資材〉文中列有《尙書集世》一書，〈三代世表〉：「於是取〈五帝（德）〉、〈帝繫（姓）諜〉、《尙書》集世紀黃帝以來迄共和爲〈世表〉」，《考證》云：「方苞曰：『疑《世紀》，亦古書名。』中井積德曰：『《尙書集世》，蓋書名。』愚案：後說爲是，紀字，宜屬下。」〔註44〕阮芝生先生承其說，但未加解釋；金德建、張大可皆未見著錄，顯然未支持此說。司馬貞案云：「《大戴禮》有〈五帝德〉及〈帝繫篇〉，蓋太史公取此二篇之

〔註39〕　《漢書・藝文志》原注云「趙相虞卿。」然《史記》有虞卿傳，而無提及「虞氏微傳」語，今仍列名以存疑。

〔註40〕　金德建疑爲蒯通所作，參氏著：《司馬遷所見書考・戰國策作者的推測》一節，頁328～337。

〔註41〕　據《漢書・藝文志》此應分爲「論語類」，今易爲「傳記」，採其多傳述人物事蹟爲主之故。

〔註42〕　金德建認爲《論言弟子籍》、《論語弟子問》應爲當時尚未以《論語》定名的別稱，參氏著：《司馬遷所見書考》，頁205～208。

〔註43〕　見《大戴禮記》中所傳〈五帝德〉皆傳述五帝德行典範之事蹟，頗有傳記意味，故分類於六經之傳記當中。

〔註44〕　〔日〕瀧川資言 著：《史記會注考證》，卷十三，頁4，總頁218。

諜及《尚書》，集而紀黃帝以來爲系表也。」今《漢書・藝文志》未見有《尚書集世》一書，後世也未有稱引、出土、輯錄者，故《尚書集世》之名僅見《史記會注考證》一例，此其一。又中井積德言《尚書集世》爲書名，又帶躊躇之辭，然云「蓋」，是亦屬推測之辭，此其二。綜此兩點，仍從司馬貞斷句，不列爲書名。

2. 諸子百家及方技書共 16 類 87 種

書　名	篇　目	引　文	備　註
1. 儒家			
（1）晏子春秋	管晏列傳	吾讀晏子春秋，詳哉其言之也。	晏子八篇〔註46〕
（2）子思	高祖本紀	太史公曰：……文之敝，小人以僿，故救僿……。〔註45〕	子思二十三篇
（3）曾子	仲尼弟子列傳	吳起者，衛人也，好用兵。嘗學於曾子，事魯君。	曾子十八篇
（4）宓子	仲尼弟子列傳	密不齊字子賤。	宓子十六篇
（5）魏文侯	仲尼弟子列傳	子夏……爲魏文侯師。	魏文侯六篇
（6）李克	貨殖列傳	當魏文侯時，李克務盡地力，……。	李克七篇
（7）孟子	孟子荀卿列傳	余讀孟子書……。	孟子十一篇。
（8）荀子	孟子荀卿列傳	荀卿，……於是推儒墨道德之行事興壞，序列著數萬言而卒。	孫卿子三十三篇。
（9）公孫固	十二諸侯年表	及如荀卿、孟子、公孫固、韓非之徒，……。	公孫固一篇
（10）魯仲連子	魯仲連鄒陽列傳	魯仲連者，齊人也。好奇偉俶儻之畫策，……。	魯仲連子十四篇
（11）平原君	酈生陸賈列傳	呂太后崩，大臣誅諸呂……計畫所以全者，皆陸生、平原君之力也。	平原君七篇
（12）虞氏春秋	十二諸侯年表	趙孝成王時，其相虞卿，……爲虞氏春秋。	虞氏春秋十五篇。

〔註45〕司馬貞索隱於「故周人承之以文。文之敝，小人以僿。」條下注云：「然此語本出子思子，見今《禮・表記》，作『薄』，故鄭玄注云：『文，尊卑之差也。薄，苟習文法，不悃誠也』。」然今本《禮記・表記》未見此語。

〔註46〕《漢書・藝文志》僅見《晏子》八篇，未見《晏子春秋》之名。

書　名	篇　目	引　文	備　註
（13）新語	酈生陸賈列傳	陸賈者，楚人也。……迺粗述存亡之徵，凡著十二篇。……號其書曰「新語」。	陸賈二十三篇（新語應在其中）。
（14）劉敬	劉敬叔孫通列傳	（《史記》有傳）	劉敬三篇
（15）賈誼	屈原賈生列傳	太史公曰：……善哉乎賈生推言之也！	賈誼五十八篇
（16）董仲舒	十二諸侯年表	董仲舒，廣川人也。以治春秋，孝景時爲博士。……中廢爲中大夫，居舍，著《灾異之記》。〔註47〕	董仲舒百二十三篇
2. 道家			
（17）太公	齊太公世家	周西伯昌……與呂尚陰謀脩德以傾商政，其事多兵權與奇計，後世之言兵及周之陰權皆宗太公爲本謀。	太公二百三十七篇，謀八十一篇，言七十一篇，兵八十五篇
（18）鬻子	楚世家	周文王之時，季連之苗裔曰鬻熊。	鬻子二十二篇
（19）管子	管晏列傳	吾讀管氏牧民、山高、乘馬、輕重、九府，……。	筦子八十六篇〔註48〕
（20）老子	老莊申韓列傳	老子迺著書上下篇，言道德之意五千餘言而去，……。	老子鄰氏經傳四篇。又老子傅氏經說三十七篇。又老子徐氏經說六篇（未見單行老子之名）
（21）環淵	孟子荀卿列傳	環淵，……皆學黃老道德之術，……著上下篇，……。	蜎子十三篇〔註49〕
（22）關尹子	老莊申韓列傳	關令尹喜曰：「子將隱矣，彊爲我著書。」	關尹子九篇

〔註47〕金德建云：「《漢志・六藝略》有《公羊董仲舒治獄》十六篇，又〈諸子略〉錄《董仲舒》百二十三篇，此與《史記》所云《灾異之記》，名稱又異。遺董氏著書，初無書名。今傳有《春秋繁露》十七卷。」參氏著：《司馬遷所見書考》，頁6。

〔註48〕班固原注曰：「名夷吾，相齊桓公，九合諸侯，不以兵車也，有列傳。」顏師古注云：「筦讀與管同。」

〔註49〕逯耀東以爲娟（蜎）爲環之借字，並引應劭《風俗通・姓氏篇》言：「環淵即娟淵。」參氏著：《抑鬱與超越》，頁62。

書　名	篇　目	引　文	備　註
（23）莊子	老莊申韓列傳	莊子者，……其著書十餘萬言，大抵率寓言也。	莊子五十二篇
（24）長盧子	孟子荀卿列傳	楚有尸子、長盧。	長盧子九篇
（25）田子	孟子荀卿列傳	田駢……皆學黃老道德之術，因發明序其指意。	田子二十五篇
（26）老萊子	老莊申韓列傳	老萊子亦楚人也，著書十五篇，言道家之用，與孔子同時云。	老萊子十六篇
（27）接子	孟子荀卿列傳	而田駢、接子皆有所論焉。	捷子二篇〔註50〕
3. 陰陽家			
（28）騶衍	孟子荀卿列傳	騶衍睹有國者益淫侈，不能尚德……乃深觀陰陽消息而作怪迂之變，終始、大聖之篇十餘萬言。	騶子四十九篇。又騶子終始五十六篇。
（29）主運	孟子荀卿列傳	是以騶子重於齊。……作主運。	（劉向別錄言收於騶子書中。）〔註51〕
（30）張蒼	張丞相列傳	張丞相蒼者，陽武人也。好書律曆。	張蒼十六篇。
（31）騶奭	孟子荀卿列傳	騶奭者，齊諸騶子，亦頗采騶衍之術以紀文。	騶奭子十二篇。
（32）終始五德之運	封禪書	自齊威、宣之時，騶子之徒論著終始五德之運。	（騶奭始終書）〔註52〕
4. 法家			
（33）李悝	孟子荀卿列傳	魏有李悝，盡地力之教。	李子三十二篇
（34）商君	商君列傳	余嘗讀商君開塞耕戰書，與其人行事相類。	商君二十九篇

〔註50〕班固原注曰：「齊人，武帝時說。」《史記》中言接子亦齊人。疑二者所指皆同一人。

〔註51〕又〈封禪書〉：「騶衍以陰陽主運」條下，裴駰引如淳曰：「今其書有主運。五行相次轉用事，隨方面爲服。」司馬貞索隱案曰：「主運是鄒子書篇名也。」

〔註52〕《漢書・藝文志》載陰陽家有「公檮生終始十四篇。」班固原注曰：「傳騶奭始終書。」是即〈封禪書〉所言：「騶子之徒論著終始五德之運」邪？而騶奭始終書又收於《漢書・藝文志》載錄「騶奭子十二篇」中？故此處姑且載錄其名以存疑也。

書　名	篇　目	引　文	備　註
（35）申子	老莊申韓列傳	申子之學本於黃老而主刑名。著書二篇，號曰申子。	申子六篇
（36）劇子	孟子荀卿列傳	而趙亦有……劇子之言。	處子九篇〔註53〕
（37）慎到	孟子荀卿列傳	慎到，……皆學黃老道德之術，因發明序其指意。……著十二論。	慎子四十二篇
（38）韓非	老莊申韓列傳	申子、韓子皆著書，傳於後世，學者多有。	韓子五十五篇
（39）鼂錯	袁盎鼂錯列傳	鼂錯者，……學申商刑名於軹張恢先所，……以文學為太常掌故。	鼂錯三十一篇
5. 名家			
（40）公孫龍	孟子荀卿列傳	趙亦有公孫龍為堅白同異之辯，……。	公孫龍子十四篇。
6. 墨家			
（41）墨翟	孟子荀卿列傳	蓋墨翟，宋之大夫，善守禦，為節用。	墨子七十一篇。
7. 縱橫家			
（42）蘇秦	蘇秦列傳	太史公曰：蘇秦兄弟三人，皆游說諸侯以顯名，其術長於權變。	蘇子三十一篇。
（43）張儀	張儀列傳	張儀者，……始嘗與蘇秦俱事鬼谷先生學術，……。	張子十篇。
（44）蒯通	田儋列傳	蒯通者，善為長短說，論戰國之權變，為八十一首。	蒯子五篇。
（45）鄒陽	魯仲連鄒陽列傳	鄒陽辭雖不遜，然其比物連類，有足悲者，……。	鄒陽七篇。
（46）主父偃	平津侯主父列傳	主父偃者，……學短長縱橫之術。……乃上書闕下。	主父偃二十八篇。
（47）徐樂	平津侯主父列傳	是時趙人徐樂、齊人嚴安俱上書言世務，各一事。	徐樂一篇。
（48）莊安	平津侯主父列傳	是時趙人徐樂、齊人嚴安俱上書言世務，各一事。	莊安一篇。

〔註53〕裴駰《集解》引徐廣曰：「按應劭《氏姓注》直云『處子』也。」

書　名	篇　目	引　文	備　註
8. 雜家			
（49）盤盂	魏其武安侯列傳	武安侯田蚡者，……學盤盂諸書，王太后賢之。	孔甲盤盂二十六篇
（50）伍子胥	伍子胥列傳	《史記》有傳	五子胥八篇。
（51）由余	秦本紀	《史記》嘗稱引其語	由余三篇。
（52）尸子	孟子荀卿列傳	楚有尸子……世多有其書。	尸子二十篇。
（53）尉繚	秦始皇本紀	《史記》嘗稱引其語	尉繚二十九篇。
（54）呂氏春秋	十二諸侯年表	呂不韋……刪拾春秋，集六國時事，……爲呂氏春秋。	呂氏春秋二十六篇。
（55）淮南子	殷本紀	《史記》嘗引述其語〔註54〕	淮南內二十一篇。又淮南外三十三篇。
（56）東方朔	滑稽列傳	《史記》有傳	東方朔二十篇。
（57）荊軻論	刺客列傳	《史記》有傳	荊軻論五篇。
（58）禹本紀	大宛列傳	禹本紀言：「河出崑崙。」	大夼三十七篇〔註55〕
9. 兵權謀家			
（59）吳孫子兵法	孫子吳起列傳	孫子武者，……以兵法見於吳王闔廬。	吳孫子兵法八十二篇。
（60）齊孫子兵法	孫子吳起列傳	孫臏嘗與龐涓俱學兵法。	齊孫子八十九篇。
（61）公孫鞅	商君列傳	商君者，……名鞅，姓公孫氏。	公孫鞅二十七篇。
（62）吳起	孫子吳起列傳	吳起兵法，世多有，……。	吳起四十八篇。
（63）范蠡	越王勾踐世家	《史記》嘗稱引其語	范蠡二篇。

〔註54〕據阮芝生言「西伯之臣閎天之徒，求美女奇物善馬以獻紂，紂乃赦西伯」，即出於《淮南子·道應訓》篇中。參氏著：《司馬遷的史學方法與歷史思想》，頁75。

〔註55〕梁玉繩《史記志疑·大宛列傳》曰：「案《困學紀聞·十》云：『《三禮義宗》引〈禹受地記〉。』王逸注〈離騷〉引〈禹大傳〉，豈即太史公所謂〈禹本紀〉者歟？余因攷郭璞《山海經注》亦引〈禹大傳〉；《漢·藝文志》有《大夼》三十七篇，師古曰：『夼，古禹字。』《列子·湯問》篇引〈大禹疑〉，疑皆一書而異其篇目爾。」參〔清〕梁玉繩：《史記志疑》，卷35，頁15，總頁656。

書　名	篇　目	引　文	備　註
（64）計然	貨殖列傳	（《史記》嘗稱引其語）〔註56〕	（未見計然之所傳）
（65）文種	越王勾踐世家	越王乃賜種劍曰：「子教寡人伐吳七術，……。」	大夫種三篇。
（66）廣武君	淮陰侯列傳	（《史記》嘗稱引其語）	廣武君一篇。
（67）韓信	淮陰侯列傳	（《史記》有傳）	韓信三篇。
（68）司馬穰苴	司馬穰苴列傳	若夫穰苴，區區爲小國行師，何暇及司馬兵法之揖讓乎？	（軍禮司馬法百五十五篇）〔註57〕
（69）王子成甫	太史公自序	司馬法所從來尙矣，……王子能紹而明之，……。	（未見王子成甫兵法之所傳）〔註58〕
10. 兵形埶家			
（70）尉繚	秦始皇本紀	（《史記》嘗稱引其語）	尉繚三十一篇。
（71）魏公子	魏公子列傳	當是時，公子威振天下，諸侯之客進兵法，公子皆名之，故世俗稱魏公子兵法。	魏公子二十一篇。
（72）李良	張耳陳餘列傳	（《史記》嘗稱引其語）	李良三篇。
（73）項羽	項羽本紀	（《史記》有傳）	項王一篇。
11. 兵陰陽家			
（74）萇弘	封禪書	萇弘以方事周靈王，……周人之言方怪者自萇弘。	萇弘十五篇。

〔註56〕〈貨殖列傳〉述曰：「昔者越王勾踐困於會稽之上，乃用范蠡、計然。計然曰……。」又引范蠡語曰：「計然之第七，越用其五而得意。旣已施於國，吾欲用之家。」《漢書・藝文志》僅餘范蠡二篇，未見計然之策，然司馬遷旣稱引其語，應有所本，故仍列此以俟考。

〔註57〕〈司馬穰苴列傳〉言：「齊威王使大夫追論古者司馬兵法而附穰苴於其中，因號曰司馬穰苴兵法。」是以本有古司馬兵法及司馬穰苴所作兩本，齊威王取後者附入前者，以揚齊國之威。故司馬遷方評曰：「若夫穰苴，區區爲小國行師，何暇及司馬兵法之揖讓乎？」暗斥威王之失也。此處將「司馬穰苴兵法」別列，不與「軍禮司馬法」同，以應史遷之評也。

〔註58〕〈太史公自序〉律書序言曰：「非兵不彊，非德不昌，黃帝、湯、武以興，桀、紂、二世以崩，可不愼歟？司馬法所從來尙矣，太公、孫、吳、王子能紹而明之，切近世，極人變。作律書第三。」裴駰引徐廣語於「王子」條下注云：「王子成甫。」然《漢書・藝文志》中有太公、孫、吳等人所撰兵法之載錄，未見王子成甫之所傳；金德建案曰：「《漢書・兵書略》有《王孫》十六篇，沈欽韓以爲即《王子》，今亡。」然未見具體之考證，姑仍列此以俟考。

書　名	篇　目	引　文	備　註
12. 兵技巧家			
（75）伍子胥	伍子胥列傳	《史記》有傳	五子胥十篇
（76）蠭門	龜策列傳	羿名善射，不如雄渠、蠭門⋯⋯。	逢門射法二篇
（77）李廣	李將軍列傳	《史記》有傳	李將軍射法三篇
13. 小說家			
（78）虞初周說	封禪書	夏，漢改曆，⋯⋯雒陽虞初等以方祠詛匈奴、大宛焉。	虞初周說九百四十三篇
（79）百家	五帝本紀	而百家言黃帝，⋯⋯。	百家百三十九卷
14. 數術			
（80）甘、石五星曆〔註59〕	天官書	《史記》嘗稱引其語	甘德長柳占夢二十卷。又（甘公）天文星占八卷。又（石申）天文八卷〔註60〕
（81）山海經	大宛列傳	至禹本紀、山海經所有怪物，余不敢言之也。	山海經十三篇

〔註59〕張大可於「諸子百家及方技書五十三種」一項中，列名爲《星經》。參氏著：《史記研究》，頁245。

〔註60〕〈天官書〉云：「夫自漢之爲天數者，星則唐都，氣則王朔，占歲則魏鮮。故甘、石曆五星法，唯獨熒惑有反逆行；逆行所守，及他星逆行，日月薄蝕，皆以爲占。」又〈張耳陳餘列傳〉引甘公語張耳曰：「漢王之入關，五星聚東井。東井者，秦分也。先至必霸。楚雖彊，後必屬漢。」是知司馬遷必定閱覽過甘、石之著作，惟不知確切書名爲何。司馬貞索隱於〈張耳陳餘列傳〉中引劉歆《七略》云甘公名德，今《漢書・藝文志》關於甘德之著述者，僅《甘德長柳占夢》一書，石申著作則未見。〈天官書〉曰：「昔之傳天數者⋯⋯在齊，甘公⋯⋯魏，石申。」張守節正義引六朝時人阮孝緒所著《七錄》刊載甘公、石申分別著有《天文星占》、《天文》二書，但二書不見班固載錄。班固於〈藝文志〉「數術類」序言曰：「數術者，皆明堂羲和史卜之職也。史官之廢久矣，其書既不能具，雖有其書而無其人。」可知班固時「數術類」者多是有書名而作者不可考，故雖羅列春秋、六國、漢代聞名之數術家，其著述則不可詳分。阮孝緒所錄書名，究竟爲後世出土或托名而作，亦不可考，此處據班、阮所錄以傳疑。另外，張大可言宋人有輯錄《甘石星經》，以及1973年長沙馬王堆三號漢墓出土帛書有《五星占》約八千字，其中亦多甘石星占之語。參氏著：《史記研究》，頁245。

書　名	篇　目	引　文	備　註
15. 方技			
（82）扁鵲脈書	扁鵲倉公列傳	太倉公者，……傳黃帝、扁鵲之脈書，……。	扁鵲內經九卷。又外經十二卷
16. 其他			
（83）淳于髡	孟子荀卿列傳	（《史記》嘗稱引其語）	（未見淳于髡之所傳）
（84）吁子	孟子荀卿列傳	自如孟子至于吁子，世多有其書，故不論其傳云。	（未見吁子之所傳）
（85）酈生書	酈生陸賈列傳	世之傳酈生書，多日漢王已拔三秦，……。	（未見酈生書之所傳）
（86）兒寬書	儒林列傳	兒寬既通尚書，以文學應郡舉，……而善著書、書奏，敏於文，口不能發明也。	（未見兒寬書之所傳）
（87）離騷傳	屈原賈生列傳	（《史記》嘗稱引其語）〔註61〕	（未見離騷傳之所傳）

　　案：張大可〈史記取材〉於「諸子百家及方技書五十三種」一類中，別列有《周書陰符》、《揣摩》兩種，本表未予羅列，理由分述如下。先言「揣摩」：〈蘇秦列傳〉謂蘇秦「出游數歲，大困而歸」，「乃閉室不出，出其書徧觀之」，「於是得周書陰符，伏而讀之。期年，以出揣摩。」裴駰引《戰國策・秦策一・蘇秦始將連橫》曰：「（蘇秦）乃發書，陳篋數十，得太公陰符之謀，伏而誦之，簡練以爲揣摩。讀書欲睡，引錐自刺其股，血流至踵。曰：『安有說人主不能出其金玉錦繡，取卿相之尊者乎？』期年，揣摩成。」並言「鬼谷子有〈揣摩篇〉也。」《索隱》曰：「王劭云：『〈揣情〉、〈摩意〉是鬼谷之二章名，非爲一篇也』。高誘曰：『揣，定也。摩，合也。定諸侯使讎其術，以成六國之從也』。江邃曰：『揣人主之情，摩而近之』，其意當矣。」又《戰國策》，鮑彪注曰：「揣，量；摩，研也。遊說之術，或量其情，或研切之。」縱觀諸家注說，皆不以「揣摩」爲書名也。次言「周書陰符」：據

〔註61〕 王逸〈離騷序〉曰：「始漢武帝命淮南王安爲《離騷傳》，其書今亡。按〈屈原傳〉云：『〈國風〉好色而不淫，〈小雅〉怨誹而不亂，若〈離騷〉者，可謂兼之矣。』又曰：『蟬蛻於濁穢，以浮游塵埃之外，不獲世之滋垢，皭然泥而不滓。推此志，雖與日月爭光可也。』班孟堅、劉勰皆以爲淮南王語，豈太史公取其語以作傳乎？」參見〔南宋〕洪興祖：《楚辭補注》，頁1。

《戰國策》蘇秦所得爲《太公陰符》，而非《周書陰符》，《漢書・藝文志》有《周書》七十一篇，《太公》二百三十七篇；前者列於六藝書家，後者列於諸子道家，則不知何者方爲蘇秦所研，此其一。〈蘇秦列傳〉所述，明顯自《戰國策》改寫而來，《史記》中亦不見稱引「周書陰符」之語，是以史遷未必親見此書，此其二。綜此兩點，故不將「周書陰符」列入史遷所引書目中矣。

3. 曆法、譜牒及圖像共 3 類 9 種

書　名	篇　目	引　文	備　註
1. 曆法			
（1）歷譜諜、春秋歷譜諜	三代世表	余讀諜記，……稽其歷譜牒……。	黃帝五家歷三十三卷。又顓頊歷二十一卷。又夏殷周魯歷十四卷。〔註62〕
	十二諸侯年表	太史公讀春秋歷譜牒……。	
（2）終始五德之傳	三代世表	余讀牒記，……稽其……終始五德之傳……。	公檮生終始十四篇〔註63〕
（3）顓頊歷	張丞相列傳	張蒼文學律歷，……明用秦之顓頊曆，……。	顓頊歷二十一卷
（4）夏小正	夏本紀	孔子正夏時，學者多傳夏小正。	（見大戴禮記）〔註64〕
（5）曆術甲子篇	曆書	（《史記》嘗摘錄其文）	（未見曆術甲子篇之所傳）

〔註62〕 〈三代世表序〉「稽其歷譜牒終始五德之傳」條下，瀧川資言《考證》曰：「愚按〈十二諸侯年表序〉云：『太史公讀春秋歷譜牒』又按《漢書・藝文志》歷譜家，有《黃帝五家歷》三十三卷、《顓頊歷》二十一卷、《顓頊五星歷》十四卷、《夏殷周魯歷》十四卷、《漢元殷周歷》十七卷、《帝王諸侯世譜》二十卷、《古來帝王年譜》五卷，史公蓋稽此等書也。」參見氏著：《史記會注考證》，卷13，頁3～4，總頁218。

〔註63〕 〈三代世表〉序：「稽其歷譜牒終始五德之傳」條下，瀧川資言《考證》以爲「五德終始之傳」非指一書而言，乃是凡述「五德終始」諸書的總稱，故其引《漢書・藝文志》列陰陽家載錄《騶子終始》五十六篇、《公檮生終始》十四篇暨《公檮生終始》條下班固原注云：「傳騶奭始終書」爲其注。參見氏著：《史記會注考證》，卷十三，頁4，總頁218。今《漢書・藝文志》不見騶奭始終書之載，疑收於《騶奭子》十二篇中，又《騶子終始》條下顏師古注云：「亦騶衍所說。」故列於「諸子百家及方技書」騶衍條後，姑列《公檮生終始》於此以俟考。

〔註64〕 見〈夏小正〉多載時令農務，猶似今之農民曆，故列於曆法類。

書　名	篇　目	引　文	備　註
2. 譜牒			
（6）諜記	三代世表	余讀諜記，……。	世本十五篇〔註65〕
（7）帝繫姓	五帝本紀	孔子所傳宰予問五帝德及帝繫姓，儒者或不傳。	（見大戴禮記）〔註66〕
（歷譜諜、春秋歷譜諜）	三代世表	余讀諜記，……稽其歷譜牒……。 太史公讀春秋歷譜諜……。	漢元殷周牒歷十七卷。帝王諸侯世譜二十卷。又古來帝王年譜五卷〔註67〕
3. 圖像			
（8）張良畫像	留侯世家	余以爲其人計魁梧奇偉，至見其圖，狀貌如婦人好女。	
（9）黃帝明堂圖	封禪書	初，天子封太山，……濟南人公玉帶上黃帝時明堂圖。	
（吳孫子兵法）	孫子吳起列傳	孫子武者，……以兵法見於吳王闔廬。	圖九卷（參見兵權謀家）
（齊孫子兵法）	孫子吳起列傳	孫臏嘗與龐涓俱學兵法。	圖四卷（參見兵權謀家）
（魏公子）	魏公子列傳	當是時，公子威振天下，諸侯之客進兵法，公子皆名之，故世俗稱魏公子兵法。	圖十卷（參見兵形埶家）
（五子胥）	伍子胥列傳	（《史記》有傳）	圖一卷（參見兵技巧家）

　　案：此表於《歷譜諜》、《春秋歷譜諜》、吳《孫子兵法》、齊《孫子兵法》等均有重列，故括號以示其別。又《諜記》、《歷譜諜》、《春秋歷譜諜》等，案年表序言之慣例，當指此類同系列或相關之檔案泛稱，非專指某書，參見下文對「官方檔案」之說明。故原應列入系列官檔，然因文本性質故，仍歸於曆法、譜牒之中。又〈田儋列傳〉贊曰：「田橫之高節，賓客慕義而從橫死，豈非至賢！余因而列焉。無不善畫者，莫能圖，何哉？」此可推知，《史記》中雖未列圖，然司馬遷於圖畫類文獻亦有所關注，甚至採集。

〔註65〕阮芝生云：「諜記或以爲即世本，或以爲譜諜的總稱。」姑列此以俟考。參見氏著：《司馬遷的史學方法與歷史思想》，頁67。
〔註66〕見〈帝繫姓〉羅列帝王世次，故列於譜牒。
〔註67〕參見「曆法類」關於「歷譜諜」與「春秋歷譜牒」之注。

4. 皇帝制詔、命令與系列官檔共 6 類 64 種

篇 名	史記篇目	內 文
1. 景帝制、詔		
（1）定孝文帝廟樂詔（元年十月）	孝文本紀	制詔御史：蓋聞古者祖有功而宗有德，制禮樂各有由。聞歌者……。
（2）擊七國詔（三年二月）	吳王濞列傳	蓋聞爲善者，天報之以福；爲非者，天報之以殃。高皇帝親表功德，……。
2. 武帝制、詔		
（3）詔封皇子制（元狩六年三月）	三王世家	蓋聞周封八百，姬姓并列，或子、男、附庸。《禮》：「支子不祭。」云……。
（4）封皇子制（元狩六年三月）	三王世家	康叔親屬有十，而獨尊者，襃有德也。周公祭天命郊，故魯有……。
（5）詔罷王恢韓安國兵（建元六年）	東越列傳	郢等首惡，獨無諸孫繇君丑不與謀焉。
（6）許諸侯王分子弟邑詔（元朔二年正月）	建元已來王子侯者年表	諸侯王或欲推恩分子弟邑者，令各條上，朕且臨定其號名。
（7）詔御史封公孫敖等（元朔五年四月）	衛將軍驃騎列傳	護軍都尉公孫敖，三從大將軍擊匈奴，常護軍，傅校獲王，以千五百戶封敖爲合騎侯。都尉韓說，……。
（8）勸學詔（元朔五年六月）	儒林列傳	蓋聞導民以禮，風之以樂。婚姻者，居室知大倫也。今禮壞樂崩，……。
（9）議置武功馳賞官詔（元朔六年六月）	平準書	朕聞五帝之教不相復而治，禹湯之法不同道而王，所由殊路，而建德一也。北邊未安，朕甚悼之。日者……。
（10）封周子南君詔（元鼎四年十一月）	封禪書	三代邈絕，遠矣難存。其已三十里地封周後爲子南君，以奉先王祀焉。
（11）封欒大爲樂通侯詔（元鼎四年夏）	封禪書	制詔御史：昔禹疏九江，決四瀆。間者河溢皋陸，堤繇不息。朕臨天下二十有八年，天若遺朕士……。

篇　　名	史記篇目	內　　　文
(12)封常山王二子詔（元鼎五年六月）	五宗世家	常山憲王早夭，後親不和，適孽誣爭，陷於不義以滅國，朕甚憫焉。其封憲王子平三萬戶，為真定王，……。
(13)賜卜式爵詔（元鼎五年九月）	平準書	卜式雖躬耕牧，不以為利，有餘輒助縣官之用。今天下不幸有急，而式奮……。
(14)改元大赦詔（元封元年四月）	平準書	朕以眇眇之身承至尊，兢兢焉懼不任。維德菲薄，不明于禮樂。脩祠太一，……。
(15)定禮儀詔（太初元年）	禮書	蓋受命而王，各有所由興，殊路而同歸，謂因民而作，追俗為制也。議者……。
(16)定正朔改元太初詔（太初元年）	曆書	乃者，有司言星度之未定也，廣延宣問，以理星度，未能詹也。蓋聞昔者……。
(17)擊匈奴詔（太初四年）	匈奴列傳	高皇帝遺朕平城之憂，高后時單于書絕悖逆。昔齊襄公復百世之讎，春秋大之。
3. 武帝令、命		
(18)益封衛青（元朔二年）	衛將軍驃騎列傳	匈奴逆天理，亂人倫，暴長虐老，以盜竊為務，行詐諸蠻夷，造謀藉兵，……。
(19)再益封衛青（元朔五年）	衛將軍驃騎列傳	大將軍青躬率戎士，師大捷，獲匈奴王十有餘人，益封青六千戶。
(20)封霍去病等（元朔六年五月）	衛將軍驃騎列傳	剽姚校尉去病斬首虜二千二十八級，及相國、當戶，斬單于大父……。
(21)議后土祀（元狩二年）	封禪書	今上帝朕親郊，而后土無祀，則禮不答也。
(22)益封霍去病（元狩二年春）	衛將軍驃騎列傳	驃騎將軍率戎士踰烏盭，討遬濮，涉狐奴，歷五王國，輜重人眾……。
(23)再益封霍去病（元狩二年夏）	衛將軍驃騎列傳	驃騎將軍踰居延，遂過小月氏，攻祁連山，得酋涂王，以眾降者……。
(24)渾邪王降益封霍去病（元狩二年秋）	衛將軍驃騎列傳	驃騎將軍去病率師攻匈奴西域王渾邪，王及厥眾萌咸相犇，率以軍糧接食，并將控弦萬有餘人，誅獟駻，……。

篇　名	史記篇目	內　文
（25）益封霍去病（元狩四年）	衛將軍驃騎列傳	驃騎將軍去病率師，躬將所獲葷粥之士，約輕齎，絕大幕，涉獲……。
（26）策封齊王閎（元狩六年）	三王世家	維六年四月乙巳，皇帝使御史大夫湯廟立子閎為齊王。……。
（27）策封燕王旦（元狩六年）	三王世家	維六年四月乙巳，皇帝使御史大夫湯廟立子旦為燕王。……。
（28）策封廣陵王胥（元狩六年）	三王世家	維六年四月乙巳，皇帝使御史大夫湯廟立子胥為廣陵王。……。

書　名	史記篇目	引　文	備　註
4. 官方檔案			
（29）秦記	六國年表	太史公讀秦記，……。	
（30）秦楚之際	秦楚之際月表	太史公讀秦楚之際，曰：初作難……。	
（31）高祖侯功臣	高祖功臣侯者年表	余讀高祖侯功臣，察其首封，……。	
（32）列封	惠景閒侯者年表	太史公讀列封至便侯。	即律令第一篇〔註68〕
（33）令甲	惠景閒侯者年表	長沙王者，著令甲，稱其忠焉。	即考核、選舉公務員之律令〔註69〕
（34）功令	儒林列傳	余讀功令，至於廣厲學官之路，……。	
（35）更令三十章	袁盎鼂錯列傳	錯所更令三十章，諸侯皆誼譁疾鼂錯。	
（36）漢律令、漢軍法、漢章程、漢禮儀	太史公自序	於是漢興，蕭何次律令，韓信申軍法，張蒼為章程，叔孫通定禮儀，則文學彬彬稍進。	

〔註68〕《漢書・宣帝紀》：「令甲，死者不可生」，顏師古注云：「文穎曰：『蕭何承秦法所作為律令，律經是也。天子詔所增損，不在律上者為令。令甲者，前帝第一令也。』如淳曰：『令有先後，故有令甲、令乙、令丙。』師古曰：『如說是也。甲乙者，若今之第一、第二篇耳。』」

〔註69〕司馬貞注云：「案謂學者課功著之於令，即今學令是也。」阮芝生釋曰：「功令就是當時考績或評定功勞的法令，不是已經列入檔案，就是即將列入檔案的。」參見阮芝生：《司馬遷的史學方法與歷史思想》，頁78。

書　名	史記篇目	引　文
(37) 奏事	秦始皇本紀	奏事二十篇〔註70〕
(38) 高祖傳	高祖本紀	高祖傳十三篇〔註71〕
(39) 孝文傳	孝文本紀	孝文傳十一篇〔註72〕

書名暨篇數	漢書藝文志	備　註
5. 封禪		
(40) 古封禪羣祀二十二篇	禮經類	〈封禪書〉曰：「今天子初即位，尤敬鬼神之祀。……而上鄉儒術，招賢良，趙綰、王臧等以文學爲公卿，欲議古立明堂城南，以朝諸侯。」
(41) 封禪議對十九篇	禮經類	《漢書》原注曰：「武帝時也。」
(42) 漢封禪羣祀三十六篇	禮經類	〈封禪書〉曰：「自得寶鼎，……封禪用希曠絕，莫知其儀禮，而羣儒采封禪尚書、周官、王制之望祀射牛事。」
(43) 封禪方說十八篇	小說家類	《漢書》原注曰：「武帝時。」
6. 黃帝		
(44) 黃帝四經四篇	道家類	
(45) 黃帝銘六篇	道家類	
(46) 黃帝君臣十篇	道家類	
(47) 雜黃帝五十八篇	道家類	

〔註70〕《奏事》二十篇，《漢書・藝文志》列於春秋類，原注曰：「秦時大臣奏事，及刻石名山文也。」〈秦始皇本紀〉所載泰山、琅邪、之罘、碣石等石刻暨始皇制詔應於其中，故不另詳列其名出處。

〔註71〕《高祖傳》十三篇，《漢書・藝文志》列於儒家類，原注曰：「高祖與大臣述古語及詔策也。」高祖制詔等應於其中，故不另詳列其名出處。

〔註72〕《孝文傳》十一篇，《漢書・藝文志》列於儒家類，原注曰：「文帝所稱及詔策。」文帝制詔等應於其中，故不另詳列其名出處。

書名暨篇數	漢書藝文志	備　註
（48）黃帝泰素二十篇	陰陽家類	
（49）黃帝說四十篇	小說家類	
（50）黃帝十六篇	兵陰陽家類	
（51）黃帝雜子氣三十三篇	天文類	
（52）黃帝五家曆三十三卷	曆譜類	
（53）黃帝陰陽二十五卷	五行類	
（54）黃帝諸子論陰陽二十五卷	五行類	
（55）黃帝長柳占夢十一卷	雜占類	
（56）黃帝內經十八卷	醫經類	
（57）黃帝外經三十七卷	醫經類	
（58）泰始黃帝扁鵲俞拊方二十三卷	經方類	
（59）神農黃帝食禁七卷	經方類	
（60）黃帝三王養陽方二十卷	房中類	
（61）黃帝雜子步引十二卷	神僊類	
（62）黃帝岐伯按摩十卷	神僊類	
（63）黃帝雜子芝菌十八卷	神僊類	
（64）黃帝雜子十九家方二十一卷	神僊類	

　　案：此表分類有兩點說明。其一、說明「黃帝」、「封禪」兩項列於「皇帝制詔、命令與系列官檔」類之考量；其二，說明對「秦記」、「秦楚之際」等史料性質的認知。由於漢初黃老學說風氣正盛，武帝獨尊儒術前，儼然國教。又黃帝雖然年湮代遠，難以考信，惟仍不乏托名之作，司馬遷〈五帝本紀〉既以黃帝為宗，以其考實之性格，必竭盡所能搜考史料，方得知「《百家》言黃帝，其文不雅馴」，又以「雖小道，必有可觀者焉」故也，此其二。黃帝書既多為托名之作，又為漢廷帝王所崇信，故羅列《漢書‧藝文志》冠名黃帝者，集中於此，方便閱覽，亦不與學術書相雜也。又「封禪」為武帝朝行政大事，《漢書‧藝文志》著錄與封禪相關者凡四種，兩種為武帝朝時作，兩種可與〈封禪書〉中敘事相聯繫，故集中詳列於此。

　　以下說明本文對「秦記」、「秦楚之際」等文獻的理解。阮芝生將「秦楚之際」、「高祖侯功臣」、「列封」與制詔一同列為檔案，獨「秦記」列於書籍，本文以為十表所讀，皆應視為檔案才是，理由如下。司馬遷於〈三代世表〉曰：「余讀諜記」，〈十二諸侯年表〉曰：「太史公讀春秋曆譜諜」，〈六國年表〉曰：「太史公讀秦記」，〈秦楚之際月表〉曰：「太史公讀秦楚之際」，〈高祖功臣侯者年表〉曰：「余讀高祖侯功臣」，〈惠景閒侯者年表〉曰：「太史公讀列封至便侯」，瀧川資言《考證》曰：「讀，猶觀也，與高祖功臣惠景間侯者年表太史公讀列封同一字法」，〔註73〕此其一。學人多以「諜記」、「歷譜諜」、「春秋曆譜諜」為譜諜一類之泛稱；而「秦楚之際」、「高祖後功臣」、「列封至便侯」則顯然非書名，阮芝生已言之，此其二。今十表所列「余讀」之書，皆不見班固記載，此其三。〈六國年表序〉曰：「秦既得意，燒天下詩書，諸侯史記尤甚，為其有所刺譏也。……惜哉，惜哉！獨有秦記，又不載日月，其文略不具。」此處「史記」泛指六國史官之檔案記錄，循此文脈，「秦記」亦然，如呂思勉曰：「譜牒之體似有二：其一但記世諡，而不詳其君之立年（在位年數），如《大戴記》之〈帝繫姓〉是，《史記‧十二諸侯年表序》所謂『譜牒獨記世諡』者也；其一則兼記其君之立年，〈秦始皇本紀〉後重敘秦

<hr>

〔註73〕據洪博昇考釋「讀」字之義，即「抽繹史事之精華以成」，則「秦記」、「秦楚之際」等應為相關系列之檔案，如與「秦國記事」相關、與「秦楚之際」相關之檔案，司馬遷瀏覽且抽繹其中史事之精華，以成諸「表」。參洪博昇：〈從段玉裁對「讀」字的訓解，談孔安國以今文字讀《古文尚書》的相關問題〉，收入《世新中文研究集刊》，第6期，頁206。

之先君一段，系此體，此即〈六國表〉所謂『獨有秦記』，又不載日月」者也。」〔註74〕此其四。綜此四點，本文將秦記歸入檔案一類。

5. 書信與賦集共 2 類 10 種

書　　名	史記篇目	引　　文	備　　註
1. 書信			
（1）吳王濞遣諸侯叛亂書	吳王濞列傳	吳王劉濞敬問膠西王、膠東王、菑川王、……。	
（2）武帝報公孫弘書（元狩元年）	平津侯主父列傳	古者賞有功，褒有德，守成尚文，遭遇右武，……。	
（3）鄒陽獄中上梁王書	魯仲連鄒陽列傳	鄒陽客游，以讒見禽，恐死而負累，乃從獄中上書。	
（4）公孫卿札書〔註75〕	封禪書	（公孫）卿有札書曰：……。	
2. 賦集			
（5）屈原賦	屈原賈生列傳	余讀離騷、天問、招魂、哀郢，悲其志。	屈原賦二十五篇
（6）宋玉賦、唐勒賦、景差賦	屈原賈生列傳	楚有宋玉、唐勒、景差之徒者，皆好辭而以賦見稱。	宋玉賦十六篇。又唐勒賦四篇（不見景差賦）
（9）賈誼賦	屈原賈生列傳	讀服鳥賦，同死生，輕去就，又爽然自失矣。	賈誼賦七篇
（10）司馬相如賦	司馬相如列傳	相如雖多虛辭濫說，……余采其語可論者著于篇。	司馬相如賦二十九篇

〔註74〕〔唐〕劉知幾 著、〔清〕浦起龍 通釋、呂思勉 評：《史通·表歷》，頁 8～9。

〔註75〕張大可承金德建於「諸子百家及方技書五十三種」項中列公孫卿有《札書》（〈封禪書〉）云云，貌似視此為著作書名。然考其實，此處札書當屬簡牒、簡策一類，而非著作，如〈司馬相如列傳〉云：「而相如已死，……其遺札書言封禪事，奏所忠。」可為資證，應是將上書奏事書寫於簡牒之上，汎言札書，非著作名也。故列公孫卿札書於書信類，而非諸子之屬。

（二）非文獻材料

唐德剛先生言學歷史的一般將歷史分成兩種：一種是「未記錄的歷史」（Unrecorded History），一種是「有記錄的歷史」（Recorded History），而口述歷史便屬於前者。並指口述史學先驅亞倫・芮文斯（Allen Nevins）發明了「口述史學」（Oral History）這個名詞，而非發明了口述史學，因爲口述歷史早就是中外史學共通的傳統，〔註76〕如保羅・湯普森言：「事實上，口述史學就如歷史一樣悠久。它是歷史的第一種形式。」〔註77〕那麼究竟何謂「口述史學」？「口述史學就是指口頭的、有聲音的歷史，它是對人們的特殊回憶和生活經歷的一種記錄。」〔註78〕其目的與功能爲何？歸結而言大抵有四：其一，口述能糾正文字偏見，生動形象，特別適合用於表述人類生活中的各種基本聯繫。其二，口述史重視的是重現歷史，而非單純地解釋歷史。其三，口述史之運用，乃是結合田野作業與書齋作業。其四，口述史可以防止精英階層的話語壟斷。〔註79〕

誠如前述曾提及：「二千多年前的司馬遷，在史料的蒐集與考證的處理上，有暗合於現代的史學觀念與方法。」因爲凡從事史學工作者，必然會有考辨史料眞僞之問題，絕難有今人考證史料所遭遇之困難而古人卻遇不到的道理，反過來說，今人想得到解決問題的方法，古人亦然，只是操作上的差別，而非本質上的歧異。舉唐德剛先生論司馬遷爲例，其先引〈刺客列傳贊〉言：「太史公曰：世言荊軻，其稱太子丹之命，『天雨粟，馬生角』也，太過。又言荊軻傷秦王，皆非也，始公孫季功、董生與夏無且游，具知其事，爲余道之如是。」接著說：

> 從以上所錄看來，司馬遷認爲他的故事比傳聞更爲正確，因爲他是聽「公孫季功」和「董生」說的。而公孫和董又是直接聽夏無且大夫說的，而夏是秦始皇的私人醫生，當暗殺進行之時，夏醫生幫著老闆用「藥囊」打過荊軻的，其話當然可信。這是一篇極好的文學著作和歷史，而司馬遷就講明他所用的是「口述史料」，其他未講的正不知有多少？〔註80〕

〔註76〕唐德剛：《史學與紅學・文學與口述歷史》，頁50。
〔註77〕轉引自楊祥銀：《與歷史對話——口述史學的理論與實踐》，頁2。
〔註78〕李向平、魏揚波：《口述史研究方法》，頁1～2。
〔註79〕原文列五點，本文於觀點不同處有斟酌修改，但未有扭曲原文之舉。參見李向平、魏揚波 著：《口述史研究方法》，頁5。
〔註80〕唐德剛：《史學與紅學・文學與口述歷史》，頁52。

司馬遷之所以能將荊軻刺秦王寫得淋漓生動、如臨現場，即由此故，而此不正切合了李向平、魏揚波二人對口述史第一點的功能敘述嗎？又〈周本紀〉言：「學者皆稱周伐紂，居洛邑，綜其實不然。武王營之，成王使召公卜居，居九鼎焉，而周復都豐、鎬。至犬戎敗幽王，周乃東徙于洛邑。所謂周公葬我畢，畢在鎬東南杜中。」司馬遷嘗「西至空桐」、「過梁適楚」，實地遠遊，即結合田野作業與書齋作業，方得其實。又如〈樊酈滕灌列傳〉言：「太史公曰：吾適豐沛，問其遺老，觀故蕭、曹、樊噲、滕公之家，及其素，異哉所聞！方其鼓刀屠狗賣繒之時，豈自知附驥之尾，垂名漢庭，德流子孫哉？」蕭何、曹參等皆位列人臣之極，歌功頌德、神異奇聞之傳必不在話下，司馬遷親訪其故居舊宅，「異哉所聞」，就某程度而言，亦是破除精英階層的話語壟斷。

　　口述史學是科技與學術結合的新興產物，即時錄音相較於轉譯傳鈔，確實增加了史料的可信度，卻不代表就完全比文獻史料可信，對口述史料賦予過高的評價，或主張必須以錄音機為工具的採訪方屬口述史學的要求，無非是走入另一種學術精英的話語壟斷。〔註81〕

　　司馬遷據口述史料的撰史傳統，在中國史學界未得到繼承與發展，唐德剛先生曾略表遺憾的說：

> 《史記》裏根據「口述」而寫出的「歷史」還可以數出很多條。司馬遷那時候雖然還不會使用「錄音機」，「口述歷史」的筆記紀錄，倒被這位傑出的史家充分的利用了。可是這個了不起的「口述」傳統，後來我國的史學界卻沒有認真的承繼；因而這個埋沒了兩千多年的文藝，到二次大戰後，才被芮文斯先生「復興」了出來。〔註82〕

先賢之名山寶藏蒙塵甚久，方為外人所掘，則莫怪乎唐德剛先生作為當代口述史學大家，要發此由衷之嘆了。

〔註81〕 路易斯・斯塔爾（Louis Starr）言：「口述歷史是通過有準備的，以錄音機為工具的採訪，記述人們口述所得的具有保存價值和迄今尚未得到的原始資料」，唐納德・里奇（Donald A. Ritchie）《從事口述史學》言：「簡單地說，口述歷史就是通過錄音訪談來收集口頭回憶和重大歷史事件的個人評論。」另外，關於美國口述史學家們的敝帚自珍可參看唐德剛先生於〈歷史是怎樣口述的？〉一文中的諷刺與揶揄。前引參見楊祥銀：《與歷史對話——口述史學的理論與實踐》，頁5～6。後文收入唐德剛：《胡適雜憶》中。

〔註82〕 唐德剛：《胡適雜憶・歷史是怎樣口述的？》，頁290。

今藉張大可於〈史記取材〉一文中的分類標題及條列內文，略作補充，歸納司馬遷從非文獻取材的蛛絲馬跡，以田野調查之性質爲主導，分作遊歷訪問、口述訪談、謠諺蒐集三類。列表如下：

1. 遊歷訪問，實地調查〔註83〕

二十壯游相關篇目		內　　　　　文
南游江淮	太史公自序	浮於沅湘。
	太史公自序	闚九嶷。
	龜策列傳	余至江南，觀其行事，問其長老，云龜千歲乃遊蓮葉之上，蓍百莖共一根。
	屈原賈生列傳	適長沙，觀屈原所自沈淵。
	河渠書	南登廬山，觀禹疏九江。
東漸於海	太史公自序	上會稽，探禹穴。
	河渠書	上姑蘇，望五湖。
	淮陰侯列傳	吾如淮陰，……其母死，貧無以葬，然乃行營高敞地，令其旁可置萬家。余視其母冢，良然。
北涉汶泗	太史公自序	講業齊、魯之都，觀孔子之遺風，鄉射鄒、嶧。
	孔子世家	適魯，觀仲尼廟堂車服禮器，諸生以時習禮其家，余低回留之不能去云。
戹困鄱薛	太史公自序	戹困鄱、薛、彭城。
	孟嘗君列傳	吾嘗過薛，其俗閭里率多暴桀子弟，與鄒、魯殊。
	樊酈滕灌列傳	吾適豐沛，問其遺老，觀故蕭、曹、樊噲、滕公之家，〔註84〕及其素，異哉所聞！

〔註83〕 本表大抵從〈附錄一：太史公遊歷圖〉轉化而成。參 黃啓方師、洪國樑師：《史記地圖滙編》，頁八。

〔註84〕 「蕭、曹、樊噲、滕公之家」，一作「蕭、曹、樊噲、滕公之冢」。如洪氏出版社《史記三家注》、張大可《史記新注》所據爲金陵局本者，皆作「家」；惟瀧川資言《考證》作「冢」，不知所據何本（關於《考證》所據版本之種類，參見「相關研究述評」，對氏書之介紹）。本論文仍以金陵局本爲主，若謂司馬遷考察過蕭曹樊噲之家，則順道訪問鄰里遺老，是可理解之事；若謂司馬遷考察過蕭曹樊滕的墓冢，並訪問周遭的鄰里遺老，這理解較費猜疑，莫非遺老皆爲蕭曹樊滕之守墓者歟？故仍從金陵局本爲主。參見瀧川資言《考證》，卷95，頁35，總頁1064。張大可《史記新注》，頁1700。

二十壯游相關篇目		內　　　文
過梁楚歸	魏世家	吾適故大梁之墟，墟中人曰：「秦之破梁，引河溝而灌大梁，三月城壞，王請降，遂滅魏。」說者皆曰魏以不用信陵君故，國削弱至於亡，余以爲不然。
	魏公子列傳	吾過大梁之墟，求問其所謂夷門。
	春申君列傳	吾適楚，觀春申君故城，宮室盛矣哉！
	伯夷列傳	余登箕山，其上蓋有許由冢云。

二十壯游相關篇目		內　　　文
西至空桐	周本紀	學者皆稱周伐紂，居洛邑，綜其實不然。武王營之，成王使召公卜居，居九鼎焉，而周復都豐、鎬。至犬戎敗幽王，周乃東徙于洛邑。所謂「周公葬我畢」，畢在鎬東南杜中。
	樗里子甘茂列傳	樗里子以骨肉重，固其理，而秦人稱其智，故頗采焉。

奉使西征相關篇目	內　　　文
太史公自序 西南夷列傳	奉使西征巴、蜀以南，南略邛、筰、昆明，還報命。
	漢誅西南夷，國多滅矣，唯滇復爲寵王。然南夷之端，見枸醬番禺，大夏杖、邛竹。西夷後揃，剽分二方，卒爲七郡。

扈隨武帝相關篇目	內　　　文
封禪書	余從巡祭天地諸神名山川而封禪焉。入壽宮，侍祠神語，究觀方士祠官之意。
河渠書	余從負薪塞宣房，悲〈瓠子之詩〉而作〈河渠書〉。
封禪書	登封太山至於梁父。
封禪書	北至碣石。
封禪書	巡自遼西。
五帝本紀	北過涿鹿。
封禪書	歷北邊，至九原。
蒙恬列傳	適北邊，自直道歸，觀蒙恬所爲秦築長城亭障，塹山堙谷，通直道，固輕百姓力矣。

2. 接觸當事人或他人口述材料

史記篇目	人物對象	內　文
趙世家 張釋之馮唐列傳	馮唐、馮王孫	吾聞馮王孫曰：「趙王遷，其母倡也，嬖於悼襄王。悼襄王廢適子嘉而立遷。遷素無行，信讒，故誅其良將李牧，用郭開。」豈不繆哉！ 武帝立，求賢良，舉馮唐。唐時年九十餘，不能復爲官，乃以唐子馮遂爲郎。遂字王孫，亦奇士，與余善。
屈原賈生列傳	賈嘉	及孝文崩，孝武皇帝立，舉賈生之孫二人至郡守，而賈嘉最好學，世世其家，與余通書。
刺客列傳	公孫季功、董生	始公孫季功、董生與夏無且游，具知其事，爲余道之如是。
樊酈滕灌列傳	樊他廣	余與他廣通，爲言高祖功臣之興時若此云。
田叔列傳	田仁	仁與余善，余故并論之。
韓長孺列傳	壺遂、韓長孺	余與壺遂定律歷，觀韓長孺之義，壺遂之深中隱厚。世之言梁多長者，不虛哉！
李將軍列傳	李廣	余睹李將軍悛悛如鄙人，口不能道辭。
游俠列傳	郭解	吾視郭解，狀貌不及中人，言語不足采者。
衛將軍驃騎列傳	蘇建	蘇建語余曰：「吾嘗責大將軍至尊重，而天下之賢大夫毋稱焉，願將軍觀古名將所招選擇賢者，勉之哉。大將軍謝曰：『自魏其、武安之厚賓客，天子常切齒。彼親附士大夫，招賢紬不肖者，人主之柄也。人臣奉法遵職而已，何與招士！』」驃騎亦放此意，其爲將如此。
大宛列傳	張騫	今自張騫使大夏之後也，窮河源，惡睹本紀所謂崑崙者乎？〔註85〕
五帝本紀 龜策列傳	空桐、涿鹿、江淮等各地長老	余嘗西至空桐，北過涿鹿，東漸於海，南浮江淮矣，至長老皆各往往稱黃帝、堯、舜之處，風教固殊焉，總之不離古文者近是。 余至江南，觀其行事，問其長老，云龜千歲乃遊蓮葉之上，著百莖共一根。

〔註85〕史遷列大夏山川物產鉅細靡遺，必自騫處而得知矣。

史記篇目	人物對象	內　　文
項羽本紀	周生	吾聞之周生曰：「舜目蓋重瞳子」，又聞項羽亦重瞳子。
太史公自序	董生	余聞董生曰：「周道衰廢，孔子爲魯司寇，諸侯害之，大夫壅之。孔子知言之不用，道之不行也，是非二百四十二年之中，以爲天下儀表，貶天子，退諸侯，討大夫，以達王事而已矣。」
孔子世家	魯諸生	適魯，觀仲尼廟堂車服禮器，諸生以時習禮其家，余低回留之不能去云。
孟嘗君列傳	薛地閭里暴桀子弟	吾嘗過薛，其俗閭里率多暴桀子弟，與鄒、魯殊。問其故，曰：「孟嘗君招致天下任俠，姦人入薛中蓋六萬餘家矣。」世之傳孟嘗君好客自喜，名不虛矣。
魏世家 魏公子列傳	大梁之墟墟中人	吾適故大梁之墟，墟中人曰：「秦之破梁，引河溝而灌大梁，三月城壞，王請降，遂滅魏。」說者皆曰魏以不用信陵君故，國削弱至於亡，余以爲不然。 吾過大梁之墟，求問其所謂夷門。夷門者，城之東門也。
樗里子甘茂列傳	秦人	樗里子以骨肉重，固其理，而秦人稱其智，故頗采焉。
淮陰侯列傳	淮陰人	吾如淮陰，淮陰人爲余言，韓信雖爲布衣時，其志與眾異。
樊酈滕灌列傳	豐、沛遺老	吾適豐沛，問其遺老，觀故蕭、曹、樊噲、滕公之家，及其素，異哉所聞！
五帝本紀 夏本紀 周本紀 六國年表 留侯世家	學者	學者多稱五帝，尚矣。 孔子正夏時，學者多傳夏小正云。 學者皆稱周伐紂，居洛邑，綜其實不然。 學者牽於所聞，見秦在帝位日淺，不察其終始，因舉而笑之，不敢道，此與以耳食無異。悲夫！ 學者多言無鬼神，然言有物。

史記篇目	人物對象	內　文
蘇秦列傳	世言、俗議	然世言蘇秦多異，異時事有類之者皆附之蘇秦。
刺客列傳		世言荊軻，其稱太子丹之命，「天雨粟，馬生角」也，太過。又言荊軻傷秦王，皆非也。
李斯列傳		人皆以斯極忠而被五刑死，察其本，乃與俗議之異。

3. 採集歌謠詩賦，俚語俗諺〔註86〕

史記篇目	作者暨作品名	內　容
項羽本紀	項羽 絕命歌	力拔山兮氣蓋世，時不利兮騅不逝。騅不逝兮可奈何，虞兮虞兮奈若何！
高祖本紀	高祖 大風歌	大風起兮雲飛揚，威加海內兮歸故鄉，安得猛士兮守四方。
呂后本紀	趙王劉友 飢餓歌	諸呂用事兮劉氏危，迫脅王侯兮彊授我妃。我妃既妒兮誣我以惡，讒女亂國兮上曾不寤。我無忠臣兮何故棄國？自決中野兮蒼天舉直！于嗟不可悔兮寧蚤自財。爲王而餓死兮誰者憐之！呂氏絕理兮託天報仇。
樂書	武帝 神馬太一之歌	太一貢兮天馬下，霑赤汗兮沫流赭。騁容與兮跇萬里，今安匹兮龍爲友。
	武帝 大宛千里馬歌	天馬來兮從西極，經萬里兮歸有德。承靈威兮降外國，涉流沙兮四夷服。
河渠書	武帝 瓠子之歌其一	瓠子決兮將奈何？皓皓旰旰兮閭殫爲河！殫爲河兮地不得寧，功無已時兮吾山平。吾山平兮鉅野溢，魚沸鬱兮柏冬日。延道弛兮離常流，蛟龍騁兮方遠遊。歸舊川兮神哉沛，不封禪兮安知外！爲我謂河伯兮何不仁，泛濫不止兮愁吾人？齧桑浮兮淮、泗滿，久不反兮水維緩。

〔註86〕 本表據張大可〈史記取材〉之分類、紀錄，整理而成。參見張大可：〈史記取材〉，收入《史記研究》，頁 251～260。

史記篇目	作者暨作品名	內　容
河渠書	武帝 瓠子之歌其二	河湯湯兮激潺湲，北渡逗兮浚流難。搴長茭兮沈美玉，河伯許兮薪不屬。薪不屬兮衛人罪，燒蕭條兮噫乎何以禦水！穨林竹兮楗石菑，宣房塞兮萬福來。
宋微子世家	箕子　麥秀歌	麥秀漸漸兮，禾黍油油。彼狡僮兮，不與我好兮。
晉世家	晉大夫　士蒍歌	狐裘蒙茸，一國三公，吾誰適從。
孔子世家	孔子　去魯歌	彼婦之口，可以出走；彼婦之謁，可以死敗。蓋優哉游哉，維以卒歲。
	孔子　泰山歌	泰山壞乎！梁柱摧乎！哲人萎乎！
齊悼惠王世家	朱虛侯劉章 耕田歌	深耕漑種，立苗欲疏；非其種者，鋤而去之。
伯夷列傳	伯夷、叔齊 采薇歌	登彼西山兮，采其薇矣。以暴易暴兮，不知其非矣。神農、虞、夏忽焉沒兮，我安適歸矣？于嗟徂兮，命之衰矣！
刺客列傳	荊軻　絕命歌	風蕭蕭兮易水寒，壯士一去兮不復還。
滑稽列傳	優孟　婦言歌	山居耕田苦，難以得食。起而為吏，身貪鄙者餘財，不顧恥辱。身死家室富，又恐受賕枉法，為姦觸大罪，身死而家滅。貪吏安可為也！念為廉吏，奉法守職，竟死不敢為非。廉吏安可為也！楚相孫叔敖持廉至死，方今妻子窮困負薪而食，不足為也！
以上為樂府歌謠，文人詩賦		
周本紀	宣王時童謠	檿弧箕服，實亡周國。
魯周公世家	文成之世童謠	鸜鵒來巢，公在乾侯。鸜鵒入處，公在外野。
田敬仲完世家	齊人　采芑歌	嫗乎采芑，歸乎田成子。
	齊人　松柏歌	松耶柏耶？住建共者客耶？
曹相國世家	漢初百姓 蕭曹歌	蕭何為法，觀若畫一；曹參代之，守而勿失。載其清淨，民以寧一。

史記篇目	作者暨作品名	內　　容
魏其武安侯列傳	潁川兒歌	潁水清，灌氏寧；潁水濁，灌氏族。
淮南衡山列傳	淮南民歌	一尺布，尙可縫；一斗粟，尙可舂，兄弟二人不相容。
以上爲民歌童謠		

史記篇目	內　　　　　容
陳杞世家	鄙語有之：牽牛徑人田，田主奪之牛。徑則有罪矣，奪之牛，不亦甚乎？
鄭世家	語有之：以權利合者，權利盡而交疏。
趙世家	諺曰：以書御者，不盡馬之情；以古制今者，不達事之變。
	諺曰：死者復生，生者不愧。
	民訛言曰：趙爲號，秦爲笑。以爲不信，視地之生毛。
陳涉世家	狐鳴呼曰：大楚興，陳勝王。
	客曰：「夥頤！涉之爲王沈沈者！」楚人謂多爲夥，故天下傳之。
楚元王世家	甚矣，「安危在出令，存亡在所任」，誠哉是言也。
陳丞相世家	鄙語曰：兒婦人口不可用。
管晏列傳	語曰：將順其美，匡救其惡，故上下能相親也。
孫子吳起列傳	語曰：能行之者，未必能言。能言之者，未必能行。
蘇秦列傳	鄙諺曰：寧爲雞口，無爲牛後。
樗里子甘茂列傳	秦人諺曰：力則任鄙，智則樗里。
白起王翦列傳	鄙語云：尺有所短，寸有所長。
平原君列傳	鄙語云：利令智昏。
春申君列傳	語曰：當斷不斷，反受其亂。
范雎蔡澤列傳	語曰：庸主賞所愛而罰所惡；明主則不然，賞必加于有功，而刑必斷于有罪。
	吾（蔡澤）聞之：鑒于水者見面之容，鑒于人者知吉與凶。

史記篇目	內　　　　　容
魯仲連鄒陽列傳	吾（魯仲連）聞之：智者不倍時而棄利，勇士不卻死而滅名，忠臣不先身而後君。
	吾（魯仲連）聞之：規小節者不能成榮名，惡小恥者不能立大功。
	（鄒陽）諺曰：有白頭如新，傾蓋如故。
劉敬叔孫通列傳	語曰：千金之裘，非一狐之腋也；臺榭之榱，非一木之枝也；三代之際，非一士之智也。
季布欒布列傳	楚人諺曰：得黃金百，不如得季布一諾。
袁盎鼂錯列傳	語曰：變古亂常，不死則亡。
張釋之馮唐列傳	語曰：不知其人，視其友。
扁鵲倉公列傳	女無美惡，居宮見妒；士無賢不肖，入朝見疑。
吳王濞列傳	毋為權首，反受其咎。
韓長孺列傳	語曰：雖有親父，安知其不為虎？雖有親兄，安知其不為狼？
李將軍列傳	諺曰：桃李不言，下自成蹊。
汲鄭列傳	翟公乃大署其門曰：一死一生，乃知交情。一貧一富，乃知交態。一貴一賤，交情乃見。
游俠列傳	鄙人有言曰：何知仁義，已饗其利者為有德。
	諺曰：人貌榮名，豈有既乎！
佞幸列傳	諺曰：力田不如逢年，善仕不如遇合。
貨殖列傳	諺曰：千金之子，不死于市。
	諺曰：天下熙熙，皆為利來；天下攘攘，皆為利往。
	諺曰：百里不販樵，千里不販糴。
	諺曰：用貧求富，農不如工，工不如商，刺繡文不如倚市門。
以上為俗語俚諺	

以上為司馬遷於《史記》中自述其文獻材料及非文獻材料所能得見之出處，內容或失之於繁瑣，然旨在蒐羅、歸納，或非無意義。至如司馬遷如何處理此兩大類材料的具體應用，詳見下述。

第二節　史料考證的命題假設與具體操作

史料考證對於歷史工作而言，是非常重要的基礎步驟；尤其是史家企圖對歷史中的人物、事件，進行價值解釋、價值評判時，如何建立其可信度，往往便與史料的客觀性息息相關。

再者，史料考證本身也帶有「判定」、「分辨」的性質，而按照司馬遷的理解，「別嫌疑，明是非，定猶豫」原本就是史家應盡的義務及責任，對象無論是史料文獻，抑或人物事件，都應當囊括於此原則當中。

然而考證的終極目的並不在尋找「歷史真相」，而是最接近的「歷史真相」；因為「歷史真相」早已逝去於過去的時間當中，歷史只能被論述，而論述卻不等於歷史。〔註87〕故而以「歷史真相」為考證之終極目的，就顯得十分令人困惑。正如被視為後現代史學的代表人物凱恩‧詹京斯所質疑的兩個問題：

> 第一，如果我們最終無法知道過去的真實情況，那麼我們為何要不斷追尋？其次，不論天下有沒有真實這回事，「真實」一辭在歷史的論述中到底具有什麼作用？〔註88〕

詹京斯此語固然有其針對之對象，〔註89〕但這卻不是身處於後現代環境中才

〔註87〕〔英〕凱恩‧詹京斯（Keith Jenkins）著；賈士蘅 譯：《歷史的再思考》，頁85。

〔註88〕〔英〕凱恩‧詹京斯（Keith Jenkins）著；賈士蘅 譯：《歷史的再思考》，頁125。

〔註89〕詹京斯對理性思考的失望與把持話語權力的菁英階層的不滿，致使他對「歷史真實」抱持著極大的質疑，如他說：「今日，我們不知道柏拉圖的各種『絕對』有什麼根據。今日我們與『上帝不存在』的想法共存。我們解構了『文字』和『世界』之間的緊密聯結，並使它們之間的關係成為武斷的和實用主義的。在本世紀中，我們已看到理性無力憑論證的力量消除非理性。雖然物理學家和工程師在他們工作和『假設——演繹』的推理方面獲得成功，他們成功的理由卻仍然是個謎團：『沒有人知道，在自然明顯的意義上，為什麼外在的世界會符合規律的假設，會符合數學及推理的規律的期望。』而我們當然還是能夠了解那些老生常談所代表的『常識』，儘管它們之所以存在的假

發生的史學疑難。就司馬遷於《史記》中所載的描述來看，他不是不知道「歷史眞相」的不可企及，如〈太史公自序〉中，序〈三代世表〉曰：

> 維三代尚矣，年紀不可考，蓋取之譜牒舊聞，本于茲，於是略推，
> 作〈三代世表〉第一。

司馬遷說：因爲夏、商、周距離現在已非常遙遠，確切的年代紀事實無法考訂確知，只能藉由現有的譜牒和傳聞故事，略作推測。又序〈十二諸侯年表〉曰：

> 幽厲之後，周室衰微，諸侯專政，《春秋》有所不紀，而譜牒經略，
> 五霸更盛衰，欲睹周世相先後之意，作〈十二諸侯年表〉第二。

自周幽王、厲王之後，王室便走向衰微，由各地的諸侯把持權力，而《春秋》的記載不全，譜牒又只記其概略，但五霸的更替正反映了這時期的興衰，爲了瞭解諸侯間的始末情況，遂作〈十二諸侯年表〉。

所謂「於是略推」，說明司馬遷明知「歷史眞相」不可確實獲得，但仍要根據可靠的材料去拼湊、還原其前後時空脈絡大抵如何，其目的就是爲了篩選、整理出可靠的材料，提供後世有志一同者，可以資爲媒介、或持續此命題，進行更深入的考證、鑽研所用。如〈高祖功臣侯表序〉曰：

> 於是謹其終始，表其文，頗有所不盡本末；著其明，疑者闕之。後
> 有君子，欲推而列之，得以覽焉。

換言之，對司馬遷而言，「歷史工作」彷彿接力一般，他深信必有能知其「一家之言」的「智者」、「君子」，會接續他寄寓其中的志業，如同他們父子承繼周公、孔子的五百年天命一樣。

故而，《史記》中所載述的是否確實等於「歷史眞相」，實在不需要過於拘泥，畢竟司馬遷自知他只是將眼前能知能見的一部分，以特定方法及特定觀點表現出來，〔註 90〕他只需對史料的汰選過程與「謹其終始，表其

設早已被推翻了。例如，我們到今天還在說『日出』和『日落』，好像哥白尼的天體論還沒有完全取代托勒密的學說。空洞的隱喻和老朽的比喻之辭，充斥在我們的字彙和文法中。它們牢牢地黏在我們日常用語的架構上。」故而古偉瀛於導讀中描述詹京斯「根本不相信眞相可以獲致」，因爲「在目前的後現代情境中，人們已不能再問，什麼是歷史，而是問此歷史是爲『誰』而寫。」參見〔英〕凱恩·詹京斯（Keith Jenkins）著；賈士蘅 譯：《歷史的再思考》，頁 127～128、43。

〔註90〕據德羅伊森所言：「無論歷史工作者選用何種寫作方式表達研究成果；這種表達方式，最終也只是將當時人所見的一部分，以特定方式、特定觀點提出

文」的操作和表述是否得當負責即可；至如〈三代世表序〉曰：「疑則傳疑」，〈高祖功臣侯表序〉曰：「著其明，疑者闕之」，〈仲尼弟子列傳〉贊曰：「疑者闕焉」，均再再反映出司馬遷並不會爲了遂其敘事的目的，而採取得過且過、剪刀加漿糊的撰述態度，〔註91〕是以毋需懷疑其對歷史客觀性的戮力追求。

據此，藉由司馬遷的例子，或許可以回答詹京斯的兩點質疑。歷史工作無法尋回眞實的過去，然之所以仍要追尋，乃是意識到身處歷史交叉點的責任所在與延續未來的需要，故而仍須探索過去（參第參章第二節）。而「眞實」一辭於歷史論述中，則代表著史家對於自身在從事「歷史考證」時，嚴謹、客觀的保證；對於論述的內容、歷史解釋、史學觀點，則堅持平心而論的負責態度。

以下探究司馬遷於「歷史考證」中，從置疑、假設到考證、論述的整體過程。

一、歷史研究與問題意識的辯證關係

歷史研究工作的起點，往往是因著問題意識的自覺，〔註92〕司馬遷也不例外，縱使〈太史公自序〉中載述他要「網羅天下舊聞」、「原始察終」、「見盛觀衰」等種種立意高遠的雄心壯志，但從各個篇章的論贊中，仍可推察出司馬遷對於歷史工作、歷史研究的投入，也是從單一個別的歷史問題，逐漸積累催化而成，這就是問題意識的自覺。而其觸發問題意識的來源大抵又可分爲三方面：由閱讀經驗而生、由評價失衡而生、由學術爭議而生。

司馬遷於《史記》中，屢屢提及自己閱讀古書的內容和心得，一些人物列傳的設立，往往就是從這一點心得開始。如〈司馬穰苴列傳〉曰：

來而已。」〔德〕約翰・古斯塔夫・德羅伊森（Droysen Johann Gustav，1808～1884）著；胡昌智 譯：《歷史知識理論・體裁論》，頁92。

〔註91〕 其意謂著「由摘錄和拼湊各種不同的權威們的證詞而建立的歷史學」，而柯林武德認爲此種方式「並沒有滿足科學的必要條件」，只是爲了遂羅自己的假設、命題，搜羅材料，剪裁而成的著史模式，故而根本不能稱之爲歷史學。參見〔英〕柯林武德（Robin George Collingwood，1889～1943）著；何兆武、張文杰、陳新 譯：《歷史的觀念（增補版）》，頁254。

〔註92〕 〔德〕約翰・古斯塔夫・德羅伊森（Droysen Johann Gustav，1808～1884）著；胡昌智 譯：《歷史知識理論・方法論》，頁17。

> 余讀《司馬兵法》，閎廓深遠，雖三代征伐，未能竟其義，如其文也，
> 亦少襃矣。若夫穰苴，區區爲小國行師，何暇及《司馬兵法》之揖
> 讓乎？世既多《司馬兵法》，以故不論，著穰苴之列傳焉。

司馬遷於〈司馬穰苴列傳〉傳末，嘗述及齊威王命大夫們追論古代《司馬兵法》，同時將司馬穰苴的著作亦附錄其中，號稱《司馬穰苴兵法》，可知司馬遷將《司馬兵法》分作兩種來看，一是古本、一是穰苴本。而司馬遷便於贊中提出自己對於兩種文本的閱讀心得。

其先論及古本《司馬兵法》，內容雖宏大深遠，但對夏、商、周三代有名的大戰役，也未必能詳盡發明它的內涵，單就文字來看，未免有點誇大。至於司馬穰苴，不過是爲「區區小國」率師征伐，哪裡和《司馬兵法》相提並論呢？是以，司馬遷一則質疑古本《司馬兵法》未免有些「載之空言」（〈太史公自序〉），不夠切實；二則批評司馬穰苴不過是「爲小國行師」，其著作自不如《司馬兵法》的「閎廓深遠」。

司馬遷爲司馬穰苴立傳，是爲了替自己的批評提供具體的論據，而傳中不提古本《司馬兵法》，是因爲世人已多推重其書，實在毋需再花費篇幅多加評論。司馬遷因閱讀兩種《司馬兵法》而生心得，因而考證史料以立傳，明矣。

又〈酈生陸賈列傳〉贊曰：

> 世之傳酈生書，多曰：「漢王已拔三秦，東擊項籍而引軍於鞏洛之
> 間，酈生被儒衣往說漢王。」迺非也。自沛公未入關，與項羽別而
> 至高陽，得酈生兄弟。

司馬遷說：世間流傳酈生事蹟的著作，大多將「酈生被儒衣往說漢王」的時間，繫於「拔三秦」、「東擊項籍」而縈營鞏洛之際；但根據考證，實在不是。而是沛公未入關前，至高陽，就已經獲得酈生兄弟的跟從。

從贊語的敘述中，無從得知司馬遷是否因爲閱讀「世之傳酈生書」而萌生爲酈生立傳之意，但司馬遷爲酈生立傳，寄寓著欲解決酈生生平錯誤的記載，則是事實。

又〈高祖功臣侯者年表序〉曰：

> 余讀高祖侯功臣，察其首封，所以失之者，曰：「異哉所聞！」《書》
> 曰「協和萬國」，遷于夏商，或數千歲。蓋周封八百，幽厲之後，見
> 於《春秋》。《尚書》有唐虞之侯伯，歷三代千有餘載，自全以蕃衛

> 天子，豈非篤於仁義、奉上法哉？漢興，功臣受封者百有餘人。天
> 下初定，故大城名都散亡，戶口可得而數者十二三，是以大侯不過
> 萬家，小者五六百戶。後數世，民咸歸鄉里，戶益息，蕭、曹、絳、
> 灌之屬或至四萬，小侯自倍，富厚如之。子孫驕溢，忘其先，淫嬖。
> 至太初百年之間，見侯五，餘皆坐法隕命亡國，耗矣。罔亦少密焉，
> 然皆身無兢兢於當世之禁云。

司馬遷因太史令的身份，可以閱覽劉邦當初所封賞功臣之檔案資料，得知其
受封、奪侯的原因。讀完後，才發現與自己平日聽聞的截然不同。故而又進
一步的比對先秦封侯和漢初封侯兩者情況的差別。

他舉周初封侯八百為例，雖然歷經幽、厲兩朝的動亂，卻還能列名於《春
秋》之中；又如《尚書》曾經記載過唐虞時所封的侯伯，傳承千年、歷經三
代，還能屹立不搖、屏衛天子，上述種種例子難道不是因為諸侯能貫徹仁義
之心、遵循天子法度的緣故嗎？

換言之，司馬遷平日聽聞的除國傳聞，或是以抱怨天子為主，全然不反
省自身的過錯，所以司馬遷才不禁要根據考證過後的歷史事實，反批這些遭
到削權奪侯者，實在是因為「子孫驕溢」、「淫嬖」、「身無兢兢於當世之禁」，
全然是咎由自取的緣故。

不使歷史事實受到以偏概全的污衊，致使真相受到扭曲，也是司馬遷著
史一個關鍵的目標，即「見諸行事深切著名」之旨也。反過來說，正是這種
以訛傳訛、蜚長流短的惡性傳播，所引發的諸多問題，促使司馬遷不得不根
據具體的史料考證，還原事件始末，以正世俗視聽，使當事者「毋令獨蒙惡
聲」。如〈蘇秦列傳〉的立傳動機，就是個明顯的例子，見該傳贊曰：

> 太史公曰：蘇秦兄弟三人，皆游說諸侯以顯名，其術長於權變。而
> 蘇秦被反間以死，天下共笑之，諱學其術。然世言蘇秦多異，異時
> 事有類之者皆附之蘇秦。夫蘇秦起閭閻，連六國從親，此其智有過
> 人者。吾故列其行事，次其時序，毋令獨蒙惡聲焉。

司馬遷說蘇秦、蘇代、蘇厲兄弟三人皆以游說諸侯而得名，尤其擅長因事制
宜、隨機應變。傳聞蘇秦最後因為政敵的反間計奏效而遭處死，於是天下人
遂恥笑他聰明反為聰明誤。但司馬遷留意到社會上關於蘇秦的傳聞其實很
多，甚至部份訊息其實是因為內容性質相同而穿鑿附會到蘇秦身上。就司馬
遷對於蘇秦的理解，認為他從布衣出身，策劃六國合縱的方略，見識、謀略

皆有過人之處，應當不至於死於政敵的羅織構陷。結合此兩點疑問，司馬遷通過具體的考證研究，確定關於蘇秦「被反間以死」一事，實有其內情。故司馬遷立〈蘇秦列傳〉，將他所蒐集到的資料，經過汰選後，按照時間序列編排，以澄清世俗的誤解、謠傳。

尤其傳中記蘇秦亡燕入齊，最後死於齊地之事件始末，即是對「蘇秦被反間以死」的澄清。

起先，「人有毀蘇秦者曰：『左右賣國反覆之臣也，將作亂。』蘇秦恐得罪，歸，而燕王不復官也。」（〈蘇秦列傳〉）蘇秦辯解自己正是「所謂以忠信得罪於上者也」忠臣受害的例子，即一心為國設想，但因內情不為國君所知悉，僅因外在行事的可疑，遭到國君猜忌，致招來災厄；並舉一婦人私通吏役欲毒殺丈夫，一旁侍妾故意打翻藥酒避免丈夫受害，卻遭到男主人責打一事舉譬之，遂使燕王原諒蘇秦，命「復就故官」。

後蘇秦因為私通燕王的母親，害怕遭到燕王的追究暗算，遂先請命流亡齊國，託言要尋隙削弱齊國國勢，為燕國牟利，而「燕王曰：『唯先生之所為。』於是蘇秦詳為得罪於燕而亡走齊，齊宣王以為客卿。」（〈蘇秦列傳〉）及至齊宣王過世，齊湣王即位，蘇秦建議他「厚葬以明孝」，實際上是為了讓齊國大興土木、修築宮陵，耗費錢財。齊湣王不明就裡，還為此讚賞蘇秦，卻在無形中為其招來齊國大夫的嫉妒，齊大夫們遂「使人刺蘇秦」。蘇秦臨死前，乃謂齊王曰：「臣即死，車裂臣以徇於市，曰『蘇秦為燕作亂於齊』，如此，則臣之賊必得矣。」（〈蘇秦列傳〉）齊王如其言而行，「而殺蘇秦者果自出，齊王因而誅之。」（〈蘇秦列傳〉）直到燕國稱許齊王為蘇秦報仇，齊湣公才意識到當初蘇秦亡燕奔齊的內情並不單純。

從司馬遷的贊語中，無法得知當時世俗譏笑蘇秦因間諜案而死，究竟是指「被燕王質疑為間諜」一事，抑或「在齊地擔任燕王之間諜」一事。但無論所指為何，「間諜案」皆非導致蘇秦之死的主要原因。前者蘇秦憑一己之智安然脫身，後者則是出於政敵的刺殺，意外身亡。甚至臨死之前，蘇秦故意將「間諜身份」公諸於世，佯為尋兇之策，瞞騙齊王為蘇秦報仇雪恨，雪恨必尋得主使之大夫，殺大夫則削弱齊國人才資源，達到蘇秦身為「間諜」的任務。而蘇秦於生前所擘畫的合縱抗秦之策，在蘇代、蘇厲的努力下，仍舊為六國抗秦主要的戰略方針。故司馬遷曰：「其智有過人者」，意在此也。而天下人恥其因「間諜案」而死，只是凸顯俗人之愚昧。

對歷史人物的評價，除了積非成是的抹黑外，過度溢美乃至於神化的讚揚，也是司馬遷所欲批判、反駁的對象。如〈刺客列傳〉贊曰：

> 太史公曰：世言荊軻，其稱太子丹之命，「天雨粟，馬生角」也，太過。又言荊軻傷秦王，皆非也。始公孫季功、董生與夏無且游，具知其事，爲余道之如是。

由於漢初「過秦」之風甚盛，積習漸久，所傳秦事遂不免誇大失眞。故世傳荊軻奉太子丹命刺秦一事，天象受到感應，降下粟米雨，使馬生角；太史公聞之，斥爲荒謬。又提到荊軻刺殺始皇的過程，說者皆繪聲繪影，極力描寫其英勇，彷彿身歷其境；然太史公曾聽聞公孫季功、董生轉述目擊者夏無且的證詞，知道世間傳言皆非其實。

〈刺客列傳〉全文共五千多字，記載了曹沬、專諸、豫讓、聶政、荊軻凡五人的事蹟，而其中單是荊軻一人就費去三千餘字的篇幅。綜合篇幅與贊語的針對性，司馬遷立〈刺客列傳〉乃是因荊軻的緣故使然，當無疑問。〔註93〕

司馬遷除了藉由夏無且的證詞，重現荊軻刺殺秦始皇的完整過程外，同時利用了蓋聶、魯句踐二人曾與荊軻往來過的經驗，以凸顯其性格並非完人，以破除過度神化的傳言。如曰：

> 荊軻嘗游過榆次，與蓋聶論劍，蓋聶怒而目之。荊軻出，人或言復召荊卿。蓋聶曰：「曩者吾與論劍有不稱者，吾目之；試往，是宜去，不敢留。」使使往之主人，荊卿則已駕而去榆次矣。使者還報，蓋聶曰：「固去也，吾曩者目攝之！」

再曰：

> 荊軻游於邯鄲，魯句踐與荊軻博，爭道，魯句踐怒而叱之，荊軻嘿而逃去，遂不復會。

又曰：

> 魯句踐已聞荊軻之刺秦王，私曰：「嗟乎，惜哉其不講於刺劍之術也！甚矣吾不知人也！曩者吾叱之，彼乃以我爲非人也！」

蓋聶與魯句踐之事蹟僅見於司馬遷的記載。換言之，無從得知二人的品行、才幹如何。但單從〈刺客列傳〉來看，蓋聶與魯句踐皆對比出荊軻雖然有勇有謀，但情緒智商似乎相對低落。

〔註93〕韓兆琦：《史記題評・刺客列傳》，頁296。

魯句踐對於荊軻刺秦失敗，表現出惋惜之情，可知其未對當時博戲「爭道」一事，耿耿於懷，甚至對「彼乃以我為非人也」感到困惑而可惜。相較於魯句踐，蓋聶算是深知荊軻性情之人，縱使語中表現出對荊軻的輕視，但當他在劍理上與荊軻發生爭執，其瞋目以對，致使荊軻不發一語離去後，他就知道兩人交情到此為止。

荊軻無法面對或忍受他人質疑、反對的性格缺點，從倉促赴秦一事，亦可窺知一二。司馬遷述曰：

> 燕國有勇士秦舞陽，年十三，殺人，人不敢忤視。乃令秦舞陽為副。荊軻有所待，欲與俱；其人居遠未來，而為治行。頃之，未發，太子遲之，疑其改悔，乃復請曰：「日已盡矣，荊卿豈有意哉？丹請得先遣秦舞陽。」荊軻怒，叱太子曰：「何太子之遣？往而不返者，豎子也！且提一匕首入不測之彊秦，僕所以留者，待吾客與俱。今太子遲之，請辭決矣！」遂發。

司馬遷固然承認有不可抗力之天意存在，但大抵上仍認定「人」需為自己的禍福吉凶而負責。〔註94〕荊軻本欲待到自己認為可靠的幫手到來，方動身往赴秦國，卻因禁不起太子丹的詢問，憤而倉促動身。雖然在秦宮大殿上，展現出過人的膽識，但若副手不是臨陣膽怯的秦舞陽，而是當初所欲等待之人，刺秦結果如何，猶未可知。換句話說，荊軻因著一時意氣用事，不能堅持等到可靠的助手，間接將自己推入險境，提高刺秦的風險、難度。刺秦失敗，實是咎由自取，臨死前還託言：「事所以不成者，以欲生劫之，必得約契以報太子也」，豈不是十分可笑嗎？

類似荊軻一般，形象遭到世俗過度美化的人還有李斯，〈李斯列傳〉贊曰：

> 太史公曰：李斯以閭閻歷諸侯，入事秦，因以瑕釁，以輔始皇，卒成帝業，斯為三公，可謂尊用矣。斯知六藝之歸，不務明政以補主上之缺，持爵祿之重，阿順苟合，嚴威酷刑，聽高邪說，廢適立庶。諸侯已畔，斯乃欲諫爭，不亦末乎！人皆以斯極忠而被五刑死，察其本，乃與俗議之異。不然，斯之功且與周、召列矣。

〔註94〕阮芝生先生原文曰：「司馬遷固然相信治亂吉凶在『人』，但他也承認有超於人之上的『天』的力量存在，並用以解釋歷史。」而筆者僅將其倒過來解釋，未有調換原意，於此特別說明。參見阮芝生：〈試論司馬遷所說的「究天人之際」〉，刊於《史學評論》，第六期，頁52。

關於司馬遷對於李斯的討論，另有專節詳述（參第陸章第二節），此處僅欲點出司馬遷之所以爲李斯立傳，鉤稽其生平始末，目的大抵與荊軻相似，都是因爲片面又不完整的資訊，加上俗議的加油添醋、以訛傳訛，致使兩人在性格上的缺失，完全爲其事蹟的壯烈恢宏所掩蓋。司馬遷通過閱讀經驗與生活見聞的參照，察覺其中的矛盾、誤謬，對於追求客觀事實的史遷而言，焉能坐視不理呢？

除了糾正俗議視聽外，指出專家、權威的錯誤，或揭發他們包裝在專業知識與動人敘事中的虛假面具，亦是史遷難以容忍，企欲挺身發言的原因。就此點來看，司馬遷彷彿便與凱恩・詹京斯屢屢對權威的質疑站在同一陣線了。只是後者僅流於一味的破壞，而史遷則在破壞之餘，同時亦擘畫出重建的藍圖。

就單純的學術爭議而言，如〈周本紀〉贊曰：

> 太史公曰：學者皆稱周伐紂，居洛邑，綜其實不然。武王營之，成
> 王使召公卜居，居九鼎焉，而周復都豐、鎬。至犬戎敗幽王，周乃
> 東徙于洛邑。所謂「周公葬（我）〔於〕畢」，畢在鎬東南杜中。

司馬遷說：學者皆說周伐紂之後，就定都在洛陽，但綜考其實，非也。史遷繼以說：雖然武王規劃要在「洛邑」經營一個根據地，成王時也確實命召公前往占地、考察方位風水，並將九鼎置於此處，但周王室仍定都於豐、鎬。要等到「犬戎敗幽王」，西京殘破不堪，王都才整個遷移到「洛邑」。所謂「周公葬（我）〔於〕畢」，畢就是在王都鎬京東南邊的杜中。

司馬遷確定周朝起先定都於鎬京，爾後才遷都於洛邑，這點，於當時的歷史認知，確實是一項學術突破。因爲當時的知識份子或社會精英們，或許是因爲周王室於春秋、戰國均都洛邑，加上典籍散失、亡佚的緣故，一直認爲周朝都洛，秦朝方都關中，故有漢初究竟要定都洛陽或關中的爭議，〈劉敬叔孫通列傳〉所記可爲佐證。如婁敬問劉邦：「陛下都洛陽，豈欲與周室比隆哉？」又「高帝問羣臣，羣臣皆山東人，爭言周王數百年，秦二世即亡，不如都周。」再結合〈留侯世家〉中，張良針對山東群臣的發言，結合婁敬的看法，所作的形勢分析等，各種語意內容顯示，在司馬遷道出周室東遷的始末因果之前，在漢人認知中，皆以爲周朝八百年，由始至終皆定都成周洛邑。

突破當時學術共識的盲點，只是同樣身爲學者的司馬遷，試驗其史學方法成效如何的附加價值。其最主要的目的仍在於還原事實因果，凸顯歷史中真實的公義價值，如徐復觀曰：

歷史所受的最大歪曲，是來自天子諸侯大夫這一套統治的權威；是
非的淆亂，人民的痛苦，也是來自天子諸侯大夫這一套統治的權威。
沒有貶天子，退諸侯，討大夫的精神，則歷史的真實不明，是非不
辨，人民的痛苦不伸，便不能達到「以達王事」的目的。〔註95〕

又曰：

史公在〈報任少卿書〉中說「亦欲以究天人之際，通古今之變，成
一家之言。」這是由知識的睿智來表明他作史的目的。上述的貶天
子退諸侯討大夫的精神，可以稱爲道德理性的批判精神。道德理性
的批判精神，可以引發知識的睿智；而知識的睿智，又可以支持道
德理性的批判精神。〔註96〕

易言之，司馬遷從對歷史知識的廣博汲取，結合他自身對道德理性的要求，
促使他無法接受歷史敘事受到統治階層或權力結構中的既得利益者之濫用，
以爲自身謀取不當的利益。尤其是在知識教育不普及的當時，今日的學者，
很可能就是明日的官吏，此從公孫弘「廣厲學官」之請，便可得知，見〈儒
林列傳〉載公孫弘奏疏，語曰：

古者政教未洽，不備其禮，請因舊官而興焉。爲博士官置弟子五十
人，復其身。太常擇民年十八已上，儀狀端正者，補博士弟子。郡
國縣道邑有好文學，敬長上，肅政教，順鄉里，出入不悖所聞者，
令相長丞上屬所二千石，二千石謹察可者，當與計偕，詣太常，得
受業如弟子。

再曰：

一歲皆輒試，能通一藝以上，補文學掌故缺；其高第可以爲郎中者，
太常籍奏。即有秀才異等，輒以名聞。其不事學若下材及不能通一
藝，輒罷之，而請諸不稱者罰。

又曰：

臣謹案詔書律令下者，明天人分際，通古今之義，文章爾雅，訓辭
深厚，恩施甚美。小吏淺聞，不能究宣，無以明布諭下。治禮次治
掌故，以文學禮義爲官，遷留滯。請選擇其秩比二百石以上，及吏
百石通一藝以上，補左右內史、大行卒史；比百石已下，補郡太守

〔註95〕徐復觀：《兩漢思想史：卷三・論史記》，頁323。
〔註96〕徐復觀：《兩漢思想史：卷三・論史記》，頁323～324。

> 卒史：皆各二人，邊郡一人。先用誦多者，若不足，乃擇掌故補中
> 二千石屬，文學掌故補郡屬，備員。請著功令。佗如律令。

就公孫弘對學官機構的設計，大抵可分爲三個步驟：第一，完備學官組織及選拔辦法。第二，通過考核的博士弟子可補爲「文學掌故」，當中優越者可再升任爲「郎中」；同時，黜退才能低下不足者，並連坐舉薦之官員。第三，由於治禮、治掌故者，難有明確事功，故升遷不易；可使他們補任各級單位之「史」官，即協助擬寫公文或謄鈔文書的官吏。

公孫弘此請，對於提昇政府官員行政能力的質量而言，本來立意良善，但其具體落實的情況卻是完全與司馬遷所聞所見背道而馳，見〈平準書〉述曰：

> 自公孫弘以《春秋》之義，繩臣下、取漢相，張湯用峻文決理爲廷尉，於是見知之法生，而廢格、沮、誹，窮治之獄用矣。其明年，淮南、衡山、江都王謀反迹見，而公卿尋端治之，竟其黨與，而坐死者數萬人，長吏益慘急而法令明察。當是之時，招尊方正賢良文學之士，或至公卿大夫。公孫弘以漢相，布被，食不重味，爲天下先。然無益於俗，稍騖於功利矣。

據此可知：〈儒林列傳〉中所謂「公卿大夫士吏斌斌多文學之士」，實際上即是集儒生與酷吏於一處的新興特權階層。故韓兆琦曰：

> 按說司馬遷對儒學由在野一躍而登王廷理應感到欣慰，但由於它已經不是司馬遷所尊崇的那種先秦儒學，而已經蛻變成了爲漢武帝既定政治作妝點的一種御用工具。[註97]

而司馬遷對此之不滿，從〈魏其侯武安列傳〉、〈平津侯主父列傳〉、〈儒林列傳〉等篇，皆可見其褒貶之意。尤其是〈酷吏列傳〉，將酷吏與儒生的狼狽爲奸，描述的透徹淋漓（參第陸章第一節）。是以現實環境中的社會問題，亦是觸發史遷著史、議論的關鍵來源。

二、史料取捨與資料整合的操作方法

關於《史記》的「溯源性研究」，[註98]許多學人已進行相當豐富且頗具

[註97] 韓兆琦：《史記題評·儒林列傳》，頁398。
[註98] 參可永雪：〈史記上溯性比較論說〉之介紹，收入施丁、廉敏 編：《史記研究（下）》。

成就的研究成果，本論文第壹章「相關研究述評」一節已有介紹。本小節僅在前賢的研究基礎上，就司馬遷對史料之取捨及整合的具體操作過程，進行理解。

德羅伊森在說明問題提出與材料收集這個問題時，他認為：

> 歷史研究者並不是盲目任意的在史料堆中找尋。史家必須先有一個
> 問題，作為收集材料的前導，讓材料滿足及回答史家的問題。〔註99〕

然而，正是因為史家與他運用的史料之間，充滿著如此主觀的判斷關係，方使得後現代史學家質疑「真實的歷史」並不存在，而是史學家通過其主觀的意識形態、好惡及價值判斷，通過因果性的安置、連結，創造了歷史。如西蒙・岡恩闡述就他所理解的海登・懷特（Hayden White）對歷史敘事之看法，說：

> 過去當中並不存在那種歷史據以重建或解釋的故事；過去並不是像
> 敘事形式呈現的那樣預先包裝好而出現的。而是歷史學家按照某種
> 敘事秩序對過去進行了編排，使其呈現為當下的樣子，正是在這個
> 意義上說歷史學家「創造了歷史」。〔註100〕

換言之，對於懷特而言，過去的歷史只是一堆散亂、零碎，毫無秩序可言的資訊。是史學家通過其主觀意願，將這些資訊「按照某種敘事秩序對過去進行了編排，使其呈現為當下的樣子」，即我們所能得見的歷史事件、歷史知識。但誠如筆者於前述所言，史著中所「呈現的歷史」只代表著史學家個人於「當時所見的一部分，以特定方式、特定觀點」表現出來，這個「歷史」不代表著任何真理，它只是史學家對這個世界的過去、現在乃至於未來的理解跟看法，並期待著有人能與他分享這思考過程的愉悅經驗。德羅伊森對此亦不諱言，曰：

> 那些作為，只有我們以歷史眼光掌握它們的時候，才變成歷史；它
> 們本身並不是就是歷史，而是在我們的眼光下，經由我們的眼光後，
> 才變成為歷史。我們必須將它們轉化。經過這個轉化工作，過去人
> 的事業，才變成歷史。〔註101〕

〔註99〕〔德〕約翰・古斯塔夫・德羅伊森（Droysen Johann Gustav，1808～1884）著；
胡昌智 譯：《歷史知識理論・方法論》，頁21。

〔註100〕〔英〕西蒙・岡恩（Simon Gunn）著；韓炯 譯：《歷史學與文化理論・敘
事》，頁33～34。

〔註101〕〔德〕約翰・古斯塔夫・德羅伊森（Droysen Johann Gustav，1808～1884）
著；胡昌智 譯：《歷史知識理論・方法論》，頁20。

循此議題以探討《史記》敘事中一事並見兩說的現象，進而掌握司馬遷當初在面對諸多文獻史料時，是根據何種原則來作分類，便十分有意義。

　　金久紅認為：

> 在任何一個歷史事件，在它特定的時空段內，只會發生一次，最終只能有一種結果，照常理也只應有一種符合歷史的記載。但歷史學家具體記述這一事件時，由於受到種種因素的影響，卻可能不只存一種記載，從而使這些材料的呈現方式比較複雜。〔註102〕

他根據《史記》的內容，歸納出三種史料分類的因素：一在「婉約其辭，以明真相」；二則「假托敘事，為得其情」；三則「信以傳信，疑以傳疑」。「婉約其辭」是為著「切當世之文而罔褒，忌諱之辭也」（〈匈奴列傳〉）的因素，而周全史實的手段；「疑以傳疑」則是在缺乏信實的證據下，只能保存史料，留予後世考信的權宜之策；然與懷特的質疑，最具直接關係者，還屬「假托敘事，為得其情」這點，因他意味著，史家在為了表達某種個人情感、意見的寄託時，可以允許其故意忽視史事的真實性究竟為何。

　　關於「假托敘事，為得其情」，金氏舉出了「三年不蜚不鳴」的例子在《史記》中兩度出現，以作說明。在〈楚世家〉中曰：

> 莊王即位三年，不出號令，日夜為樂，令國中曰：「有敢諫者死無赦！」伍舉入諫。莊王左抱鄭姬，右抱越女，坐鍾鼓之閒。伍舉曰：「願有進隱。」曰：「有鳥在於阜，三年不蜚不鳴，是何鳥也？」莊王曰：「三年不蜚，蜚將沖天；三年不鳴，鳴將驚人。舉退矣，吾知之矣。」居數月，淫益甚。大夫蘇從乃入諫。王曰：「若不聞令乎？」對曰：「殺身以明君，臣之願也。」於是乃罷淫樂，聽政，所誅者數百人，所進者數百人，任伍舉、蘇從以政，國人大說。

在〈滑稽列傳〉中曰：

> 齊威王之時喜隱，好為淫樂長夜之飲，沈湎不治，委政卿大夫。百官荒亂，諸侯並侵，國且危亡，在於旦暮，左右莫敢諫。淳于髡說之以隱曰：「國中有大鳥，止王之庭，三年不蜚又不鳴，王知此鳥何也？」王曰：「此鳥不飛則已，一飛沖天；不鳴則已，一鳴驚人。」

〔註102〕金久紅、王玉亮：〈史記敘事中的一事並見兩說新探〉，收入瞿林東 編：《史學理論與史學史學刊》2009 年卷，頁 219。

於是乃朝諸縣令長七十二人，賞一人，誅一人，奮兵而出。諸侯振
驚，皆還齊侵地。威行三十六年。

關於諫楚莊王之事，〈楚世家〉作伍舉；又可見於《呂氏春秋・重言》，作成
公賈；〔註103〕至於齊威王事則不知所本，均記「一飛沖天、一鳴驚人」事，
此即「敘事中一事並見兩說」。司馬遷爲何會有這種難以理解的記載？有兩種
可能：其一是將楚莊王「三年不蜚不鳴」一事，視作一歷史事實，再調換名
字，套用於齊威王之上；其二是所據史料中齊威王和楚莊王同時都曾發生「三
年不蜚不鳴」的事蹟，司馬遷將之歸納並陳入《史記》中。這兩種情況的用
心，截然不同。如果回歸到司馬遷對於史料分類的原則來看，應以後者較近
司馬遷當時之判斷，即同時搜羅到齊威、楚莊二人於行事上有類似的作風，
故並載入《史記》當中。

〈伯夷列傳〉曰：「同明相照，同類相求」，「雲從龍，風從虎，聖人作
而萬物睹。」這段改寫自《易・乾文言》的引文，彰顯司馬遷從〈易傳〉中
獲得分類原則的靈感來源，〔註104〕據陳桐生研究云：

《史記》與〈易傳〉有著共同的學術背景和學術目標，〈太史公自序〉
載司馬談〈論六家要旨〉，以〈易傳〉殊途同歸百慮一致之說爲指導
思想：「〈易大傳〉：『天下一致而百慮，同歸而殊途』夫陰陽、儒、
墨、名、法、道德，引務爲治者也，直從所言之異路，有省不省耳。」
他認爲諸子百家都是言治之書，雖然各家觀點互相矛盾、分歧乃至
對立，但這些歧異只是立論的角度和側重點不同，諸子百家都是爲
現實和未來政治設計方案，他們在爲帝王政治服務的宗旨上是彼此
一致的。大家都有一個共同的目的地，只是各家所走的路途不同而

〔註103〕《呂氏春秋・重言》載曰：「荊莊王立三年，不聽而好讔。成公賈入諫，王
曰：『不穀禁諫者，今子諫，何故？』對曰：『臣非敢諫也，願與君王讔也。』
王曰：『胡不設不穀矣？』對曰：『有鳥止南方之阜，三年不動不飛不鳴，
是何鳥也？』王射之，曰：『有鳥止南方之阜，其三年不動，將以定志意也；
其不飛，將以長羽翼也；其不鳴，將以覽民則也。是鳥雖無飛，飛將衝天；
雖無鳴，鳴將駭人。賈出矣，不穀知之矣。』明日朝，所進者五人，所退者
十人。群臣大說，荊國之眾相賀也。」參〔戰國〕呂不韋等；張雙棣、張萬
彬等 譯注：《呂氏春秋譯注》，頁515。
〔註104〕《易・乾卦・文言》原文曰：「同聲相應，同氣相求；水流濕，火就燥，雲
從龍，風從虎。聖人作而萬物觀。本乎天者親上，本乎地者親下，則各從其
類也。」

> 已。因此諸子百家是百慮一致、殊途同歸的關係。……〈論六家要
> 旨〉雖出於司馬遷之手，但百慮一致、殊途同歸作爲一種思想方法，
> 卻被司馬遷完全繼承下來，並在整合經學、百家學過程中得到最徹
> 底忠實的實施。〔註105〕

因此，我們可以說司馬父子其分類分述的概念乃從《易》而來，目的在於從歸納中獲得一普遍的現象，作爲收攝異同的主軸。只是司馬談僅僅將此歸納法用於學術史研究，司馬遷則擴及史料分類和一切人事經驗的觀察研究之中。

筆者所謂「獲得一普遍的現象，作爲收攝異同的主軸」，意義爲何？即司馬遷譽鄒陽「比物連類」之旨也。〈魯仲連鄒陽列傳〉收錄鄒陽〈獄中上梁孝王書〉，曰：

> 臣聞忠無不報，信不見疑，臣常以爲然，徒虛語耳。昔者荊軻慕燕
> 丹之義，白虹貫日，太子畏之；衛先生爲秦畫長平之事，太白蝕昴，
> 而昭王疑之。夫精變天地而信不喻兩主，豈不哀哉！今臣盡忠竭誠，
> 畢議願知，左右不明，卒從吏訊，爲世所疑，是使荊軻、衛先生復
> 起，而燕、秦不悟也。願大王孰察之。

〈書〉中舉荊軻、衛先生皆是忠心事主，反爲太子丹、秦昭王所疑的例子。又曰：

> 昔卞和獻寶，楚王刖之；李斯竭忠，胡亥極刑。是以箕子詳狂，接
> 輿辟世，恐遭此患也。願大王孰察卞和、李斯之意，而後楚王、胡
> 亥之聽，無使臣爲箕子、接輿所笑。臣聞比干剖心，子胥鴟夷，臣
> 始不信，乃今知之。願大王孰察，少加憐焉。

此段文中的卞和、李斯等，亦是以忠誠事主，反遭刑患的例子；與荊軻、衛先生一段文字相比，同是以忠誠出發，卻得不到善意的回應作結；只是李斯、卞和比起荊、衛的遭遇，又更加悲慘了一些。此種「比物連類」的方式，直到現代，仍不失爲初步收集、歸納史料時，一個實用的方法原則，如錢鍾書《管錐編・項羽列傳》條，記曰：

> 「乃悉引兵渡河，皆沉船，破釜甑，燒廬舍，持三日糧，以示士卒
> 必死，無一還心。」按太公《六韜・必出》：「先燔吾輜重，燒吾
> 糧食」；又《太平御覽》卷四八二引太公《犬韜》：「武王伐殷，乘

〔註105〕陳桐生：《儒家經傳文化與史記》，頁235～236。

舟濟河，兵車出，壞船於河中。太公曰：『太子爲父報仇，今死無生』所過津梁，皆悉燒之」；《孫子・九地》：「帥與之期，如登高而去其梯，焚舟破釜，若驅羣羊而往」，杜牧註：「使無退心，孟明焚舟是也」（原案：見《左傳》文公十二年，杜預註：「示必死」）；《晉書・蔡謨傳》上疏：「夫以白起、韓信、項籍之勇，猶發梁、焚舟、背水而陣。今欲停船水渚，引兵造城，前對堅敵，後臨歸路，此兵法之所戒也。」……用意僉同。……禪人別擬，如《永樂大典》卷三〇〇三《人》字引《大慧語錄》：「過橋便拆橋，得路便塞路」，復同太公之「過橋燒梁」、符健之「既濟焚橋」。譬一而已：兵家以喻無退反之勇氣，禪家以喻無執著之活法。〔註106〕

錢氏將有「破釜燒梁」之舉，以示「背水一戰」之心的例子條舉而出，不即是司馬遷、鄒陽乃至於《易經》的「比物連類」之法嗎？故據此，可以回答懷特之質疑：即過去的歷史並不只是一堆散亂、零碎、毫無秩序可言的資訊，當中自有其普遍的共通現象，而史家發現了此現象，觸動了疑問，進而收集材料，讓史料回答其疑問；不應說史家創造了歷史，而是歷史成就了史學家。司馬遷就是個極佳的例子，他從閱讀、生活的經驗，發現了某種人事的規律、現象，同時掌握到了歸納分類的史料處理方法，通過編排、對比，將此種規律呈現出來，以提煉出「歷史知識」。

　　除了了利用事件的相似性進行分類歸納外，時序的接合還原，也是司馬遷所利用的具體方法之一。如日本學者藤田勝久認爲「《史記》中司馬遷文學創作的部份極少，這是一部將許多傳抄至漢代的先期資料加以利用後編纂而成的史籍。」〔註107〕尤其在「秦既得意，燒天下《詩》、《書》，諸侯史記尤甚，爲其有所刺譏也。《詩》、《書》所以復見者，多藏人家，而史記獨藏周室，以故滅。惜哉，惜哉！獨有秦記，又不載日月，其文略不具」（〈六國年表〉），這種戰國史料慘淡匱乏的情況下，司馬遷在復原當時六國歷史時，想必是十分艱辛。

　　據藤田勝久研究，司馬遷大抵是先據「秦記」完成〈秦本紀〉，再由〈秦本紀〉與周邊六國的互動紀錄，完成〈六國年表〉，再按照〈六國年表〉中的

〔註106〕錢鍾書：《管錐編》第一冊，頁271～272。

〔註107〕〔日〕藤田勝久 著；〔日〕廣瀨薰雄、曹峰 譯：《史記戰國史料研究》，頁450。

六國紀事，搜集相關的史料，最後如同〈秦本紀〉一般，按照時序、事件，
一一剪裁綴合，拼湊出戰國時期的完整面貌。不過，由於「〈趙世家〉敬侯元
年（前386）以後存在著與『秦記』不同的『趙紀年』資料，可以想像其中也
包含有與趙國鄰接或相交往的其他國家的君主世系」，〔註108〕如「韓、魏、楚
世系，在相當於趙敬侯元年以前的時代也記載了每個君主之諱，尤其楚世家
記載甚詳。因此，暫且不談其世系有無大事記載，可以設想當時還流傳著這
三個國家的世系。」〔註109〕值得一提的是，關於「趙紀年」遭到秦國有意識
的焚滅情形下，〈趙世家〉還能維持如此豐富的內容，顧頡剛認為這要歸功於
與太史公相善的馮唐、馮遂父子，曰：

> 《史記》戰國諸世家中，趙事獨詳，有造父御穆王西巡狩之事焉，
> 有屠岸賈滅趙氏與程嬰立孤之事焉，有趙簡子夢至帝所與帝賜翟犬
> 之事焉，有趙襄子拜受霍泰山三神之令之事焉，有武靈王夢見處女
> 鼓琴歌而得孟姚之事焉，是皆《國語》與《戰國策》之所未記而極
> 富於故事性之民間傳說也。昔嘗甚以為疑，以為秦燒趙史書既盡，
> 史遷之生遠在秦亡之後，彼乃和自得之？何自聞之？今作此考，推
> 求來源，乃知為司馬談所得於馮氏者也。更臆測之，《史記》中趙之
> 將相若平原君、虞卿、廉頗、藺相如之傳，及其流寓若樂毅、信陵
> 君，封國若張耳，其中振奇恢詭之故事必有絕大部分為馮氏父子所
> 宣揚，故能筆墨生動若此。然則馮唐雖無瑰節奇行，而其助成遷史，
> 厥功甚偉，讀《史記》者可不飲水而思源乎！〔註110〕

由此可知，雖然文獻史料不存，但一些歷史事實是可以通過口傳的形式藉以
保留，端視史學家能否積極的加以發掘、運用而已。司馬遷顯然就是個較為
積極的史料發掘者，其口述訪談之資料，筆者已有列表，見上述。

　　據此，藤田氏對於趙、韓、魏、楚諸世家未必然全出於「秦記」之疑，
或可提供另一思考切入的方向。

〔註108〕〔日〕藤田勝久 著；〔日〕廣瀨薰雄、曹峰 譯：《史記戰國史料研究》，頁
　　　　142。
〔註109〕〔日〕藤田勝久 著；〔日〕廣瀨薰雄、曹峰 譯：《史記戰國史料研究》，頁
　　　　143。
〔註110〕顧頡剛：〈司馬談作史〉（1963），收入施丁、廉敏 編：《史記研究（下）》，
　　　　頁449。

　　另外，藤田氏通過對《世本》的考察，推估司馬遷在處理本紀、世家時，其大抵運用了三種類型的資料。第一：各國的紀年資料；第二，世系資料；第三，戰國故事內部的紀年和由故事推測的紀年資料。〔註111〕

　　關於「各國的紀年資料」，目前於《史記》中所顯示的可能來源，就只有「秦記」，和藤田氏認爲應當存在的「趙紀年」，以及筆者循顧頡剛之脈絡，通過口述訪談而得的其他諸侯國紀年。

　　至於「世系資料」，最具代表性的形式就是〈秦始皇本紀〉末尾所附載的秦世系資料，其中記載了秦國國君的在位年數和若干國內大事。但根據藤田氏藉由〈秦本紀〉和附載的秦世系資料進行比對，兩者紀錄的形式實有不同。如〈秦本紀〉寫「A 生 B」、「A 卒，子 B 立」、「幾年 A 卒」；而附載的秦世系資料則寫爲「A 享國年，葬地，生 B」，記錄方式有其差異，背後反映出兩者應當不是由同一個資料撰寫而成。故藤田氏認爲，雖然附載的秦世系亦屬秦國的世系資料，但並非司馬遷所利用的「秦記」，而是出於後人附加的內容。〔註112〕

　　最後是戰國故事，最典型的就是〈燕世家〉中所見蘇秦的紀年資料，若將〈蘇秦列傳〉與〈燕世家〉相參，會發現兩者時序、所記大事，大抵相同。再者，前述嘗提及司馬遷在撰寫戰國世家時，是藉由秦記中所載與鄰國相交往之事蹟，進而繫年，而燕國地處邊陲，與秦國相通不易，所能於「秦記」中得見之資訊較少，亦屬可以想見。幸而通過馬王堆帛書《戰國縱橫家書》中多載蘇秦之信件的情況來看，可以推斷史遷在面對紀年、記事資料相對缺乏的燕國，尚可以通過「故事繫年」的運用，拼湊出燕國傳承的始末脈絡。

　　總言之，司馬遷在進行時序的貫穿安排時，其要點有三：第一，若有紀年、記事之資料可能，則單純運用紀年、記事之資料。第二，若無具體的紀年、記事資料，則通過「流傳故事」的內容進行繫年，雖可能較爲疏略，仍不失爲一權宜的方法。第三，關於紀年、記事之資料，不單單只能從文獻上發掘，藉由當地人的口述、口傳紀錄，不一定就不如文獻眞實。此則司馬遷在編纂剪裁傳抄之資料時，所具體運用之原則和方法。

〔註111〕〔日〕藤田勝久 著；〔日〕廣瀨薰雄、曹峰 譯：《史記戰國史料研究》，頁452。

〔註112〕〔日〕藤田勝久 著；〔日〕廣瀨薰雄、曹峰 譯：《史記戰國史料研究》，頁133。

第伍章 「史記的建構」二：司馬遷的歷史編纂

第一節　組織結構的承變與創新

　　我國史學傳統的編纂體例大抵可分為三種，一者以年繫事，是謂編年體；一者以人繫事，是謂紀傳體；一者以事繫事，是謂紀事本末體。其中又以司馬遷所立紀傳五體被視為史書編纂撰述之正宗，在民初學人夏曾佑（1865～1924）以西式章節體裁出版《中國歷史教科書》（後更名《中國古代史》，1902年出版）之前，皆未有能撼動其體例而作全面革新之變動，如清人王鳴盛云：

> 司馬遷創立本紀、表、書、世家、列傳體例，後之作史者遞相祖述，莫能出其範圍。即班、范稱書，陳壽稱志，李延壽南北朝稱史，歐陽子五代稱史記，小異其目。書之名各史皆改稱志，五代又改稱考；世家之名《晉書》改稱載記。要皆不過小小立異，大指總在司馬氏牢籠中。〔註1〕

另外，章實齋言：

> 遷《史》不可為定法，固《書》因遷之體，而為一成之義例，遂為後世不祧之宗焉。〔註2〕

單就章氏語意來看，似乎認為：雖然司馬遷創置五體，但真正將五體推向史學撰述體裁之正宗地位者，仍要歸功於班氏父子。

〔註1〕〔清〕王鳴盛：《十七史商榷》，頁3。
〔註2〕〔清〕章學誠 著、葉瑛 校注：《文史通義校注・書教下》，頁50。

但若推敲章氏對於史家治史意趣的區分與要求，則可知其仍以史遷之圓神變化爲尚；而班氏確實有整齊義例、藏往無遺之功，然而雖懷撰述之志，〔註3〕仍屬記注之學，僅使「往事之不忘」，以備「來者之興起」而已。如《文史通義・書教下》述曰：

> 《易》曰：「著之德圓而神，卦之德方以智。」閒嘗竊取其義，以概古今之載籍，撰述欲其圓而神，記注欲其方以智也。夫智以藏往，神以知來，記注欲往事之不忘，撰述欲來者之興起，故記注藏往似智，而撰述知來擬神也。藏往欲其賅備無遺，故體有一定，而其德爲方；知來欲其抉擇去取，故例不拘常，而其德爲圓。〔註4〕

又曰：

> 遷書一變而爲班氏之斷代，遷書通變化，而班氏守繩墨，以示包括也。……推精微而言，則遷書之去左氏也近，而班史之去遷書也遠；蓋遷書體圓用神，多得《尚書》之遺；班氏體方用智，多得官禮之意也。〔註5〕

而劉咸炘循章氏「記注」、「撰述」之分，謂前者爲廣義史書，後者方爲眞史書；並進一步劃分二者於史學貢獻之高低，釋之曰：

> 如一人平生詳著日記，既死而子孫據其日記，依年分類，編爲年譜、行狀之文，纖悉無遺，整齊不亂，是記注也。然止此猶不足以見其爲人，如流水細賬，不能見家計之大署，故以此爲本，更乞諸深知是人者別爲碑傳，其材雖仍取諸年譜、行狀，而已經剪裁，年月、類例皆變易而不拘，且若別有所加焉，尤足以顯示此人之平生，是即撰述也。〔註6〕

從劉咸炘語意來看，重視「撰述之功」更勝於「記注之學」之意甚明；而語中所述，正如同英國史學家柯林武德所認爲的：史料並不會自己說話，他必

〔註3〕 章實齋原文曰：「然而固《書》本撰述而非記注，……後史失班史之意，而以紀表志傳，同於科舉之程式，官府之簿書，則於記注撰述，兩無所似，而古人著書之宗旨，不可復言矣。」參〔清〕章學誠 著；葉瑛 校注：《文史通義校注・書教下》，頁50。

〔註4〕 〔清〕章學誠 著、葉瑛 校注：《文史通義校注・書教下》，頁49。

〔註5〕 〔清〕章學誠 著、葉瑛 校注：《文史通義校注・書教下》，頁49〜50。

〔註6〕 劉咸炘 著、黃曙輝 編校：《劉咸炘學術論集：史學編（下）》，頁365〜366。

須仰賴歷史工作者的解釋。考證史料的真偽只是確保史事重建後的可信度，對於史學而言，他是必要的基礎工作，卻不等於史學本身。史學家的積極意義是在於通過事件的外部表象去爬梳其內部思路。〔註7〕最重要的是，他不僅是重演過去的思想，而且是在他自己的知識結構之中重演它；因此在重演它時，也就批判了他，並形成了他自己對他的價值的判斷，糾正了他在其中所能識別的任何錯誤。〔註8〕

　　綜合劉咸炘、柯林武德二位學人所言，可以說：在某種信仰體系或終極關懷的觀照下，針對過去進行詮釋，以歸結出有利於人類的精神價值，這才是史學家面對自己的權力及責任積極的展現。但思辨並不能空存於史學家的想像與言談之中，他必然需要文本作為一種轉載的場域，以容納史學家與他值得信賴的史料、史事進行相互理解的過程，並提供讀者有參與作者及其詮釋的對話媒介。〔註9〕故劉咸炘云：

　　　　欲究真史學，（原案：不止考證事實、品評人物，一切治史之功力不
　　　　能為真史學。）須讀真史書，（原案：不止編纂材料、記載事實，一
　　　　切記事書不能皆為真史書。）故必講明史體。〔註10〕

史書體裁作為歷史外在的表現形式，一定程度上反映了述史者（或述史群）對於史學的理解、修養及其價值認同。是以，在此前提之上，探討司馬遷設立五體的思辨過程，以及寄寓於體裁形式當中的內在意旨，就顯得格外有其必要與價值。

一、從現代史學論「五體」得失

　　雖然西方史學思潮自民初以來一直主導著我國史學發展的方向，但作為一門專業學科走進職業化的領域，也不過是十九世紀中葉方才開始而已；在此之前，歷史著述被視為一種文類，在神學、哲學、文學或任何政治群體的

〔註7〕 〔英〕柯林武德（Robin George Collingwood，1889～1943）：《歷史的觀念（增補版）》，頁 211。

〔註8〕 〔英〕柯林武德（Robin George Collingwood，1889～1943）：《歷史的觀念（增補版）》，頁 213。

〔註9〕 卡耳嘗言：「歷史是歷史學家跟他的事實之間，不斷交互作用的過程，是現在跟過去之間，永無止境的對話。」本處描寫之概念，即由此而來。參〔英〕愛德華‧卡耳（Edward Hallett Carr，1892～1982）：《何謂歷史？》，頁 126。

〔註10〕 參劉咸炘 著、黃曙輝 編校：《劉咸炘學術論集：史學編（下）》，頁 365。

領域中徘徊遊走。〔註 11〕我國亦不乏將歷史撰述視爲一種文類的時候，如南朝劉勰的《文心雕龍》便將「史傳」列入文體論的分析當中；〔註 12〕但更多時候，史學是被視爲一門專業的學問，甚至在漢初以前政府的組織建置中佔有一席之地，雖然日後職司記事的權力產生變化，成爲專掌天時星曆之官首，原先撰述記注之職改以任務爲主的派任或兼任。〔註 13〕不過單就學術發展而言，對於「史學本身」的批判及反思卻從來不曾中斷過，從司馬遷立紀傳五體與西式章節體相較，便能窺得堂奧。

章節體風行於民初，當時因著清廷於 1901 年落實新式教育改制政策，編寫教科書形成當務之急，加上梁任公發表《新史學》諸文對傳統史學口誅筆伐，歷史科的編輯無疑成爲焦點。然而官方版本多強加忠君愛國的傳統思想，無不令民間學界反彈，〔註 14〕引發一些學人紛紛借鑑國外通史編寫體例，如柳詒徵於 1902 年據日本史學家那珂通世的《支那通史》，編寫了一步新穎的《歷代史略》；稍後，曾鯤化「仿泰西文明史及開化史例」，採用章節體並有圖表，編寫了《中國歷史》，於 1903 年出版上卷，1904 年出版中卷。但影響最鉅的仍屬夏曾佑的《新編中國歷史教科書》。〔註 15〕

夏曾佑於 1904～1906 編寫出版的《新編中國歷史教科書》（後更名爲《中國古代史》），是以「進化史觀」爲指導敘述中國通史，並採用章節體編寫最成功的作品；夏氏將中國歷史進程劃分爲上古（始草昧迄周初）、中古（始秦迄唐）、近古（始宋迄清）三大發展階段，並在每個階段又分別安置了傳疑、

〔註 11〕 〔英〕約翰·布羅（John Burrow）：《歷史的歷史：史學家和他們的歷史時代》，頁 5。

〔註 12〕 「文體論」爲王更生先生對於《文心雕龍》目錄編排其內在思路的研究分類。參王更生先生：《文心雕龍研究》，頁 309。

〔註 13〕 金毓黻：《中國史學史》，頁 13～18、92。

〔註 14〕 如劉龍心描述當時清廷心中之盤算，曰：「由於教科書的内容往往承載著編著者的理念及其所欲傳達的思想，所以清朝政府在部編教科書推動不力的情況下，當然希望透過審定大權以控制統治者所期望貫徹的教育宗旨及意識形態。在清廷公布的教育宗旨中，以『忠君、尊孔、尚公、尚武、尚實』爲五大原則。列爲首義的忠君之旨，還特別援引列國之中的德日體制，認爲德日兩國之所以崛起於近代的原因，乃是由於德國教育『重在保帝國之統一』、日本教育表彰『萬世一系之皇統』所致，因此清廷希望師法德日，透過教育思想的灌輸，達成『君民一體』的理想。」參氏著：《學術與制度》（台北：遠流出版，2002 年 1 月），頁 94。

〔註 15〕 白雲：〈章節體的引入與近代史書編纂觀念的變化〉，收入《史學史研究》，頁 16。

化成、極盛、中衰、復盛、退化、更化等凸顯主題的七個時期；夏氏巧妙的運用章節體以敘事取向爲主的形式結構，縱向梳理歷史演進軌跡，橫向剖析各個時代的制度、思想、風俗、民族等社會生活面相，充分完成梁任公於〈中國史敘論〉中對「近世史家本分」的要求。〔註16〕

　　由於章節體的設計是以敘事爲取向，其目的在於使作者撰述或讀者閱讀都能獲得簡潔明瞭的效果。篇、章、節的組織形式讓作者的敘述空間更具彈性，對於強調敘事邏輯及因果脈絡的歷史類作者而言，簡直如獲至寶，誠如白雲所言：

> 近代學者之所以越來越多地采用章節來編寫史書，一個重要的原因便是其強調完整性、系統性的編纂觀念。尤其當時流行的章節體通史著作，在凡例中都突出強調了這一點，認爲近世歷史爲一科學，「序次事實不可無系統」，「事實之間不可無系統」。這些史書既能將錯綜複雜的歷史事實，因事立題、分門別類地進行敘述，又注意綜合通貫、縱橫聯繫，增強各歷史事件之間的相互關係。從而避免了封建史書「殆無有系統」的弊病。〔註17〕

上述諸語，儼然已將章節體之特點，作最精要的敘述，其完整性與系統性賦予作者得能貫徹自我之意志，將所欲表達之內容充分展現於讀者面前；點名主題的目錄分類，使讀者能更快進入作者的邏輯脈絡，參與對話。但是哪一個文本不是如此呢？譬如我們若在十二本紀、十表、八書、三十世家、七十列傳前分別加上「第一編、本紀」、「第二編：表」等以此類推，或按照時代將五體中各篇分類再加上標題，完全能達到與民初學人期望的效果。換言之，每一個文本的目錄都反映了其編輯者（編輯者不一定等於作者）的視域與邏輯，如《尙書》按時代分爲虞、夏、商、周書；《詩經‧國風》按地域分成〈周南〉、〈召南〉、〈邶〉、〈鄘〉、〈衛〉等；雖然也有編輯脈絡不明顯，如《易經》六十四卦之排序便眾說紛紜的情況，但亦必有其順序邏輯。

〔註16〕 梁任公言：「自世界學術日進，故近世史家之本分，與前者史家有異。前者史家不過記載事實，近世史家，必說明其事實之關係，與其原因結果。前者史家，不過記述人間一二有權力者興亡隆替之事，雖名爲史，實不過一人一家之譜牒。近世史家，必探察人間全體之運動進步，即國民全部之經歷，及其相互之關係。」參梁啟超：〈中國史敘論〉，收入《梁啟超全集》第2卷，頁448。

〔註17〕 白雲：〈章節體的引入與近代史書編纂觀念的變化〉，收入《史學史研究》，頁16。

　　整體而言，傳播敘事是文本最基本的需要及目的，章節體則是緣此目的
而生的最原始的目錄結構，其他如按時代分、按地域分等，都是衍生操作；
其確實賦予了作者極大的書寫自由和書寫空間，同時也意味著其內容的價值
完全取決於作者的能力。

　　司馬遷過人之處便在其擺脫了單純以傳播敘事為主的設計取向，而是以
史學角度出發設想，將「歷史本身」視為考量的第一位。質言之，紀傳五體
不是為了讀者閱讀或作者敘事的便利性而設計的，乃是為了因應「歷史本身」
龐然複雜的多樣性而設計的。

　　章節體無論篇、章、節等目錄結構本身僅在區分段落、篇幅而用，於文
本中的定位則取決於敘事者的編排跟賦予；紀傳五體則不然，本紀、世家、
表、書、列傳各有其功能，每個功能都是為了承載「歷史本身」其中一個面
相。如劉知幾謂：「《史記》者，紀以包舉大端，傳以委曲細事，表以譜列年
爵，志以總括遺漏，逮於天文、地理、國典、朝章，顯隱必該，洪纖靡失。」
〔註18〕劉知幾所論五體之功能，大抵符合史遷之用意，惟「表」、「志」局限
於記載的內容，未能察得史遷「謹其終始」（〈高祖功臣侯者年表序〉）、「彊弱
之原云以世」（〈太史公自序〉），又「略協古今之變」（〈太史公自序〉）的目的，
此為其蔽；王鴻緒《明史稿》例言曰：「紀、傳、志、表，本屬一貫，紀編
年以載其綱，傳列事以詳其目。」〔註19〕又章實齋〈永清縣志輿地圖序例〉
曰：「史部要義，本紀為經而諸體為緯。有文辭者曰書曰傳，無文辭者曰表
曰圖。虛實相資，詳略互見，庶幾可以無遺憾矣。」〔註20〕王氏道出史遷立
五體非專為傳記列事，乃是結合編年、紀傳於一體，通過時空縱橫建構而出
的立體框架，以包容龐然複雜的「歷史」；章氏所語，可視為王鴻緒汎言體例
的分類補充。

　　近代學人羅爾綱歸納紀傳體之優點有三：第一、令大小史事皆有類可
歸，即史遷「網羅天下放失舊聞」之旨。第二、使史事從類別區分而安排得
更加周密。第三、尋求方便，即章實齋所論「類即事有適從，而尋求便易」。

〔註18〕〔唐〕劉知幾 著、〔清〕浦起龍 通釋、呂思勉 評：《史通・二體》，頁 21
　　　　〜22。
〔註19〕王鴻緒：《明史稿》，轉引自劉咸炘 著、黃曙輝 編校：《劉咸炘學術論集：
　　　　史學篇（下）》，頁 373。
〔註20〕〔清〕章學誠 著、葉瑛 校注：《文史通義校注》，頁 731。

〔註 21〕據此，司馬遷已具備將「歷史」視作一客觀研究對象的現代學術眼光就更加明顯了。

由於司馬遷所立五體的內容包舉萬端，故後世史書編裁大抵不出其流衍。其五體，既有所承變，亦有以創新，如〈本紀〉則上承《左傳》，下開荀悅《漢紀》之編年；〈表〉則上存譜牒，下開年譜、方志表記；〈書〉載典制、掌故，上承〈典〉、〈謨〉，下開「三通」之作；〈世家〉於平民則氏族家譜，於郡縣則方域地誌；〈列傳〉則行狀、事略，並開日後傳記文學盛行之風。〔註 22〕而後世從事歷史研究者，在面對史書撰述時，只要弄清每項體例的格式、功能，或針對其所欲研究及敘事之主題，按體例編入即可。換句話說，無論作者的史學、史才、史識如何，依照五體體例編輯纂述，一定能達到歷史研究最基本的要求，即紀實、記注的要求，亦是德國學人蘭克所主張，而胡、傅等民初學人一再倡言的「如實直書」的宗旨。按現代觀點來看，這不正是司馬遷已抱有史學批判之眼光，爲史著編纂撰述而作的方法論嗎？

「史學方法」意即將「歷史」與「研究歷史之方法」視作一客體以進行批判、審思，目的在於獲得一套完整的思維系統，現代學科建立於是否具備理論與方法論以面對研究客體，由此角度來看，司馬遷其諸多考量實已有建設史學理論與史學方法的痕跡。

紀傳五體超越敘事傳播的眼光，以「史學研究」爲出發點之設想而建構，後世企欲撰史者皆可循此體例規格仿效而製，無不應和現代學術對於方法論之要求與目的。故歷史有變者、有不變者，不可謂傳統即落伍、時潮即圭臬，能融古鑄新、應時而用，方爲大家，這點司馬遷亦做了極佳的示範。

司馬遷的五體設計有其考察思辨之對象。最早爲他提出解釋者爲司馬貞，其言曰：

> 遷自以承五百之運，繼《春秋》而纂是史，其褒貶覈實頗亞於丘明之書，於是上始軒轅，下訖天漢，作十二〈本紀〉、十〈表〉、八〈書〉、三十〈系家〉、七十〈列傳〉，凡一百三十篇，始變《左氏》之體，而年載悠邈，簡冊闕遺，勒成一家，其勤至矣。（〈史記索隱序〉）

〔註21〕羅爾綱：《太平天國史・自序》，頁 2。
〔註22〕徐復觀：《兩漢思想史：卷三》，頁 337。

司馬貞認為史遷乃是「繼《春秋》」、「變《左》體」而作《史記》，雖言之簡略，但大抵點出精神旨歸；相較之下，張守節雖推闡五體之意，終不免失之臆說，其論曰：

> 古者帝王，右史記言，左史記事。言為《尚書》，事為《春秋》。太史公兼之，故名曰《史記》。……作〈本紀〉十二，象歲十二月也。作〈表〉十，象天之剛柔十日，以記封建世代終始也。作〈書〉八，象一歲八節，以記天地日月山川禮樂也。作〈世家〉三十，象一月三十日，三十輻共一轂，以記世祿之家、輔弼股肱之臣，忠孝得失也。作〈列傳〉七十，象一行七十二日，言七十者舉全數也。餘二日象閏餘也。以記王侯將相英賢，略立功名於天下，可序列也。合百三十篇，象一歲十二月及閏餘也。而太史公作此五品，廢一不可，以統理天地，勸獎箴誡為後之楷模也。（《史記正義・論史例》）

張守節通篇言之鑿鑿，左右史記言事之說承自班固，五體所記引自史公〈自序〉之言，但配天象時之語，則流於玄想，荒唐而無跡證。

又有《隋書・魏澹傳》載魏澹著《魏書》例，言及《史記》曰：

> 壺遂發問，馬遷答之，義已盡矣。後之述者，仍未領悟。董仲舒、司馬遷之意，本云《尚書》者，隆平之典，《春秋》者，撥亂之法，興衰理異，制作亦殊。治定則直敘欽明，世亂則辭兼顯晦，分路命家，不相依放。故云「周道廢，《春秋》作焉，堯、舜盛，《尚書》載之」，是也。「漢興以來，改正朔，易服色，臣力誦聖德，仍不能盡，余所謂述故事，而君比之《春秋》，謬哉」。然則紀傳之體出自《尚書》，不學《春秋》，明矣。〔註23〕

魏澹所謂「紀傳之體出自《尚書》，不學《春秋》，明矣」的結語，實則反映其混淆了史意與史體之分別，即混淆了著述動機與著述結構的分別，雖然較之司馬貞，更明確道出史遷著史思維脈絡，又不似張守節空陳其論，但仍舊未能就根本說明五體之來源。

關於《史記》體例承變創新之處，仍屬章實齋考述最為切當，謂曰：

> 《書》與《春秋》，本一家之學也。《竹書》雖不可盡信，編年蓋古有之矣。《書》篇乃史文之別具。古人簡質，未嘗合撰紀傳耳。左氏以傳翼經，則合為一矣。其中辭命，即訓誥之遺也；所徵典實，即

〔註23〕〔唐〕魏徵等 著：《隋書・魏澹傳》，卷58，頁1419。

〈貢〉、〈範〉之類也。故《周書》訖平王（〈秦誓〉乃附侯國之書），而《春秋》託始於平王，明乎其相繼也。左氏合而馬、班因之，遂為史家一定之科律，殆如江漢分源而合流，不知其然而然也。後人不解，而以《尚書》、《春秋》分別記言記事者，不知六藝之流別者也。〔註24〕

又曰：

《尚書》一變而為左氏之《春秋》，《尚書》無成法而左氏有定例，以緯經也。左氏一變而為史遷之紀傳，左氏依年月而遷書分類例，以搜逸也。遷書一變而為班氏之斷代，遷書通變化，而班氏守繩墨，以示包括也。就形貌而言，遷書遠異左氏，而班史近同遷書，蓋左氏體直，自為編年之祖，而馬、班曲備，皆為紀傳之祖也。推精微而言，則遷書之去左氏也近，而班史之去遷書也遠；蓋遷書體圓用神，多得《尚書》之遺；班氏體方用智，多得官禮之意也。〔註25〕

又曰：

《尚書》變而為《春秋》，則因事命篇，不為常例者，得從比事屬辭為稍密矣。《左》《國》變而為紀傳，則年經事緯，不能旁通者，得從類別區分為益密矣。〔註26〕

〈方志立三書議〉辯駁班固「記言記事」之說，認為《尚書》、《春秋》同屬史官敘事記錄之用，只是體裁不同，《春秋》編年以記事，《尚書》別記而補充，須待「左氏以傳翼經」，方結合《尚書》、《春秋》的體裁特性而作紀傳。至於為什麼待到左氏方知結合二體，應是由於古時生活質樸，任何文化形式的活動往往是為了現實的需要，如記事、備忘等，更遑論將瑣碎的生活經驗視作具有因果意義脈絡的歷史眼光，進而結合編年、記事，鋪述成文。〈書教下〉則從說明著述動機與著述結構出發，將《尚書》變為《左傳》，《左傳》又變為《史記》、《漢書》之間的脈絡交待清楚，劉咸炘進一步疏之曰：

蓋史之起原，本為帳簿，大抵最初即依年月，是可名之曰年曆（免與編年相混），其體蓋止記注，且必粗畧，故有別記之書生焉，則進入於撰述矣。諸國當皆有之，如所謂百國寶書及《楚書》、《鄭志》

〔註24〕〔清〕章學誠 著、葉瑛 校注：《文史通義校注・方志立三書議》，頁572。
〔註25〕〔清〕章學誠 著、葉瑛 校注：《文史通義校注・書教下》，頁49～50。
〔註26〕〔清〕章學誠 著、葉瑛 校注：《文史通義校注・書教下》，頁50～51。

之類，皆是。其專主記言者，則爲《國語》。《春秋》者，年歷之長
成，與《尚書》爲對立，左丘明取別記之材，入年歷之中，以成經
緯，其內容擴充，而於年歷徑直之體亦稍變動。司馬遷更進而加擴
充變動之，以年歷本體爲本紀，又依《周譜》作表，而以別記之舊
式爲書與列傳，其不同於左氏者，年次變爲篇次耳。其同於左氏者，
年歷爲經，別記爲緯也。〔註27〕

劉氏所謂的「年歷」，應近於西方的年鑑，即年度重要事件的彙編，以供作人
們在必要時查考的記錄簿。記載的內容則因人而異，據約翰·布羅（John
Burrow）所言：「預兆、天氣、地方、全國、乃至於國際事件，各種題材都
有可能成爲年鑑的主要內容。」〔註28〕由年歷而衍生出編年史，何爲編年史？
「就類型而論，年鑑是不連續的，編年史是插曲式的，歷史則理想上是連續
的」，〔註29〕「年鑑與編年史以及編年史與歷史之間的差異，是量變造成質變
的顯例」。〔註30〕人的一生十分冗長，卻不一定日日有事可記，年鑑的不連續
性則由此故；但有些事情可以僅止於條列式的粗略記載一筆帶過，有些事情
則必須詳述其起訖因由，方能使人理解記載所指爲何，故編年史是插曲式的，
它只是那些看似流水帳的瑣碎記錄的附加說明，旨在避免人誤解其原意，又
或壓根是敘事者的有感而發、不吐不快；據此而觀，所謂《春秋》近於年歷，
即年度重要事件之記錄，《左傳》乃屬編年，因其「載辭命」、「徵典實」，「以
傳翼經」而旨在「撰述」也。〔註31〕

　　劉咸炘根據章學誠的發明，賦予科學性的梳理，《尚書》、《春秋》、《國語》
等各種體裁之間的關係，相信已說明的非常清楚，相較於劉知幾論「六家二

〔註27〕 劉咸炘 著、黃曙輝 編校：《劉咸炘學術論集：史學篇（下）》，頁 368～369。
〔註28〕 〔英〕約翰·布羅（John Burrow）著；黃煜文 譯：《歷史的歷史：史學家和
他們的歷史時代》，頁 228。
〔註29〕 〔英〕約翰·布羅（John Burrow）著；黃煜文 譯：《歷史的歷史：史學家和
他們的歷史時代》，頁 229。
〔註30〕 〔英〕約翰·布羅（John Burrow）著；黃煜文 譯：《歷史的歷史：史學家和
他們的歷史時代》，頁 228。
〔註31〕 關於年鑑與編年史之差異，約翰·布羅舉例言曰：「正如有些日記僅是約會
的表列，有些被視爲對文學與歷史有所裨益。」換言之，供作備忘、存錄之
用的即爲年鑑，當撰述者以一種文學手法或歷史眼光記述事件之起訖因果、
感觸影響時，便進入編年史的範疇。參見〔英〕約翰·布羅（John Burrow）
著；黃煜文 譯：《歷史的歷史：史學家和他們的歷史時代》，頁 228。

體」分類標準不斷浮動，並且用《漢書》規範《史記》倒果為因的謬誤，〔註32〕史學識見高下立判，莫怪乎章實齋云：「吾於史學，蓋有天授，而人乃擬吾於劉知幾。不知劉言史法，吾言史意；劉議館局纂修，吾議一家著述，截然兩途，不相入也。」〔註33〕章實齋認為劉知幾本質上未能區分著述動機有記注、撰述之別，雖同出於「搜逸」之要，但努力方向及預期成果截然不同，如章實齋〈書教下〉便言左、班、馬三人「形貌」、「精微」之異。

以現代眼光觀之，《左傳》的形式結構是以敘事傳播為目的的設計，旨在反映左氏欲表達之內容，而《史記》是以功能取向為設計，旨在容納「歷史本身」的複雜性與多樣性，雖然承襲《左傳》以時間為軸、傳事為緯的基本精神，網羅層面卻更加全面而複雜，故謂形貌「遷書遠異左氏」。又左氏的撰述動機，是為了藉由敘事傳播表達自己的思想理念與現象關懷，這點則與司馬遷相同，即章氏所言「一家著述」也，反倒是班固借用了司馬遷的結構框架，目的僅止於記注、備忘而已，故言「推精微」，「則遷書之去左氏也近，而班史之去遷書也遠。」三者在著述動機與著述結構的異同，以及司馬遷變體創例的形成過程，大體陳明。

至於或謂五體承自《呂氏春秋》十二紀、八覽、六論，或謂本紀名自〈禹本紀〉、〈世本〉據古書名等，其說之是非得失，容俟下文論述。

二、從史記文本論「五體」編纂

（一）論「本紀」

司馬遷自序「作十二本紀」之緣由，曰「罔羅天下放失舊聞，王迹所興，原始察終，見盛觀衰，論考之行事」，是道其空間對象；曰「略推三代，錄秦漢，上記軒轅，下至於茲」，是道其時間斷限；末云「著十二本紀，既科條之矣」，是道本紀一體為全書之綱領，凡書、表、世家、列傳之所述，皆不脫其範疇。王先謙以「科分條例，大綱已舉」釋之，即科分朝代而加以條理，條理猶整理也。〔註34〕

〔註32〕劉咸炘 著、黃曙輝 編校：《劉咸炘學術論集：史學篇（下）》，頁366～367。
〔註33〕章學誠〈家書〉，引自劉咸炘 著、黃曙輝 編校：《劉咸炘學術論集：史學篇（下）》，頁371～372。
〔註34〕以上說參見徐復觀：《兩漢思想史：卷三》，頁339，所引王先謙語。

　　又司馬貞《索隱‧五帝本紀》釋曰：「紀者，記也。本其事而記之，故曰本紀。又紀，理也，絲縷有紀。而帝王書稱紀者，言爲後代綱紀也。」張守節《正義‧五帝本紀》引裴松之《史目》語釋云：「天子稱本紀，諸侯曰世家。」並案云：「本者，繫其本系，故曰本；紀者，理也，統理眾事，繫之年月，名之曰紀。」瀧川資言《考證》引中井積德語考證曰：「凡帝紀稱本者，對諸侯明本統也。本，幹也，謂宗也，《詩》云：『本支百世。』紀是綱目之紀，謂相比次有倫理也。」〔註35〕從《索隱》說，「本」即推究行事本源，「紀」即梳理出行事本源之綱要之記載；從《正義》說，「本」即歷代帝王之血緣本系傳承，「紀」即歷代帝王統理萬端之事蹟，並繫以年月，繫即紀也；從《考證》引中井積德說，「本」即相對於旁衍之諸侯，帝王即爲本，宗族本幹也，「紀」則理也，梳理帝王次序，以相比次明倫理也。考較三說，中井積德以呈現王室封建倫理角度切入，恐推之太過，失馬遷主「述故事、齊世傳」之意旨；裴松之就字義爲釋，未能統合「本紀」體例之功能所在，失於碎裂；較諸二說，司馬貞所言應合馬遷主敘事之意旨，又點出「本紀」所具之功能，然亦僅得表面之義也。

　　就史遷〈自序〉「十二本紀」言推敲，「紀」即綱目，即史遷所謂「既科條之矣」，即全書結構綱目明矣之意，無論訓解爲梳理、比次、繫時等，皆不脫此。而「本」義有三，即事之本、時之本、書之本也。「著十二本紀，既科條之矣」，意謂十二本紀爲《史記》全書之綱要，如章實齋云：「原其稱本之義，司馬遷意在紹法《春秋》；顧左氏、公、穀專家，各爲之傳；而遷則一人之書，更著書、表、列傳以爲之緯，故加紀以本，而明其紀之爲經耳」〔註36〕，是爲「書之本」。欲陳述「歷史」，必劃分其時空對象，而「天下放失舊聞」、「王跡所興」即史遷「論考行事」之對象，是爲「事之本」；言「略推三代，錄秦漢，上記軒轅，下至於茲」，即指《史記》中「述故事、齊世傳」之邊界以此斷限爲準的，是爲「時之本」。故「本紀」一體，爲《太史公書》五體之綱領之本，爲「見諸行事、論考行事」之對象之本，爲「述故事、齊世傳」之邊界之本，其他四體所言所論，皆不脫此範疇。徐復觀言本紀之功能在於以時代政令中心爲統一的空間，結合編年收束流動的時間以達成統一與縱貫

〔註35〕〔日〕瀧川資言：《史記會注考證》，卷1，頁2～3，總頁19。
〔註36〕〔清〕章學誠 著、葉瑛 校注：《文史通義校注‧永清縣志皇言紀序例》，頁703。

的效果，使歷史得能活動於其中，形成顯明的歷史形相。〔註37〕是故史遷雖未明言立名之義為何，然其義俱在其中矣。〔註38〕

司馬遷既欲藉十二本紀包舉萬端，然其內容究竟為何。阮芝生先生列舉本紀紀事共53項，又可括之為政刑大端、興衰變故，列國大事，〔註39〕度其言即國事、家事、天下事也，今據以分類，列表如下：

紀事大類	紀事細目
興衰變故	始祖、感生、先世、世次、廢立、遷都、封後（存亡繼絕）、封功臣謀士、用人、制度、德行、崩葬、論治、災異、贖兵、濫刑、侈葬殉葬、寵奄、篡弒、亡國
政刑大端	讓國、即位、改正朔、易服色、祭祀、方域興作（如〈夏本紀〉錄〈禹貢〉，記九州之山水田土貢賦草木金革物產山脈地脈）、瑞異、大赦、婚姻、諫辭、追尊、盛衰
列國大事	巡狩、戰爭（征、伐、敗、取、攻、拔、破、虜、定、襲）、誥命、滅國、內亂、稱伯稱王、縱橫遊說、寶器、初始（如〈晉世家〉「晉始作六卿」，〈秦本紀〉「武公卒，初以人從死」）、列國之弒君、伐國、伯主之薨卒、名臣之死

上述細目之分，或有能跨兩類或三類者，由於我國傳統政體為血緣世襲制，封建王侯亦無外乎是皇帝宗室血親，在大一統局面下，政府組織「化家為國」，〔註40〕故國事往往與家事糾纏，牽一髮而動全身，天下自然也就牽扯其中，造成在分類上難免可有出此入彼的情況。又此五十餘項紀事細目，非必每篇本紀全皆括囊之，但大抵不出此範疇中，蓋本紀體貴簡嚴，欲簡而有別，欲別而知要，故委屈瑣碎之記載則留待其他四體補充，其意在此。

本紀共十二篇，今人多據時間為斷，分作上古、近古、今世三類，〔註41〕以五帝、夏、殷、周四本紀為上古史；秦、秦始皇、項羽三本紀為近古史；高祖、呂后、孝文、孝景、今上五本紀為今世史。然此種分類乃是以現代時間分期之眼光進行歸類，是否符合《史記》之內在本意呢？

本文藉〈自序〉中十二本紀小序所言，嘗試推敲史遷原意以行分類，第一類「上古」以「追古溯源」為旨，合五帝、夏、殷、周、秦本紀五篇為一。

〔註37〕徐復觀：《兩漢思想史：卷三》，頁339。
〔註38〕阮芝生：《司馬遷的史學方法與歷史思想》，頁127。
〔註39〕阮芝生：《司馬遷的史學方法與歷史思想》，頁133～134。
〔註40〕錢穆：《中國歷代政治得失》，〈漢代政府組織〉一文，頁3～14。
〔註41〕張大可：《史記研究・史記體制義例》，頁225。

蓋五帝起始言「維昔黃帝」、夏言「維禹之功」、殷言「維契作商」、周言「維棄作稷」、秦言「維秦之先」，皆以王跡初興發端；又除五帝、秦而外，皆以滅亡作結，五帝末言「厥美帝功，萬世載之」，秦末言「昭襄業帝，作秦本紀」，據史遷對大運輪迴之深信不疑，可知其對秦去三代王位、復稱帝號之舉，以爲絕非偶然，定有天意存焉，參見〈六國年表序〉，太史公讀《秦記》之感想，可爲佐證。

第二類「近古」以「秦楚陵替」爲旨，合秦始皇、項羽、高祖本紀三篇爲一。諸篇之序亟言始皇、項羽矜武任力失道而亡，漢行功德、定三秦，以致天下安寧而興立。司馬遷意在法仲尼、復周文，當然相信「敬天明德」方能獲致天命青睞的道理，參見〈秦楚之際月表序〉，太史公讀「秦楚之際」之感想，可爲資證。

第三類「今世」以「漢興五世」爲旨，歸呂后、孝文、孝景、今上本紀四篇爲一類，序言以「漢興五世，隆在建元」爲主軸，因呂后、孝文、孝景皆述其亂，惟今上言「外攘夷狄，內脩法度，封禪，改正朔，易服色」，一片欣欣向榮之景，並與〈五帝本紀〉作呼應，因爲通觀「本紀」十二篇，惟此兩篇全以贊語敘述，毫無陳亂之言。

三類又各以秦、高祖爲樞紐，意味時代變革之關鍵，列表如下：

類　別	篇　名	篇　次	卷　次
追古溯源	五帝本紀	第一	卷一
	夏本紀	第二	卷二
	殷本紀	第三	卷三
	周本紀	第四	卷四
秦楚陵替	秦本紀	第五	卷五
	秦始皇本紀	第六	卷六
	項羽本紀	第七	卷七
漢興五世	高祖本紀	第八	卷八
	呂后本紀	第九	卷九
	孝文本紀	第十	卷十

類　別	篇　名	篇　次	卷　次
漢興五世	孝景本紀	第十一	卷十一
	今上本紀	第十二	卷十二

序列之次既明，繼言其內涵及意義。

從繫時編年來看，十二本紀除〈今上本紀〉已佚，可不論外，其餘十一篇又可分爲兩部份來談。自〈五帝本紀〉至〈秦本紀〉五篇，由於代遠年湮，典籍散亡，故只有傳位世次或不接續的編年；其餘七篇除〈孝景本紀〉略有殘闕外，則無此問題。〔註42〕

從撰述對象來看，以兩種人爲主軸，第一種爲帝王，如〈五帝本紀〉有黃帝、顓頊、帝嚳、堯、舜，皆爲帝；〈夏本紀〉由禹至桀，〈殷本紀〉始湯至紂，〈周本紀〉自武王到赧王，皆稱王。第二種爲帝王之先世，如〈秦本紀〉主要是敘述始皇帝以前之始祖、世次，猶如〈夏本紀〉追溯至顓頊、黃帝，〈殷本紀〉追溯到契，〈周本紀〉追溯到后稷。〔註43〕

另外，關於〈項羽本紀〉與〈呂后本紀〉爲變例的討論。觀〈自序〉所言「本紀」一體之設計所言，司馬遷從未言及「本紀」專爲記述天子帝王而設，甚至「原始察終，見盛觀衰」，論考「放失舊聞，王跡所興」的意旨，便隱喻著司馬遷欲以史家身份觀察世代陵替、榮辱盛衰的超然態度，這與班彪言「序帝王則曰本紀」，自抑於隨侍記注之官的地位相差甚遠，故從《漢書》之後論定《史記》之前說，無疑本末倒置，不足爲訓也。〔註44〕

至於司馬遷爲項羽、呂后立傳的本意，總歸來說有兩點：即重大歷史事件的關鍵人物，以及政治權勢的中心或實質掌握者。

項羽爲「秦楚之際」後期的關鍵領導人物，更是「漢興立國」的直接推手。〔註45〕他接替了季父項梁奠定的軍事實力，又斬殺宋義立威，直接

〔註42〕阮芝生：《司馬遷的史學方法與歷史思想》，頁128～129。
〔註43〕阮芝生：《司馬遷的史學方法與歷史思想》，頁129。
〔註44〕阮芝生：《司馬遷的史學方法與歷史思想》，頁129。
〔註45〕徐復觀在評論班固將項羽降爲列傳一事，謂曰：「劉邦得了天下，他又是先入關受子嬰之降的人；漢的臣子，當然要降低項羽的地位，將亡秦之功，歸之於劉邦。可是劉邦初起，從項梁，不僅項梁資之以兵，乃得爲別將；且秦軍之主力爲章邯，若無項羽的鉅鹿一戰，族阬秦卒二十餘萬人，劉邦何能有入關的機會？秦之亡，乃亡於主力的被殲；入關乃乘虛蹈隙，藉項羽的聲威，非秦亡的關鍵所在。」參徐復觀：《兩漢思想史：卷三》，頁346。

破除楚懷王欲扶植親己勢力抗衡項家軍的政治鬥爭，成為秦楚戰爭實質的領導者，相較於同時的劉邦根本未成氣候；加上秦亡滅後，楚懷王雖被尊為義帝，無疑為傀儡，真正握有政治實權的是自立為「西楚霸王」並且論功行賞、分封諸侯的項羽。項羽的失敗是出於自身性格的缺陷與目光的短淺，就歷史脈絡與歷史現實而言，項羽立為本紀，是出於超脫君臣從屬關係的史家理解。

而清人何焯曰：「作〈呂太后本紀〉者，著其實。贊，以孝惠皇帝冠之，書法在其中矣。」〔註46〕又鄒方鍔云：「呂后何以立本紀也？陸子曰，著孝惠不成乎君也。孝惠誠柔懦，然當天下大定，強藩悍鎮如韓、彭、黥布等，以鑱削誅夷，令無呂后制其上，帝猶不失為守成之主也。……高祖定天下，誅大臣，呂后有力焉。其于孝惠之世，政教號令皆自后一人主之。削孝惠而紀呂后，紀其變也，著其實也。」〔註47〕結合鄒、何二氏之說，可知司馬遷列呂后於本紀之目的，是為了「紀實」，故關鍵在於「實」的內涵為何。鄒方鍔反駁陸子旨在記孝惠柔懦之說，認為縱無呂后，孝惠仍不改其質，此即史遷所謂：「孝惠皇帝、高后之時，黎民得離戰國之苦，君臣俱欲休息乎無為，故惠帝垂拱，高后女主稱制，政不出房戶，天下晏然。刑罰罕用，罪人是希。民務稼穡，衣食滋殖。」（〈呂后本紀序〉）即何焯所謂史遷冠孝惠皇帝之名於贊中，以喻其書法所在。

就贊言來看，呂后本紀所載為漢初皇室內部發生的一次宮廷鬥爭，其關係到的是劉氏政權的存續危機，與天下大勢無涉，此見〈自序〉中〈呂后本紀〉小序就更加清楚，述曰：「惠之早霣，諸呂不台；崇彊祿、產，諸侯謀之；殺隱幽友，大臣洞疑，遂及宗禍，作〈呂太后本紀〉第九。」換言之，〈呂后本紀〉所載是呂氏外戚與漢興功臣爭奪權勢的政治角力，是新興政治勢力企欲取代舊勢力的鬥爭，結果如何都不影響天下大勢、百姓生活，否則史遷不會於贊中隻字未提，反倒讚揚呂后稱制，「政不出房戶，天下晏然。刑罰罕用，罪人是希。民務稼穡，衣食滋殖」。就歷史進展的脈絡來看，呂氏之亂為劉氏稱帝後首次面臨的政權危機，當然有描寫的必要，以呂后名列本紀乃是凸顯敘事主軸，此〈自序〉言之已明；就政權實質中心來看，漢初得「休息無為、天下晏然」的局面，需歸功於呂后的治理，倘以孝惠為名，無疑是忽

〔註46〕 楊燕起、賴長揚等：《史記集評》，頁304，引自《義門讀書記・史記》上卷。
〔註47〕 楊燕起、賴長揚等：《史記集評》，頁304，引自《大雅堂初稿》卷6。

略歷史現實，但惠帝確實享有帝座之名亦不能無視，故於贊中作補充，面面俱到，此則「紀實」內涵所指。

〈呂后本紀〉反映了司馬遷講究「如實直書」的客觀精神，以及追求公共利益的政治理念。從此角度來看，項羽、呂后兩篇本紀非史遷變例，因爲一切的形式安排都是爲了確切的容納「歷史本身」且貫徹史遷的史學認知而存在。

最後是關於「本紀」體例來源的問題。其說有四，一說取自《禹本紀》、一說取自《世本》、一說取自《呂氏春秋》、一說取自《春秋》。

先說「禹本紀」，〈大宛列傳〉贊曰：「《禹本紀》言：『河出崑崙。崑崙其高二千五百餘里，日月所相避隱爲光明也。其上有醴泉、瑤池』。今自張騫使大夏之後也，窮河源，惡睹本紀所謂崑崙者乎？故言九州山川，尚書近之矣。至《禹本紀》、《山海經》所有怪物，余不敢言之也。」謂《禹本紀》爲「本紀」所本者，其說本此。然其疑難在於《禹本紀》的體裁究竟爲何，今無法得知，相較於《呂氏春秋》、《春秋》文本尙存於世可供推究之情況截然不同。故說「本紀」取自《禹本紀》，難有實質根據，至多只能說例名相仿而已。

或言「本紀」取自《世家》。《左傳·襄公二十一年》曰：「伊尹放大甲而相之」，杜注：「太甲，湯孫也。」孔穎達《正義》云：「太甲湯孫，《世本·紀》文也。」秦嘉謨輯《世本》於〈紀〉篇下注曰：「案《左傳·襄二十一年·正義》引文曰：『太甲湯孫』，《史記索隱》及《路史》注亦引《世本·紀》文。記與紀古音同。此即《史記》本紀之所本。」〔註48〕程金造言：「夫一名本紀，一名爲紀，名稱不同。體例更不能懸定其相似，而必謂前後相規倣，則寧非傅會乎？」〔註49〕再者，除秦嘉謨外，王謨、孫馮翼未見有〈紀〉篇之輯。究其實，大抵與〈禹本紀〉說同，可作爲資證之文本亦太少。

再言「本紀」取自《呂氏春秋》兼述《春秋》之說。劉勰曰：「爰及太史談，世惟執簡，子長繼志，甄序帝勣。比堯稱典，則位雜中賢；法孔題經，則文非玄聖。故取式《呂覽》，通號曰紀，紀綱之號，亦宏稱也。」〔註50〕又

〔註48〕〔漢〕宋衷 注、〔清〕秦嘉謨等 輯：《世本八種》，頁 17。
〔註49〕程金造：〈史記體例溯源〉語，轉引自阮芝生：《司馬遷的史學方法與歷史思想》，頁 136。
〔註50〕〔梁〕劉勰 著、王更生 註譯：《文心雕龍讀本·史傳》，頁 278。

劉知幾曰：「昔汲冢竹書是曰《紀年》，《呂氏春秋》肇立紀號。蓋紀者，綱紀庶品，網羅萬物。考篇目之大者，其莫過於此乎？」〔註51〕又考曰：「蓋紀之爲體，猶《春秋》之經，繫日月以成歲時，書君上以顯國統。」〔註52〕再曰：「又紀者，既以編年爲主，唯敘天子一人。有大事可書者，則見之於年月；其書事委屈，付之列傳。此其義也。」〔註53〕而清人晏世澍甚至有〈太史公本紀取式呂覽辨〉曰：

> 按《呂覽》凡十二紀，八覽、六論，大抵據儒書者十之八九，參以道家、墨家之書理者十之一二，二十餘萬言，頗爲有識者所推重，蓋不韋賓客之所集也。觀其《報任安書》曰：「不韋遷蜀，世傳《呂覽》。」又曰：「恨私心有所未盡，鄙陋沒世，而文采不著於後世也。」言爲心聲，自比如此，豈非有所欣羨於其素哉！以此知劉舍人之言爲有據，其爲取式無疑也。〔註54〕

章學誠亦秉此說云：「呂氏之書，蓋司馬遷之所取法也。十二本紀，倣其十二月紀；八書，倣其八覽；七十列傳，倣其六論；則亦微有所以折衷之也。」〔註55〕綜上認爲「本紀」取式《呂覽》之理由有三。第一，劉勰認爲司馬遷基於立傳者不以帝王爲限，故不好比照《尚書・堯典》稱「典」；雖欲效法孔子《春秋》，但畢竟不好自比聖人，故不稱「經」；所以退而求次，取《呂覽》「十二紀」體式，列敘天子行事，通號曰「紀」，此就體裁的選擇而論。第二，劉知幾在劉勰的基礎上，更進一步闡釋「紀」者，有「綱紀庶品，網羅萬物」之意，故爲敘事體例中最高級的一種，此無疑爲劉勰「紀綱之號，亦宏稱也」的延伸發明，此就敘事對象的階級對應其敘事體例而論。第三，晏世澍認爲《呂氏春秋》集結了儒、道、墨三家學說精要，頗爲世人推重，先言其有參考之重要性；次說司馬遷〈報任安書〉中有「不韋遷蜀，世傳《呂覽》」，顯然有心羨效法之情，故取式《呂覽》而作《史記》。看似分立三說，實則皆由劉勰之說衍生。

〔註51〕〔唐〕劉知幾 著、〔清〕浦起龍 通釋、呂思勉 評：《史通・本紀》，頁28。
〔註52〕〔唐〕劉知幾 著、〔清〕浦起龍 通釋、呂思勉 評：《史通・本紀》，頁29。
〔註53〕〔唐〕劉知幾 著、〔清〕浦起龍 通釋、呂思勉 評：《史通・本紀》，頁29。
〔註54〕〔清〕晏世澍 著：《沅湘通藝錄》卷二，轉引自〔梁〕劉勰 著、詹鍈 義證：《文心雕龍義證・史傳》，頁575～576。
〔註55〕〔清〕章學誠 著、葉瑛 校注：《文史通義校注・附校讎通義・漢志諸子第十四・右十四之二十九》，頁1048。

關於劉勰說法，詹鍈於氏著《文心雕龍義證》中即有辯駁，謂曰：「《呂覽》雖有十二紀，以紀一歲十二月，然非史官紀事之作可比。蓋與《史記》之本紀，僅有幾微之相似。謂為取式，豈得謂然？」〔註56〕詹氏謂《呂覽》十二紀乃是比諸一年十二月，非史官記事之屬，遑論相提並論。程金造云：「夫十二紀與十二本紀，數雖相同，而一名本紀，一名為紀；一述皇王之行事，一述十二月令節候。名目不同，事義亦異，安得謂本紀之體仿於《呂覽》乎？」〔註57〕據《呂氏春秋·序意》曰：

> 朔之日，良人請問十二紀。文信侯曰：「嘗得學黃帝之所以誨顓項矣，『爰有大圜在上，大矩在下，汝能法之，為民父母。』蓋聞古之清世，是法天地。凡十二紀者，所以紀治亂存亡也，所以知壽夭吉凶也。上揆之天，下驗之地，中審之人，若此則是非、可不可無所遁矣。」〔註58〕

呂不韋引黃帝教誨顓項語謂：「皇天在上，大地在下，能效法者，能為民父母」，進一步闡明十二紀所載乃國家治亂存亡之道，人事夭壽吉凶之理，考其內容多據時序月令之特性，發明玄理，架構其說，如以「春季是萬物滋生的季節，所以春季三紀裡所轄的文章如〈本生〉、〈重己〉等多與養生的內容有關；夏季是萬物繁長的季節，所以將與人的生長特別需要的教育音樂有關內容放在夏季三紀之中。秋季萬物成熟，有一種肅殺之氣，所以秋季三季中所轄的文章大體上談論與戰爭有關的內容。冬季萬物斂藏，所以將〈節喪〉、〈安死〉之類的文章歸屬於冬季三季之中。」〔註59〕可知「十二紀」之宗旨，意在指導帝王當如何按天地四時之特性而行，這與記錄帝王之行事如何，實在有動機上的差異，此其一。

又劉勰謂「紀」為「宏稱」，劉知幾謂「紀者」，「網羅萬物」，為篇目之大者，似據《呂氏春秋·序意》欲法傚天地之旨所得；但同時又言「紀之為體，猶《春秋》之經」，以編年為體，唯敘天子一人，前後釋義含糊不明，此

〔註56〕〔梁〕劉勰 著、詹鍈 義證：《文心雕龍義證》，頁 575。

〔註57〕程金造：〈史記體例溯源〉語，轉引自阮芝生：《司馬遷的史學方法與歷史思想》，頁 137。

〔註58〕〔秦〕呂不韋等 編、張雙棣、張萬彬等 註譯：《呂氏春秋譯注（修訂本）·序意》，頁 292。

〔註59〕〔秦〕呂不韋等 編、張雙棣、張萬彬等 註譯：《呂氏春秋譯注（修訂本）·前言》，頁 22。

應受到《史記》影響，混淆了《呂氏春秋》與《太史公書》的差別，推論所本既已混淆，所得《史記》取式《呂覽》的論斷更屬臆測而不可信，此其二。

而晏世澍所述，明顯斷章取義，〈報任安書〉原文爲：

> 蓋西伯拘而演《周易》；仲尼厄而作《春秋》；屈原放逐，乃賦〈離騷〉；左丘失明，厥有《國語》；孫子臏腳，《兵法》修列；不韋遷蜀，世傳《呂覽》；韓非囚秦，〈說難〉、〈孤憤〉；《詩》三百篇，大氐賢聖發憤之所爲作也。（《漢書·司馬遷傳》）

文中列舉諸賢，特強調其「發憤」著書之意而已，何來獨欣羨《呂覽》，而取式作爲書例《太史公書》之理，故程金造駁曰：「必如所云者，則書中所云韓非囚秦，〈說難〉〈孤憤〉；孫子臏腳，兵法修列，則史公爲書，其體例亦效韓非〈說難〉〈孤憤〉與《孫子》十三篇耶？」〔註60〕誠哉是言，此其三。

再者，倘史遷眞據《呂覽》而作《史記》，何以全書無半點跡證可言，此其四。

綜此四點，《史記》取式《呂覽》之說，難以爲憑。

〈十二諸侯年表序〉謂：「孔子明王道，干七十餘君，莫能用，故西觀周室，論史記舊聞，興於魯而次《春秋》，上記隱，下至哀之獲麟，約其辭文，去其煩重，以制義法，王道備，人事浹。」章實齋云：「遷於〈十二諸侯表敘〉，既推《春秋》爲主，則左丘、鐸椒、虞卿、呂不韋諸家，以次論其體例，則《春秋》之支系也。」〔註61〕故而與其說《史記》取式《呂覽》，倒不如謂其法效《春秋》要來得合乎史遷本旨。呂思勉認爲「本紀」爲《春秋》與譜牒二體的結合，謂曰：

> 《春秋》爲記事之史，譜牒則小史所掌，其事本截然殊科；然其後二者遂合爲一。此其事，蓋在晚周、秦、漢之際。……古代記事之史，蓋但記某君某年有某事，而不詳其君之立年及世系；（此時亦未必年年有事可記。）小史又但記世系，而不詳其君之立年，故年數無可稽考。（筆者案：如《大戴禮記·帝繫》）其後《春秋》之記事加詳，逐年皆有事跡，則君主之立年及世系，因之可考；

〔註60〕 程金造：〈史記體例溯源〉語，轉引自阮芝生：《司馬遷的史學方法與歷史思想》，頁137～138。

〔註61〕 〔清〕章學誠 著、葉瑛 校注：《文史通義校注·附校讎通義·漢志諸子第十四·右十四之四》，頁1036。

而系世之體亦漸密，於系世之外，並詳其君之立年，而二者遂可

合爲一。〔註62〕

此說可與前引劉咸炘釋章實齋《文史通義・書教下》語參看。可知史遷以前，不乏「整齊故事者」，史遷據以爲「本紀」體例，〔註63〕如五帝、夏、殷、周之紀，其出於〈帝繫〉而不出於《春秋》之跡象更明，至於〈秦始皇本紀〉、〈高祖本紀〉等則已是二者合一整齊故事之體。〔註64〕

是以「本紀」體例或本於《春秋》與〈帝繫〉一類譜牒而併合之者；至其名，或取自〈禹本紀〉，而另賦新義歟？未能等而觀之，遑論考究之內在因由。

（二）論「表」

〈自序〉曰：「並時異世，年差不明，作十表。」司馬貞《索隱・太史公自序》釋曰：「案並時則年曆差殊，亦略言，難以明辯，故作〈表〉也。」又〈三代世表〉引應劭語云：「表者，錄其事而見之。」並案曰：「《禮》有〈表記〉，而鄭玄云：『表，明也』。謂事微而不著，須表明也，故言表也。」趙翼論馬遷作表義例曰：「《史記》作十表，防於周之譜牒，與紀、傳相爲出入。凡列侯、將相、三公、九卿，功名表著者，既爲立傳，此外大臣無功無過者，傳之不勝傳，而又不容盡沒，則於表載之。」〔註65〕綜上所言，可知表之功用大抵有三：第一，凸顯時間主軸，藉以統一各地行事之參差。第二、與〈本紀〉、〈列傳〉相補充以完備紀事面相，表明史事隱微處。第三、爲無事可傳之大臣留名。關於第三點，本論文第三章已有相關之論述，此處僅論第一、第二點之功能意旨。

劉知幾《史通・雜說上》述云：

觀太史公之創表也，于帝王則敘其子孫，于公侯則紀其年月，列行縈紆以相屬，編字戢骨而相排。雖燕、越萬里，而于徑寸之內犬牙可接；雖昭穆九代，而于方尺之中雁行有敘。使讀者閱文便睹，舉目可詳，此其所以爲快也。〔註66〕

〔註62〕〔唐〕劉知幾 著、〔清〕浦起龍 通釋、呂思勉 評：《史通・六家》，頁8～9。
〔註63〕〔唐〕劉知幾 著、〔清〕浦起龍 通釋、呂思勉 評：《史通・六家》，頁9。
〔註64〕〔唐〕劉知幾 著、〔清〕浦起龍 通釋、呂思勉 評：《史通・六家》，頁9～10。
〔註65〕〔清〕趙翼 著；王樹民 校證：《廿二史劄記校證》，頁4。
〔註66〕〔唐〕劉知幾 著、〔清〕浦起龍 通釋、呂思勉 評：《史通・雜說上》，頁342。

據劉知幾所云，表之優點在於能將人事的時間、空間通過有意識的編排，將歷史的前後脈絡完整呈現，使人一目了然。呂思勉從史學方法的角度切入，評曰：

> 史之有表，似繁實省。蓋史法愈疏，則愈偏於主觀；愈密，則愈近於客觀。偏於主觀者，事之詳略去取，不妨惟意所欲；重於客觀者，則立定體例，即當搜求事實，無濫無遺，以待讀者之自得也。〔註67〕

呂思勉所謂的史法，即表的經緯格式與主軸標的的訂定是否明確，經緯主軸既明，只待將史料事件按時序填入，則客觀的因果事實自然明瞭，進而達成執簡御繁的效果。故呂思勉總結「表」於治史之便利性，謂曰：「要而言之，事之零碎無從敘，又不可棄者，則以表馭之；眉目既清，事實又備，實法之最便利者。」〔註68〕據此，下考史遷十表的經緯格式與主軸標的，其治史方法就更加清楚了。

　　十表之格式，可分爲四種。一、世經世國緯：如〈三代世表〉以世列縱行爲經，世國列橫行爲緯。世起黃帝至周共和，世國始列顓頊屬、俈屬、堯屬、舜屬、夏屬、殷屬、周屬；迄周成王世，再變爲魯、齊、晉、秦、楚、宋、衛、陳、蔡、曹、燕凡十一侯國。二、年經國緯：如〈十二諸侯年表〉、〈六國年表〉、〈秦楚之際月表〉、〈漢興以來諸侯王年表〉，皆以年爲經、以國爲緯，惟〈秦楚之際月表〉因「八年之間，天下三嬗，事繁變眾」，故放大時間軸線於月，然本意與年表同；以及〈六國年表〉敘至始皇元年時，以秦代周列經軸之首，至二十七年，併七橫格爲單縱格，因秦滅六國故。三、國經年緯：如〈高祖功臣侯者年表〉、〈惠景閒侯者年表〉、〈建元以來侯者年表〉、〈建元以來王子侯者年表〉，皆以國爲緯，以年爲經。第四、年經事緯：惟〈漢興以來將相明臣年表〉一篇，表中起高祖元年迄孝武天漢四年爲經，列大事記、相位、將位、御史大夫位爲緯。〔註69〕

　　至「表」所欲呈現之敘事主軸，讀〈三代世表〉可知以黃帝血系傳承爲主題，讀〈十二諸侯年表〉可知以周朝列國相伐爭亂爲主題，讀〈六國年表〉可知以周秦交替六國歸統爲主題，讀〈秦楚之際月表〉可知以秦楚淪亡諸王臣漢爲主題，讀〈漢興以來諸侯王年表〉可知以漢興五世侯王陵夷爲主題，

〔註67〕〔唐〕劉知幾 著、〔清〕浦起龍 通釋、呂思勉 評：《史通·表歷》，頁 39。
〔註68〕〔唐〕劉知幾 著、〔清〕浦起龍 通釋、呂思勉 評：《史通·表歷》，頁 40。
〔註69〕阮芝生：《司馬遷的史學方法與歷史思想》，頁 139～140。

讀〈高祖功臣侯者年表〉可知以漢朝列侯起落興衰爲主題，讀〈惠景閒侯者年表〉可知以事勢造人四朝侯封興滅爲主題，讀〈建元以來侯者年表〉可知以誅伐四夷戰功列侯爲主題，讀〈建元已來王子侯者年表〉可知以天子有慶王侯賴之爲主題，讀〈漢興以來將相明臣年表〉可知以漢興歷朝大事與將相御史之關係爲主題。

綜觀十表載錄之主軸，可知司馬遷對於重大歷史事件的認知，仍以政治史爲主，即列國之間由內朝至外交的政治角力或直接訴諸兵刃的武力征伐。雖然礙於時代眼光的限制，司馬遷未能將「表」的運用拓展至如「書體」或「列傳」一般，爬梳學術、經濟、風俗等社會文化層面，但其變化譜牒舊式，結合史公序論，使十表各具獨立性，不至淪於煩蕪、重沓的「本紀」綱要。〔註70〕劉知幾「兩周年表可存、兩漢侯表可廢」之說，便是出於對十表義例的誤解，言曰：

> 當春秋、戰國之時，天下無主，羣雄錯峙，各自年世。若申之於表
> 以統其時，則諸國分年，一時盡見。如兩漢御曆，四海成家，公卿
> 既爲臣子，王侯才比郡縣，何用表其年數以別於天子者哉！〔註71〕

上文認爲先秦之時，諸侯相繼稱王稱霸，行政施令非一國之專，年世繼絕，互有參差，故列表同存，以明其脈絡，即史遷「並時異世，年差不明」之原旨也。然漢興天下歸於一統，正朔唯一，又廢封建、立郡縣，公卿與家臣無異，王侯權止郡縣，何須再立表詳列其年數世次。劉知幾此語正暴露未參讀表序，故既不知各表非專爲記述政治行事而設，又未明司馬遷撰述本旨與班固有別，故不知各表乃是爲了顯明諸列國、侯爵其盛衰興亡之脈絡，亦未察諸表格式細節變化，見漢興侯爵諸表，多列其初封、國除，以應原始察終之旨，乃有歷數其年世別天子之說。劉知幾所犯毛病，與劉咸炘斥梁玉繩、趙

〔註70〕 劉知幾論曰：「夫天子有本紀，諸侯有世家，公卿以下有列傳，至於祖孫昭穆，年月職官，各在其篇，具有其說，用相考覈，居然可知。而重列之以表，成其煩費，豈非謬乎？且表次在篇第，編諸卷軸，得之不爲益，失之不爲損。用使讀者莫不先看本紀，越至世家，表在其間，緘而不視，語其無用，可勝道哉！」意謂帝王、諸侯、公卿行事自有本傳可查，表無疑爲本傳之綱要，實無重立之必要。參〔唐〕劉知幾 著、〔清〕浦起龍 通釋、呂思勉 評：《史通・表歷》，頁 39。

〔註71〕 〔唐〕劉知幾 著、〔清〕浦起龍 通釋、呂思勉 評：《史通・表歷》，頁 39 ～40。

恒等未詳讀史遷表序，便妄加評斷表例得失相同，〔註72〕是以「人之情好以己度人，以今度古」，〔註73〕又如章學誠云：「辯論是非，矜寶創見」，常情之病也。〔註74〕

　　至如劉知幾引桓譚語云：「太史公〈三代世表〉旁行邪上，並效周譜。」〔註75〕迄趙翼據此說擴及十表曰：「《史記》作十表，昉於周之譜牒，與紀、傳相爲出入。」〔註76〕程金造認爲桓譚爲前漢時人，年代與司馬遷相近，言必有據，故效周譜製表之說可信；又考今《漢書·藝文志》「數術略」著錄有《漢元殷周諜歷》十七卷、《帝王諸侯世譜》二十卷、《古來帝王年譜》五卷，認定周譜必爲其中一種。另外，清人沈濤《銅熨斗齋隨筆》記曰：

> 表猶言譜，表譜一聲之轉耳。《漢書藝文志》歷家有《帝王諸侯世譜》二十卷、《古來帝王年譜》五卷，世表、年表即世譜、年譜。劉杳謂三代世表旁行邪上，並效周譜；可見表與譜同。太史公〈三代世表序〉云：「稽其歷譜牒」，〈十二諸侯年表序〉云：「讀春秋歷譜牒」，又曰：「於是譜十二諸侯，自共和迄孔子。」豈非變譜書表，名異而實同乎？〔註77〕

桓、沈二說，當以沈說爲是。至於桓說，阮芝生先生據呂思勉考究譜牒來源之論述，辯之已詳，此不贅引。〔註78〕大體而言，史遷十表格式義例各有變化，縱使取式「旁行邪上」之法，亦非原貌搬用，遑論言之鑿鑿謂必仿自某書；再者，〈三代世表〉曰：「余讀諜記」，〈十二諸侯年表〉曰：「太史公讀春秋歷譜諜」，〈六國年表〉曰：「太史公讀秦記」，〈秦楚之際月表〉曰：「太史公讀秦楚之際」，〈高祖功臣侯者年表〉曰：「余讀高祖侯功臣」，〈惠景閒侯者年表〉曰：「太史公讀列封」，司馬遷雖於諸表序娓娓道其史料來源，但「春秋歷譜諜」、「秦記」、「秦楚之際」等皆指相關之系列材料，而非眞有名

〔註72〕劉咸炘 著、黃曙輝 編校：《劉咸炘學術論集：史學編（上）》，頁49～50。
〔註73〕崔述《考信錄提要》語，參本章第一節註1。
〔註74〕〔清〕章學誠 著、葉瑛 校注：《文史通義校注·習固》，頁259。
〔註75〕劉知幾原文曰：「蓋譜之建名，起於周代，表之所作，因譜象形。故桓君山有云：『太史公〈三代世表〉旁行邪上，并效周譜。』此其證歟？」參〔唐〕劉知幾 著、〔清〕浦起龍 通釋、呂思勉 評：《史通·表歷》，頁39。
〔註76〕〔清〕趙翼 著；王樹民 校證：《廿二史劄記校證》，頁4。
〔註77〕〔清〕沈濤：《銅熨斗齋隨筆》，轉引自阮芝生：《司馬遷的史學方法與歷史思想》，頁145。
〔註78〕阮芝生：《司馬遷的史學方法與歷史思想》，頁146～149。

爲「秦記」、「秦楚之際」等書，此於前一節論及司馬遷史料蒐集時，言之已明。故欲以單薄之線索，強指某書即爲史遷所謂某體某說者，僅得淪爲臆測，無助事實還原。

總言之，盡管趙翼贊表爲「作史體裁，莫大於是」，又曰「表多則傳可省，此作史良法也。」但歷數二十四史，仍有過半正史未見立表，今依其歸納，除《史》《漢》不論，《後漢書》、《三國志》、《晉書》、《宋書》、《南齊書》、《梁書》、《陳書》、《魏書》、《北齊書》、《周書》、《隋書》、《南史》、《北史》、《舊唐書》、《舊五代史》，凡十五部書無表，其他略錄其目，列表如下：

書　名	表　　　　　　　名
新唐書	〈宰相表〉、〈方鎮表〉、〈宗室世系〉三種
新五代史	〈職方考〉、〈十國世家年譜〉兩種
宋史	〈宰輔〉、〈宗室世系〉兩種
遼史	〈世表〉、〈皇子表〉、〈公主表〉、〈皇族表〉、〈外戚表〉、〈遊幸表〉、〈部族表〉、〈屬國表〉八種
金史	〈宗室表〉、〈交聘表〉兩種
元史	〈后妃表〉、〈宗室世系表〉、〈諸王表〉、〈諸公主表〉、〈三公表〉、〈宰相年表〉六種
明史	〈諸王世表〉、〈功臣世表〉、〈外戚恩澤侯表〉、〈宰輔年表〉、〈七卿年表〉五種

呂思勉綜觀二十四史列表，謂曰：「表之爲用，至後世而愈廣。縱論其例，約有六端」，[註79] 即表世系、國、官、地、人、事六端，此六端皆由《史記》十表變化而來，此不待言。惟《史記》與其他正史在運用表體之差異何在，方爲關鍵。就史學方法而論，表格的製作運用乃是輔助作者減少敘事（即

〔註79〕 呂思勉原文曰：「表之爲用，至後世而愈廣。縱論其例，約有六端：《史記》之〈三代世表〉，所以表世系者也。〈十二諸侯年表〉，則所以表國者也。（《遼史》之〈屬國表〉，名爲表國，而其體實不同；唐代之方鎮，雖不得爲獨立國，然據土自專，實與周之十二諸侯相似；故此二者，皆表國之變例也。）《漢書》之〈百官公卿表〉，用以表官，《唐書》之〈宰相表〉、《宋史》之〈宰輔表〉，皆用其例。《五代史》之〈職方考〉，則用以表地。《遼史》之〈皇子〉〈公主〉，《元史》之〈后妃〉，則又用以表人。《遼史》之〈遊幸〉，《金史》之〈交聘〉，則所以表事者也。」參見〔唐〕劉知幾 著、〔清〕浦起龍 通釋、呂思勉 評：《史通・表歷》，頁39～40。

趙翼「表多傳少」之旨也），〔註80〕或方便駕馭零碎的敘述以利讀者進行理解（即呂思勉「以表馭事」之法也）。換言之，表格雖然能「省卻筆墨」，仍需要史學工作者的敘事解讀，否則它僅是一堆照格填空的人事地理名詞，毫無意義可言。以司馬遷作十表爲例，他除了確立格式凡例，並結合序論以凸顯主軸、主題，使每篇表皆有獨立運作的功能與存在的價值，相較於後世正史諸表，雖不乏解說，但在失卻帶有史家思想的闡釋意圖後，便只是按時序排列眞實存在過的名詞記錄，即梁任公「知有事實而不知有理想」之譏，〔註81〕亦章實齋所言撰述與記注動機之別也。本文認爲司馬遷義法早爲後世遺落，即指此也。

（三）論「書」

鄭樵有云：「江淹有言，修史之難，無出於志。誠以志者憲章之所繫，非老於典故者不能爲也，不比紀、傳，紀則以年包事，傳則以事繫人，儒學之士皆能爲之。惟有志難，其次莫如表。」〔註82〕其所謂「志」於《史記》則爲「書」。至「書」之淵源爲何？鄭樵云：「志之大原，起於《爾雅》。」劉知幾云：「夫刑法、禮樂、風土、山川，求諸文籍，出於三《禮》。及班、馬著史，別裁書志。考其所記，多效《禮經》。」是以考究「書」體來源說法有二。考〈自序〉之述八書，〈禮書〉云：「維三代之禮」，〈樂書〉云：「比〈樂書〉以述來古」，〈律書〉云：「非兵不彊，非德不昌，……《司馬法》所來尚矣」，〈曆書〉、〈天官〉爲古來史官之職守，「決瀆通溝」乃歷代行政之首要，〈平準〉、〈封禪〉繫武帝一朝之起落，章實齋論曰：

〔註80〕趙翼於《陔餘叢考·史記四》述曰：「《史記·淮陰侯傳》全載蒯通語，正以見淮陰之心乎爲漢，雖以通之說喻百端，終確然不變，而他日之誣以反而族之者之冤痛不可言也。班書則〈韓信傳〉盡刪通語，而另爲通作傳，以此語敘入通傳中。似乎詳簡得宜矣，不知蒯通本非必應立傳之人，載其語于〈淮陰傳〉，則淮陰之心跡見，而通之爲辯士亦附見，史遷所以不更立〈蒯通傳〉，正以明淮陰之心，兼省卻無限筆墨。班據則轉因此語而特爲通立傳，反略其語于〈韓信傳〉中，是舍所重而重所輕，且開後世史家一事一傳之例，宜乎後世之史日益繁也。」此語可知趙翼「表多傳少」之重點不在於減少列傳的多寡，而是能否減少不必要的列傳，即班固一事一傳之腐例。參〔清〕趙翼 著：《陔餘叢考》，頁84。
〔註81〕梁啓超：《中國歷史研究法》，頁6。
〔註82〕〔宋〕鄭樵：《通志二十略·總序》，頁5。

鄭樵嘗謂書志之原，出於《爾雅》。彼固特著〈六書〉、〈七音〉、〈昆蟲草木〉之屬，欲使經史相爲經緯，此則自成一家之言可也。若論制作，備乎官《禮》，則其所謂〈六書〉、〈七音〉，名物訓詁，皆本司徒之屬，所謂師氏保氏之官，是其職矣。而大經大法，所以綱紀天人而敷張王道者，《爾雅》之義，何足以盡之？官《禮》之義，大則書志，不得係之《爾雅》，其理易見者也。〔註83〕

據郭璞序《爾雅》曰：「夫《爾雅》者，所以通詁訓之指歸，敘詩人之興詠，總絕代之離詞，辯同實而殊號者也。」又「若乃可以博物不惑，多識於鳥獸草木之名者，莫近於《爾雅》。」今《爾雅》凡十九篇，前三篇解釋一般語詞，後十六篇專載名物術語，雖然同具梳理因果脈絡之旨，然實近於辭書，鄭樵謂「志」（書）出於《爾雅》，恐不免失察，蓋「書」體是用以反映一個約定結構的時間性變化，〔註84〕《爾雅》的內容既無因果變化的敘述，更無結構系統可言，至多僅是同義相屬、劃分類別，所得知識價值亦是語言性的而非歷史性的居多。故當以劉章二氏之說爲是。

司馬遷〈自序〉曰：「禮樂損益，律曆改易，兵權山川鬼神，天人之際，承敝通變，作八〈書〉」。「承敝通變」爲司馬遷史學極爲重要的核心觀點，今學人有以「禮樂損益」指〈禮書〉、〈樂書〉；「律曆改易」指〈律曆書〉；「兵權山川鬼神」指〈兵書〉、〈河渠書〉、〈封禪書〉；「天人之際」指〈天官書〉；「承敝通變」指〈平準書〉者，其說大體近是。〔註85〕然〈報任安書〉史遷自道「欲以究天人之際，通古今之變，成一家之言」，同有「天人」、「通變」之關鍵名詞，豈亦專指〈天官書〉與〈平準書〉耶？又通觀八書之旨，何篇非以「承敝通變」爲前提作敘述？如〈自序〉序〈禮書〉曰：「故禮因人質

〔註83〕 〔清〕章學誠 著、葉瑛 校注：《文史通義校注·永清縣志六書例議》，頁746。

〔註84〕 本論文此處所謂的「約定結構」，意即：人因著互動關係的多元且複雜，故有分類應對之需要，如史遷八書，便將國家的政治事務分作禮、樂、兵、律曆、天官、河渠、封禪、平準八個面相。而每一個面相，都自有其基本的原則規範與功能作用，此原則規範、功能作用則形成一個封閉的知識結構，僅適用於此門類當中，如司馬遷說：「樂者，所以移風易俗也」（〈太史公自序〉），但他如果說：「兵者，所以移風易俗也」，這便使人難以理解，因爲兩者的知識結構截然不同，難以相混。又每一種門類的知識結構，都建立在人爲約定的共識上，故筆者謂之爲「約定結構」。

〔註85〕 張大可、韓兆琦皆持此說。參張大可：《史記研究·史記殘缺或補竄考辨》，頁182～183。韓兆琦：《史記題評》，頁110～111。

爲之節文，略協古今之變」；序〈律書〉曰：「司馬法所從來尙矣，太公、孫、吳、王子能紹而明之，切近世，極人變」；〈天官書〉贊曰：「終始古今，深觀時變，察其精粗，則天官備矣」。是故以書體序目分配八書，無疑緣枘立鑿，求之過深也。

今重新理解〈自序〉所述作「八書」之旨，應是泛述而非分指，如同〈自序〉序「本紀」欲論考王跡所興、放失舊聞一般，乃是大略指出其書體各篇要討論的對象範疇爲何。進一步來說，八書反映出司馬遷認爲凡執政者皆必須關注的八個面相，亦可說是其政治觀察及改革建言，即阮芝生先生所謂「論治之言」，〔註86〕〈禮書〉、〈樂書〉是社會教化，〈歷書〉、〈天官〉是天運正朔，〈河渠〉、〈平準〉是農務經貿，〈律書〉是軍武國防，〈封禪〉是敬天禮神。能原始見終，察驗時敝，以行易變，利享萬民，方得天統，國祚綿延。是以八書既涉及專門之學，纂例當然與紀、傳有別。章學誠曰：

> 史家書志自當以一代人官爲綱領矣。而官守所隸，巨細無遺，勢難盡著。則擇其要者，若天文地理禮樂兵刑略如八書十志例，而特申官守所繫以表淵源，而文則舉其梗概，務使典雅可誦；而於名物器數，無須屑屑求詳，聽其自具於專門掌故之書，始可爲得《官禮》之意，而明於古人之大體者也。〔註87〕

古時學在王官，意謂有專門之學，便有專門之官，推章實齋意，書志之功能即在記述此「官守所繫」之淵源，其專業知識則各有專業之書載之也，如撰寫物理學史與撰寫物理學爲二事，旨在「典雅可誦」而非「屑屑求詳」。據此以觀〈樂書〉，述曰：「漢家常以正月上辛祠太一甘泉，⋯⋯使僮男僮女七十人俱歌。春歌〈青陽〉，夏歌〈朱明〉，秋歌〈西暤〉，冬歌〈玄冥〉。世多有，故不論。」又如〈封禪書〉贊曰：「若至俎豆珪幣之詳，獻酬之禮，則有司存。」司馬遷謂儀文度數自有官司專守，而歌賦詠言於民間多有傳唱，故皆不一一詳列細數。又實齋於〈湖北通志例〉中言：

> 志考但撷總凡，而參以奏疏論議，俾覽者得以悉其利病得失。羅願曰：「儒者之書，不同鈔取記簿。」是也。〔註88〕

〔註86〕阮芝生：《司馬遷的史學方法與歷史思想》，頁 150。

〔註87〕〔清〕章學誠：《章學誠遺書・禮教》，頁 8。

〔註88〕〔清〕章學誠：《章學誠遺書・湖北通志凡例》，頁 244～245。

如〈平準書〉詳述武帝一朝政事始末經過，參以有司、孔僅、咸陽、桑弘羊等人之奏疏論議，娓娓道來而利病盡陳。即如阮芝生先生歸納書體纂述要義有三：一曰書體貴詳，二曰述制作本意與沿革大端，三曰儀文度數略而不論，是第一點實可包舉於第二點中，〈平準書〉寫平準設置之原由經過，敘述詳贍，而制作本意與沿革大端盡在筆墨之間，此即例也。故約之爲二。

（四）論「世家」

〈太史公自序〉曰：「二十八宿環北辰，三十輻共一轂，運行無窮，輔拂股肱之臣配焉。忠信行道，以奉主上，作三十世家。」司馬貞《索隱》釋〈吳太伯世家〉曰：「系家者，記諸侯本系也，言其下及子孫常有國。故孟子曰『陳仲子，齊之系家』。又董仲舒曰『王者封諸侯，非官之也，得以代爲家也』。」張守節《正義》釋云：「世家者，志曰：『謂世世有祿秩之家。』案累世有爵土封，故孟子云：『陳仲子，齊之世家也』。」〔註89〕參〈平準書〉裴駰《集解》引如淳注「世家子弟」曰：「世世有祿秩家。」又瀧川資言曰：「愚按孟子所謂世家，猶言世祿之家，欲抑彼諸侯異乎天子，故假以他稱，名爲世家耳。」〔註90〕而劉知幾論〈世家〉云：「案世家之爲義也，豈不以開國承家，世代相續？」又曰：「司馬遷之記諸國也，其編次之體，與本紀不殊。蓋欲抑彼諸侯，異乎天子，故假以他稱，名爲世家。」〔註91〕據諸家考釋，可知史遷以前便有「世家」之名，此其一。又世家體例與本紀同，皆繫世編年，欲有別於天子等第，故別名世家，此其二。又世家旨在記述諸侯開國承家、世襲爵土、世代有祿秩相續之史也，此其三。又王者封諸侯，非以臣官視之，而是以國代家，表宗族血緣之親也，此其四。今據司馬遷〈自序〉所言推考諸家所釋四點之意，前兩點大抵無疑義，後兩者則尚待商権。因爲司馬遷自道作「世家」之旨，意在傳述「忠信行道，以奉主上」者也，故入世家者，非必有血裔之親；述世家事，不在傳其世襲爵祿。諸家考釋皆受《漢書》影響而生先入爲主之見，就君臣倫理審視《史記》，以孔子、陳涉、外戚入世家爲非，則非司馬遷本來之意旨矣。

〔註89〕 張守節《正義》語不見「洪氏出版社本」，茲據《考證》本以補充，參〔日〕
　　　　瀧川資言：《史記會注考證》卷31，頁1～2，總頁523。
〔註90〕 〔日〕瀧川資言：《史記會注考證》卷31，頁2，總頁523。
〔註91〕 〔唐〕劉知幾 著、〔清〕浦起龍 通釋、呂思勉 評：《史通・世家》，頁32。

　　論「世家」之功能實與「書」體同，皆是司馬遷的政治觀察與價值標準的展現，只是書體以事為主，而世家以人為主。〈十二諸侯年表序〉司馬遷述孔子作《春秋》「約其辭文，去其煩重，以制義法，王道備，人事浹」，可知史遷在確立敘事主旨時，無外由事、人二者切入，法效《春秋》所致也，又見列傳命篇有以事為名者、有以人為名者，可為資證。另外，擬立文章結構時，則是時間與事件的交錯運用，五體纂例，無外如是，如劉咸炘言：

> 要而言之，年歷體本方板，別記則活動。左氏一變，亦活動，司馬
> 合之為一體，則更活動，其所以漸趨活動者，即求和於變動交互之
> 史跡耳。不意後之為紀傳者乃反使之漸趨方板，變為卯冊類書，故
> 於其初活動之原形如《尚書》者反覺其不可名狀矣。〔註92〕

所謂「變動交互之史跡」，即人與事的主題切換、事與時的編次交替，使史跡讀來生動而富變化，不至於淪為呆板的履歷表格讓人覺得索然無味。

　　至於世家之編次，張大可按時代序列將其分為六組，詳見〈史記體制義例〉一文。〔註93〕筆者認為除時代序列外，尚有可以細述的空間，張大可言：「世家按諸侯始祖與周之親疏關係和開國時功勞大小排列，象徵諸侯夾輔周室，所以與年表序列不同。」〔註94〕張大可所指年表為〈十二諸侯年表〉，是五體雖可相互參照，但其功能各自有別，故排列次序有異，亦屬正常；至於張氏謂世家按「親疏關係」、「功勞大小」排列，亦屬有見，惜未加深究。今據以著表論析司馬遷編次世家之內在理路，其概念大抵按時序、宗族、勳功而分，勳功又可分為兩種，一則屬輔弼功臣，嘉其肱股治世之實績；一則為五帝苗裔，嘉其奉祀修德之懿行，但其中仍有褒貶之別，茲先表列，然後加以論述：

〔註92〕劉咸炘 著、黃曙輝 編校：《劉咸炘學術論集：史學編（下）》，頁369。
〔註93〕張大可：《史記研究》，頁228。
〔註94〕張大可：《史記研究》，頁229。

時　序		類別	篇　名	備　註
周	武王封	宗族	吳太伯世家第一	武王太伯父，自立於吳
		勳功	齊太公世家第二	武王師尙父，助伐紂
		宗族	魯周公世家第三	文王子，助伐紂，平管蔡
		宗族	燕召公世家第四	同姬姓，助伐紂
		宗族	管蔡世家第五	文王子，伐紂後受封
		勳功	陳杞世家第六	陳，帝舜後；杞，夏禹後
	成王封	宗族	衛康叔世家第七	文王子，管蔡亂後受封
		勳功	宋微子世家第八	殷商後，管蔡亂後受封
		宗族	晉世家第九	文王子，成王戲言受封
		勳功	楚世家第十	帝顓頊後
	春秋	勳功	越王句踐世家第十一	夏禹後，魯定公時自立
		宗族	鄭世家第十二	厲王子，罷共和後受封
	戰國	勳功	趙世家第十三	祖同秦國，事晉受封
		宗族	魏世家第十四	祖同姬姓，事晉受封
		宗族	韓世家第十五	祖同姬姓，事晉受封
		勳功	田敬仲完世家第十六	帝顓頊後，陳厲公子
			孔子世家第十七	
漢	漢興	勳功	陳涉世家第十八	
		宗族	外戚世家第十九	
		宗族	楚元王世家第二十	高祖弟
		宗族	荊燕世家第二十一	高祖從父兄
		宗族	齊悼惠王世家第二十二	高祖子
		勳功	蕭相國世家第二十三	
		勳功	曹相國世家第二十四	
		勳功	留侯世家第二十五	
		勳功	陳丞相世家第二十六	
		勳功	絳侯周勃世家第二十七	

時　序		類別	篇　名	備　註
漢	文景武	宗族	梁孝王世家第二十八	文帝子
		宗族	五宗世家第二十九	景帝諸子
		宗族	三王世家第三十	武帝諸子

　　據表，知三十世家按時序可分爲周、漢兩類。此處需說明的是〈陳涉世家〉的歸類，陳涉屬秦朝時人，按理應將時序劃分爲周、秦、漢三個時期，而以陳涉入秦。然〈自序〉曰：「秦失其政，而陳涉發跡，諸侯作難，風起雲蒸，卒亡秦族。」司馬遷以爲，漢朝得興立，當推始於陳涉首發難討秦，換言之，沒有陳涉即沒有劉氏立國。同樣的概念，還可參照〈秦楚之際月表序〉的論述：

　　　　秦既稱帝，患兵革不休，以有諸侯也，於是無尺土之封，墮壞名城，
　　　　銷鋒鏑，鉏豪桀，維萬世之安。然王跡之興，起於閭巷，合從討伐，
　　　　軼於三代，鄉秦之禁，適足以資賢者爲驅除難耳。

司馬遷說始皇帝爲了避免六國再度作亂，廢封建、墮城池、銷兵器，卻避免不了地方豪傑的崛起，聲勢更勝於當年湯武伐桀紂，回顧當初秦朝的禁令，反倒像是爲了後世賢者消除障礙。秦朝、陳楚、項羽勢力的陵替轉移，都是爲了漢興立國作鋪墊，司馬遷認爲劉氏崛起稱帝是在天命意志的介入下，逐步安排調度的過程，如同〈秦楚之際月表序〉所言：「故憤發其所爲天下雄，安在無土不王。豈非天哉，豈非天哉！非大聖孰能當此受命而帝者乎？」〈秦本紀〉、〈項羽本紀〉、〈陳涉世家〉等篇，看似與《史記》體例扞格不入，實則是在此概念前提下，還其適切地位的調度安排，同出司馬遷的構思，不能以變例視之。再者，〈陳涉世家〉載曰：「高祖時，爲陳涉置守冢三十家碭，至今血食」，世代血食，如同將陳涉比之於諸侯，司馬遷置陳涉於世家不過反映高祖初衷。是以，將陳涉併入漢朝，以勳功得世家所封視之，實無不可。

　　〈陳涉世家〉歸類之疑既釋，繼述周代世家之分類。周代又可細分爲四個時段，分別是受封於武王時、受封於成王時、春秋時新興諸侯、戰國時新興諸侯，前兩者屬西周、後兩者屬東周，〈孔子世家〉則爲總結周代的壓卷之作。

　　兩周世家之始篇，爲〈吳太伯世家〉，乃因修文服遠、推廣王跡而受封。〈自序〉曰：「太伯避歷，江蠻是適；文武攸興，古公王跡。……嘉伯之讓，

作〈吳太伯世家〉第一。」又〈吳太伯世家〉曰：「季歷賢，而有聖子昌，
太王欲立季歷以及昌，於是太伯、仲雍二人乃犇荊蠻，文身斷髮，示不可用，
以避季歷。……太伯之犇荊蠻，自號句吳。荊蠻義之，從而歸之千餘家，立
爲吳太伯。」司馬遷認爲多虧了當年吳太伯讓位，避居荊蠻，才有文武王之
興；而吳太伯避居荊蠻，以義教之，也算是將古公亶父「篤於行義」的遺道，
推廣於此。東周時代起始之篇〈越王句踐世家〉亦是。春秋時所立諸侯僅兩
家，一則越國，一則鄭國，按理鄭國爲周宗室，應列於越國蠻夷之前，卻反
列其後，何故？因越國尊周，而鄭國逃周，並以越國昭烈禹德，又繼吳國守
護周朝東南故，而拔擢其位也。〈自序〉曰：

> 少康之子，實賓南海，文身斷髮，黿鼉與處，既守封禺，奉禹之祀。
> 句踐困彼，乃用種、蠡。嘉句踐夷蠻能脩其德，滅彊吳以尊周室，
> 作〈越王句踐世家〉第十一。

〈越王句踐世家〉贊曰：

> 禹之功大矣，漸九川，定九州，至于今諸夏艾安。及苗裔句踐，苦
> 身焦思，終滅彊吳，北觀兵中國，以尊周室，號稱霸王。句踐可不
> 謂賢哉！蓋有禹之遺烈焉。范蠡三遷皆有榮名，名垂後世。臣主若
> 此，欲毋顯得乎！

司馬遷極力讚揚句踐身爲夏禹帝裔之後，雖滅吳、擁重兵，卻止於觀兵中原、
擁周室，是諸侯氣度、人臣倫理，兼得兩端；末句「臣主若此，欲毋顯得乎」，
見史公之微意，亦是有感之辭。〈匈奴列傳贊〉曰：

> 孔氏著《春秋》，隱桓之閒則章，至定哀之際則微，爲其切當世之文
> 而罔褒，忌諱之辭也。世俗之言匈奴者，患其徼一時之權，而務諂
> 納其說，以便偏指，不參彼己；將率席中國廣大，氣奮，人主因以
> 決策，是以建功不深。堯雖賢，興事業不成，得禹而九州寧。且欲
> 興聖統，唯在擇任將相哉！唯在擇任將相哉！

語中「得禹而九州寧」，與〈越王句踐世家〉贊中「禹之遺烈」相呼應。當是
時，漢武帝多番對匈奴用兵，卻「建功不深」，因臣子皆揣摩上意而進媚言故
也。史遷引「孔子著《春秋》」以發題，又云人主「欲興聖統，唯在擇任將相」，
喻隱微之旨已在其中。

越國尊周而鄭國逃周，二國次序調換之原因就更加明顯了。據〈鄭世家〉，
桓公爲周厲王之子周宣王庶弟，罷共和後，宣王即位二十二年，初封於鄭，「百

姓皆便愛之」；周幽王時命爲司徒，「和集周民，周民皆說，河雒之閒，人便
思之」；隔年幽王愛褒姒，諸侯離心，風雨欲來，和集周民的鄭桓公不是先問
如何挽救周室於危難中，而是先問太史伯曰：「王室多故，予安逃死乎」？

太史伯之回答，《國語‧鄭語》述之甚詳，其先歷數成周四方諸國形勢，
又謂曰：「非王之支子母弟甥舅也，則皆蠻荆戎狄之人也。非親則頑，不可
入也。」〔註95〕而司馬遷盡棄之，獨取太史伯結論於〈鄭世家〉文中，述曰：
「獨雒之東土，河濟之南可居。」後桓公追問原因，太史伯以「虢、鄶之君
貪而好利，百姓不附，今公爲司徒，民皆愛公，公誠請居之，虢、鄶之君見
公方用事，輕分公地。公誠居之，虢、鄶之民皆公之民也。」此史遷「約其
辭文，去其煩重」之旨也。然據《國語》，鄭桓公慣於虛僞的形象更一覽無遺，
太史伯曰：

> 是其子男之國，虢、鄶爲大，虢叔恃勢，鄶仲恃險，是皆有驕侈怠
> 慢之心，而加之以貪冒。君若以周難之故，寄帑與賄焉，不敢不許。
> 周亂而弊，是驕而貪，必將背君，君若以成周之眾奉辭伐罪，無不
> 克矣。若克二邑，鄔、蔽、補、丹、依、疇、歷、華，君之土也。
> 若前顊後河，右洛左濟，主芣、騩而食溱、洧，脩典刑以守之，是
> 可以少固。〔註96〕

太史伯認爲「河濟之南」以虢鄶兩國爲大，國君皆恃險恃勢而驕，加上個性
貪婪怠惰，桓公若以周室動盪爲理由，要求將家眷財產移寄虢、鄶之土，二
君忌憚桓公聲名，加上貪財性格，必定允許；待到西王都發生亂事，虢鄶二
君必趁亂翻臉，私吞暫寄之財貨，桓公再以司徒身份藉王命興兵討之，虢、
鄶必下，虢、鄶既下，其餘小國亦如囊中之物，而此地天險、田土之利亦可
皆爲鄭國所用。參照《左傳‧隱公元年》傳曰：「鄭共叔之亂，公孫滑出奔
衛。衛人爲之伐鄭，取廩延。鄭人以王師、虢師伐衛南鄙」，假公濟私，如出
一轍，故〈自序〉序〈鄭世家〉曰：「桓公之東，太史是庸；及侵周禾，王
人是議。」桓公之所以能於東土延續國祚，全要歸功於太史伯的出謀劃策、
塗脂抹粉，故等到鄭莊公入侵成周盜割禾麥，才開始遭到王畿國人的厭惡非
議。以此對照鄭、越二國，一逃周、一尊周，越國以春秋晚期崛起之霸升列
鄭國之前，實春秋筆法也。

〔註95〕題〔周〕左丘明 著；〔清〕徐元誥 集解：《國語集解》，頁 462。
〔註96〕題〔周〕左丘明 著；〔清〕徐元誥 集解：《國語集解》，頁 463～464。

　　前述言「世家」之次序大抵按時序、宗族、勳功排列，漢代世家扣除陳涉實爲秦時諸侯外，其序列確實按此規律安排，而周代世家顯然有違此律，如春秋鄭、越兩家即是。

　　繼論武王、成王與戰國時因勳功受封者得列於宗族者之故。齊太公呂尙雖封於武王伐紂後，然其實爲文王朝臣，如〈齊太公世家〉述曰：

> 周西伯昌之脫羑里歸，與呂尙陰謀修德以傾商政，其事多兵權與奇計，故後世之言兵及周之陰權皆宗太公爲本謀。周西伯政平，及斷虞芮之訟，而詩人稱西伯受命曰文王。伐崇、密須、犬夷，大作豐邑。天下三分，其二歸周者，太公之謀計居多。

文王歿後，齊太公更主導伐紂大計，於八百諸侯會師盟津之約定出發前，以「師尙父」之身份，「左杖黃鉞，右把白旄」（〈齊太公世家〉）發表誓師之辭，其總管軍事之領袖身份，可以見得。〔註97〕斬紂於鹿臺後，「明日，武王立于社，羣公奉明水，衛康叔封布采席，師尙父牽牲，史佚策祝，以告神討紂之罪。散鹿臺之錢，發鉅橋之粟，以振貧民。封比干墓，釋箕子囚。遷九鼎，脩周政，與天下更始。師尙父謀居多。」是知齊太公以功臣位列吳太伯後，無論就橫跨文武兩朝時間言、就「師尙父」地位言、就伐紂興周歷史評價言，齊太公代表肱股輔弼人臣之極也。

〔註97〕〈齊太公世家〉關於「師尙父」之記載與解釋有三。裴駰《集解》引劉向《別錄》釋曰：「師之、尙之、父之，故曰師尙父。父亦男子之美號也」，裴駰是將「師尙父」理解爲武王對呂尙既尊以爲師，亦崇尙效法，甚至敬重如父，三種情感態度的描述。司馬貞《索隱》引譙周注曰：「姓姜，名牙。炎帝之裔，伯夷之後，掌四岳有功，封之於呂，子孫從其封姓，尙其後也。」別案云：「後文王得之渭濱，云：『吾先君太公望子久矣』，故號太公望。蓋牙是字，尙是其名，後武王號爲師尙父也。」司馬貞此注傾向單純的記載描述，並無針對「師尙父」進行更具體的解釋。瀧川資言《考證》則全引崔述《豐鎬考信錄・齊太公・太公名號》條之考據，語曰：「《孟子》、《春秋傳》皆稱爲太公，果如《史記》之說，則太公即王季，豈可去望而以太公稱之，蓋望其名，尙父其字，呂其氏也，姜其姓也，師其官也，公其爵也，太公，齊人之追稱之也。是時諸侯尙未有諡，太公爲齊始封君，故號之曰太公，猶亶父之號爲太王也。師尙父者，連官與字而稱之者也，猶所謂保奭史佚也。太公望者，連號與名而稱之者也，猶所謂周公旦、召公奭也。呂尙者，連氏與字而稱之，而省文者也，猶子游之稱言游；子華之稱公西華也。牙之名，尙父之官，皆不見於經傳，蓋由不知望之即名，尙父之即字，而妄爲之說者也。」案司馬遷於〈齊太公世家〉之行文敘述，似乎將「師尙父」理解爲官銜稱呼，較爲妥當，故從《考證》說。〔日〕瀧川資言：《史記會注考證》，卷32，頁2～3，總頁535。

　　成王時〈晉世家〉以宗族身份列〈宋微子世家〉後，〔註98〕亦不符先宗族、後勳功之規律，然見晉祖叔虞受封之原因或可窺知一二，〈晉世家〉述曰：

> 成王與叔虞戲，削桐葉爲珪以與叔虞，曰：「以此封若。」史佚因請擇日立叔虞。成王曰：「吾與之戲耳。」史佚曰：「天子無戲言。言則史書之，禮成之，樂歌之。」於是遂封叔虞於唐。

叔虞因天子戲言而受封於唐，《史記》中其事蹟亦僅止於此。〔註99〕再觀兩周時所列世家，未冠名者有八篇，趙、魏、韓實爲晉國所封與周室無涉；陳杞屬小國，因皆屬五帝苗裔得列位世家；其他如管蔡叛周、楚王蔑周、鄭桓逃周，皆有愧對身爲肱骨輔弼人臣之行，故不舉其名，標其無功，晉室或同此理。楚世家僭位稱王，又問鼎周室，行跡更劣於晉室，故安排於〈晉世家〉後也。

　　戰國三晉瓜分宗主而得國，實與周室無涉；列趙國於首，一因史料充足故，〔註100〕二因趙國與秦同祖，而戰國實爲秦周陵替之世，即上述言〈六國年表〉主題爲「周秦交替六國歸統」事也。觀本紀列〈秦本紀〉實有尊秦爲戰國實質政令所出中心的意味，與表、世家，皆有凸出秦國地位之意旨相同。又〈自序〉言「嘉鞅討周亂，作趙世家第十三」、「嘉威、宣能撥濁世而獨宗周，作田敬仲完世家第十六」，彰顯戰國時秦彊周弱之事實。

〔註98〕據陳槃考證，晉叔應封於武王之世才是。然筆者此處目的在推敲司馬遷排列世家次序的用意，故仍循史遷說法，視唐叔爲成王時受封，進以推敲史遷之意旨。至於陳槃之考證，參氏著：《春秋大事表列國爵姓及存滅表譔異》，第1冊，頁36～38，總頁71～75。

〔註99〕此事亦見於《呂氏春秋‧重言》，述曰：「成王與唐叔虞燕居，援梧葉以爲珪，而授唐叔虞曰：『余以此封女。』叔虞喜，以告周公。周公以請曰：『天子其封虞邪？』成王曰：『余一人與虞戲也。』周公對曰：『臣聞之，天子無戲言。天子言，則史書之，工誦之，士稱之。』於是遂封叔虞於晉。周公旦可謂善說矣，一稱而令成王益重言，明愛弟之義，有輔王室之固。」此或爲司馬遷列唐叔爲成王時受封之來源根據。參〔戰國〕呂不韋等 著；張雙棣、張萬彬等 譯注：《呂氏春秋譯注》，頁515。

〔註100〕日本學人藤田勝久認爲司馬遷乃是據「秦記」先作〈秦本紀〉，再據〈秦本紀〉中與各國互動之紀錄，作〈六國年表〉；再據〈六國年表〉，分撰六國〈世家〉；然〈趙世家〉於趙敬侯元年後，卻載錄了有別於〈秦本紀〉的記載內容，故推論除「秦記」外，司馬遷編寫〈趙世家〉時，另有趙國記事、紀年的資料來源。另外，顧頡剛對〈趙世家〉之內容，除秦國外，相對於五國〈世家〉亦較爲豐富，其推論當是太史公從趙人出身的馮唐、馮遂父子處口述訪談而來。故筆者言趙國「史料充足」，意在此也。參見〔日〕藤田勝久 著；〔日〕廣瀬薫雄、曹峰 譯：《史記戰國史料研究》，頁142。顧頡剛：〈司馬談作史〉（1963），收入施丁、廉敏 編：《史記研究（下）》，頁449。

〈外戚世家〉的設置，彰顯司馬遷別具歷史隻眼。此篇算是「世家」的類傳，意在凸出漢代皇帝周遭女子的重要性，無論她的身份是愛姬、皇后還是母親，皇帝既然身為國家最高權力中心，其人際交往自然成為牽動國事的關鍵，故〈外戚世家〉發端曰：「自古受命帝王及繼體守文之君，非獨內德茂也，蓋亦有外戚之助焉。」司馬貞《索隱》釋云：「按謂非獨君德於內茂盛，而亦有賢后妃外戚之親以助教化。」然徐孚遠評曰：「紀后妃而號曰外戚，非也。」〔註101〕殆受張守節《正義》之誤導所致。〈外戚世家〉列舉夏之塗山、桀之妹喜、殷之有娀、紂之妲己、周之姜原及大任、幽王之褒姒，見國家興亡皆與女子相關，述曰：

> 故《易》基〈乾〉、〈坤〉，《詩》始〈關雎〉，《書》美釐降，《春秋》譏不親迎。夫婦之際，人道之大倫也。禮之用，唯婚姻為兢兢。夫樂調而四時和，陰陽之變，萬物之統也。可不慎與？

可知史遷所謂之「外戚」，即指帝王后妃，而非兼及后妃外戚之親，張徐二氏以後來衍生義解本義，非是；「外戚」一詞為司馬遷時習慣之社會性用法，阮芝生先生已有疏解。〔註102〕

又阮芝生先生言：「此篇雖與『書』體和類傳相近，但若置諸八書之中則不稱，置諸列傳中又不倫（全記后妃王侯，列傳中無此例），因此還是列於世家為當。」為后妃王侯立傳前所未見，惟司馬遷開首例，阮先生從義例角度考量，推敲司馬遷之忖度，誠是。〈自序〉言「運行無窮，輔拂股肱之臣配焉」，「忠信行道，以奉主上，作三十世家」，司馬遷對於「世」之認知，跳脫單就血緣羈絆進行理解的侷限，改從社會關係、形式制度方面詮釋「世」之涵義。妻子為社會關係不可或缺的角色，而皇后身份更關係到國家繼承人的誕生、培育直至主政輔佐等問題，動見觀瞻，為國家組織中必然存在的位置，故能宛若諸侯世家，世代輪替；據此，與其謂司馬遷因刪去法之考量而將〈外戚傳〉置於世家，倒不如謂〈外戚傳〉本來就屬史遷在思考「世家」此體，預設篇目的其中之一，要來得合乎司馬遷對「后妃」立傳的重視性。

〔註101〕徐孚遠原文曰：「紀后妃而號曰外戚，非也。後代史書，皇后自作紀，而外戚別作傳，乃為得之。」參〔明〕凌稚隆 輯校；〔明〕李光縉 增補；〔日〕有井範本 補標：《補標史記評林》第3冊，卷49，頁1～2，總頁1561～1562。
〔註102〕阮芝生：《司馬遷的史學方法與歷史思想》，頁160～161。

（五）論「列傳」

王拯曰：「列傳中有連傳體，如〈老韓〉及〈孟荀〉是也，有合傳體，如〈廉頗藺相如〉〈張耳陳餘〉是也，有附傳體，如虞卿之於平原君是也，有分傳體，如〈魯仲連鄒陽〉是也。當分別觀之。唯分傳乃各為起止，餘體皆不可強為割劃，至有標目如〈刺客〉〈遊俠〉等，更是一篇文字，無可分斷者。」〔註103〕分列傳為連傳、合傳、附傳、分傳四體。今人吳福助則分作：專傳、合傳、類傳、附傳，亦四體。專傳者，人各一篇，體例最簡；合傳者，數人合敘，以其行事名位相類，故互參並錄，相得益彰也；附傳者，事蹟較少而名行可崇者，則寄在他篇帶敘，以免煩蕪也；類傳者，別立名目，以類相從也。〔註104〕而專傳、合傳、類傳三種傳中皆有附傳。正傳與附傳，表示列傳人物的主次，並非附傳為可有可無的附屬物。有的附傳僅附其名，一般是載列子孫、戚友；重要附傳人物為事類相從。類傳以古今人物同傳，以類相從；合傳與類傳為同一類型，或對照或連類，故合傳人物往往打破時代界限，上溯下及。張大可已將七十列傳中正附人物大抵一一揀出，不另贅述。〔註105〕

然劉咸炘對於如王拯、吳福助等學人般，強將「列傳」逐行分類之舉，頗有微詞，論曰：

> 史法圓神，一事為一篇，而名之曰傳，初不計其中所載人之多少，亦不分孰主孰賓。傳乃緯體之稱，非某傳乃某人所據有，如墓志、行狀也。所謂連附合分，皆後人臆分耳。即末段論語，亦不應提行，安得劃魯仲連、鄒陽為兩篇哉？提行以明段落，固是善法，而後世因提行而視為某人傳，某為前序，某為後論，則大謬也。敘、議相雜，書、表同倫，本皆一篇，本無序論之名，強名表首語為序，猶之可也，以表之名本指旁行之文也，泥視後論則大不可。史之太史公本仿《左氏》之「君子曰」，在前在後在中，初無定規，與班書之贊不同，若泥視之，則無怪疑〈伯夷傳〉為序，謂〈孟荀傳〉後無論矣。〔註106〕

〔註103〕轉引自劉咸炘 著、黃曙輝 編校：《劉咸炘學術論集：史學編（上）》，頁21
〔註104〕吳福助：《史記題解》，頁83～84。
〔註105〕張大可：《史記研究‧史記體制義例》，頁229～230。
〔註106〕劉咸炘 著、黃曙輝 編校：《劉咸炘學術論集：史學編（上）》，頁21。

劉咸炘認爲《史記》文本結構皆爲司馬遷所設，後世言項羽、陳涉、孔子、外戚等爲變例者，皆誤以《漢書》規範《史記》，從後書論前書，不可取也。〔註107〕劉說誠是，如前序、後贊、中論之說乃是因劉知幾假《漢書》「贊曰」體例而起，〔註108〕司馬遷行文隨述隨議，本無自設定法，後人因求閱覽指涉方便，自置凡例，然不明前因後果者，反泥凡例以規《史記》，無疑是本末倒置矣。

然劉說謂列傳爲「一事一篇」，又說載人本不分賓主，亦不專爲某人設傳，此說便有值得商榷處。司馬遷於〈自序〉中即言明：「扶義俶儻，不令己失時，立功名於天下，作七十〈列傳〉」，又申明父親司馬談遺志曰：「今漢興，海內一統，明主賢君忠臣死義之士，余爲太史而弗論載，廢天下之史文，余甚懼焉，汝其念哉！」甚或假《春秋》「采善貶惡」之旨曰：「且余嘗掌其官，廢明聖盛德不載，滅功臣世家賢大夫之業不述，墮先人所言，罪莫大焉。」不都證明了司馬遷述行事主要是爲了使這些扶義倜儻、立功名於天下的明主賢君、忠臣死義之士留名後世嗎？其敘事以顯人之意明矣，豈可說是爲事立篇而不爲人呢？又〈自序〉中七十列傳序目之評述，大抵皆圍繞列名篇題之傳主發議，如序〈魏公子列傳〉曰：「能以富貴下貧賤，賢能詘於不肖，唯信陵君爲能行之，作〈魏公子列傳〉第十七」，朱亥、侯嬴等市井隱士皆因魏公子之禮賢而得附名在內，豈能說篇中無賓主之分呢？故當如柳詒徵論史例所言：

> 然如後世史書，多有未嘗自言其例。而治史者就其全書尋繹，亦可以見其例意。如趙氏《陔餘叢考》所舉諸史之例，多非當時修史者所自言，故即以《春秋》爲史書，亦不妨由後之學者推尋其例也。
> 〔註109〕

如柳氏之說，司馬遷雖未明定論贊史評之例，基於研究、稱呼的方便，以此爲分，自亦無妨；據以將列傳按編寫性質之差異，劃分爲四類亦然。但若將歸納後的結果反過頭來質疑文本的體例，謂此爲變例，彼不合體例等，則不可，蓋情況不同。劉氏便是混淆此兩種情況，而回護太過。

司馬遷立傳之標準，籠統來說即前引〈自序〉所言之「扶義俶儻，不令己失時，立功名於天下，作七十列傳」云云，但若深入其細節，仍有諸多可

〔註107〕劉咸炘 著、黃曙輝 編校：《劉咸炘學術論集：史學編（上）》，頁21。
〔註108〕張大可：《史記研究・史記體制義例》，頁234。
〔註109〕柳詒徵：《國史要義・史例》，頁170。

論者。如〈魯仲連鄒陽列傳〉贊曰：「鄒陽辭雖不遜，然其比物連類，有足悲者，亦可謂抗直不撓矣，吾是以附之列傳焉。」鄒陽以〈獄中上梁孝王書〉獲史遷青睞而附之傳中，觀其於鄒陽本事之敘述不過寥寥數語，則其特載此〈書〉，有深意存焉。同樣以文章立傳的，還有司馬相如，如〈司馬相如列傳〉贊曰：

> 《春秋》推見至隱，《易》本隱之以顯，〈大雅〉言王公大人而德逮黎庶，〈小雅〉譏小己之得失，其流及上。所以言雖外殊，其合德一也。相如雖多虛辭濫說，然其要歸引之節儉，此與《詩》之風諫何異。

昔太史董狐書「趙盾弒其君夷皋」，事在《左傳・魯宣公二年》，立下「誅心之論」的書法義例，究其內涵，即柯林武德（Robin George Collingwood）論觀察歷史有事件外部與內部之分，史學家不應為外部的表象結果所迷惑，應當深入內部的本質，探索人、事之間的思想流向。質言之，即發掘動機方能得出公允的評價。司馬遷看待司馬相如亦然，他認為司馬相如的文章多流於浮誇綺想，但其動機本在勸諫，此與六藝委婉曲折的諷喻之旨相同，至其能否達到預期的目的是另一回事，但卻不能抹滅了司馬相如的用心，此史遷之意。吳福助論曰：

> 蓋文章乃經國之大業，不朽之盛事，自當與事功並重而傳也。史公於文士作品，登采極嚴，獨於相如取其三賦四文，其生平壯篇略具，數量之多，為全書之冠。此傳固為後世文苑傳之權輿，以視范史而下，標文苑而止敘文人行略者，為遠勝也。〔註110〕

故司馬遷此〈傳〉，除了彰顯司馬相如以文章得不朽之地位外，亦有反映其不同意武帝對外政策的意含所在，下文「裁文章以托指歸」另有論析。

上文論及世家之功能時，提及司馬遷在撰述文章時，常切換「人」、「事」兩種不一樣的視角，世家多以人為主，書體多以事為主，至於列傳則混用兩者。如述漢朝方國，有〈匈奴傳〉、〈南越傳〉、〈朝鮮傳〉等；述社會階層，有〈日者〉、〈龜策〉、〈貨殖〉；述君子小人，有〈酷吏〉、〈佞幸〉、〈游俠〉。總言之，以事類題名者凡十五篇，占列傳五分之一，自〈魏其武安侯列傳〉以後皆屬武帝朝，更高達三分之二，故韓兆琦曰：

〔註110〕吳福助：《史記解題》，頁140。

比較一下〈高祖功臣侯者年表〉、〈漢興以來將相名臣年表〉，我們會發現有許多位列「三公」的丞相、太尉、御史大夫，和許多因軍功而裂土分茅的將軍們，司馬遷就沒有給他們立傳，甚至有相當一批人在「本紀」、「世家」、「列傳」中就根本沒有出現過名字；然而，司馬遷卻為許多商人、游俠、醫生、日者、贅婿等下層人物立了傳。不僅如此，《史記》中還有相當一批傳記其所標名的傳主雖然不是下層人，如〈孟嘗君列傳〉主要是寫了馮諼與雞鳴狗盜，〈平原君列傳〉主要是寫了毛遂、李同，〈魏公子列傳〉主要是寫了侯嬴、朱亥等，在這些地方突出地表現了司馬遷的民主性思想。〔註111〕

倘若本紀與表是《史記》的骨幹，世家與書便是緣附其上的神經筋絡，列傳則是視乎軀幹各部份的需要，填空其間的血肉。司馬遷是將歷史視作一個客體，加以探討研究，故五體的設計是為了因應歷史本身複雜而多樣的面貌而設，絕非如部分學人所認為的「是以帝王將相為中心的歷史，形象地照映了封建政體的等級秩序，適應了封建統治者的思想體制，這就是紀傳史之被封建王朝頒令為正史的內在原因。也就是說，司馬遷創作紀傳史，正是為了鞏固封建大一統政權服務的。」〔註112〕「為帝王服務」與「為執政主事者服務」是兩個概念，一家一姓之帝王是執政者的一種，卻不等於執政者就必然是帝王。《史記》圍繞著政治史進行論述，是著眼於天下公共之利益，而非帝王貴冑之利益，此當辨明之，方不誣史遷之動機。

趙翼曰：

《史記》列傳次序，蓋成一篇即編入一篇，不待撰成全書後，重為排比。故〈李廣傳〉後忽列〈匈奴傳〉，下又列〈衛青霍去病傳〉。朝臣與外夷相次，已屬不倫，然此猶曰諸臣事皆與匈奴相涉也。〈公孫弘傳〉後忽列〈南越〉、〈東越〉、〈朝鮮〉、〈西南夷〉等傳，下又列〈司馬相如傳〉，相如之下又列〈淮南衡山王傳〉。〈循吏〉後忽列〈汲黯鄭當時傳〉、〈儒林〉、〈酷吏〉，後忽入〈大宛傳〉，其次第皆無意義，可知其隨得隨編也。〔註113〕

〔註111〕 韓兆琦：《史記題評》，頁222。
〔註112〕 張大可：《史記研究·史記體制義例》，頁219。
〔註113〕 〔清〕趙翼 著；王樹民 校證：《廿二史劄記校證》，頁6～7。

此是未諳篇章內容之間的關聯性，單就篇題論事，方得「隨得隨邊」之結語也。再者，就編輯材料之慣性而論，欲探究一主題，必蒐羅與主題相關之材料，按照主題內容的賓主時序，一一撰述，縱使司馬遷真如趙翼所言「隨得隨邊」，比鄰篇章按理而言，亦應有未明言的內在關係存在，豈可謂「其次第皆無意義」呢？茲據張大可之分組，略加更動，列表如下：〔註114〕

序次	篇　名	篇　次	備　註
一	伯夷列傳	第一	傳五帝人物兼傳論
二	管晏至仲尼弟子	第二至七	傳春秋時代人物兼學術源流
三	商君至白起王翦	第八至十三	傳戰國時代秦國相關人物
四	孟子荀卿至春申君	第十四至十八	傳戰國時代六國相關人物
五	范蔡至屈賈	第十九至二四	傳偶合有遇與壯志不伸者
六	呂不韋至蒙恬	第二五至二八	傳輔佐秦國興起者
七	張耳陳餘至田儋	第二九至三四	傳楚漢相爭時人物
八	樊酈滕灌至季布欒布	第三五至四十	傳輔佐漢朝興起者
九	袁盎晁錯至魏其武安	第四一至四七	傳七國之亂與文景武朝權臣
十	韓長孺至衛將軍驃騎	第四八至五一	傳漢武帝朝參與匈奴事務者
十一	平津主父至淮南衡山	第五二至五八	傳漢武帝朝內臣與邊藩事務
十二	循吏至酷吏	第五九至六二	傳漢武帝朝外儒內法之荒謬
十三	大宛至貨殖	第六三至六九	傳各種專題類傳
十四	太史公自序	第七十	傳司馬父子兼全書要旨總序

　　張大可原分七十列傳為十四組，本文亦分列十四組，於內容則有改動，大抵有二。第一，張大可原將商君至田單劃作一組為第三，魯騶至屈賈為第四。〔註115〕筆者認為商君至田單之分太過籠統，可再拆分為三，按時代與地域論，商君至白起除蘇秦外，明顯皆為秦人傳，而孟子至春申君則為六國人傳，戰國四公子為齊、魏、趙、楚四國左右政局之權臣，與張儀、樗里子、穰侯等人於秦國之影響同儕。蘇秦本欲入秦，因商君故而弗用，遂周遊六國，實與張儀相秦互為表裏，牟取天下利也。又商君思想崇尚軍國主義，影響秦

〔註114〕張大可：《史記研究‧史記體制義例》，頁231～233。
〔註115〕張大可：《史記研究‧史記體制義例》，頁232。

國甚鉅，甚至可以說秦始皇之所以能統一天下，即以商鞅變法為轉折；而〈孟荀傳〉兼述稷下諸子學說，亦表六國學術風氣，又〈傳〉之發端言曰：「利，誠亂之始也。」以此觀照孟嘗、春申、平原等皆因利招來禍難，如孟嘗有唾面辱士之怒，平原「貪馮亭邪說，使趙陷長平兵四十萬餘眾，邯鄲幾亡」，春申覬覦楚國王位，聽信李園讒言，以臨幸有身之李園女弟進獻楚考烈王，打算偷天換日，最後竟遭李園算計刺殺，唯信陵君「能以富貴下貧賤，賢能詘於不肖」，獨獲司馬遷以公子稱之。據此，則史遷以〈孟子傳〉為四君子序傳之意明矣。而司馬遷先敘學術後言政治的安排，反映其認為道統凌駕於政統之上的內在認知，故〈孔子世家〉贊曰：「孔子布衣，傳十餘世，學者宗之。自天子王侯，中國言《六藝》者折中於夫子」，又〈自序〉序目云：「周室既衰，諸侯恣行。仲尼悼禮廢樂崩，追脩經術，以達王道，匡亂世反之於正，見其文辭，為天下制儀法，垂《六藝》之統紀於後世。」學術風氣會影響政治風氣，政治風氣又會影響社會風氣，豈可不慎歟！

　　再論〈范蔡傳〉至〈田單傳〉的劃分。張大可原將此四傳劃入戰國時代人物傳當中，但觀〈范睢蔡澤列傳〉贊曰：

> 范睢、蔡澤世所謂一切辯士，然游說諸侯至白首無所遇者，非計策之拙，所為說力少也。及二人羈旅入秦，繼踵取卿相，垂功於天下者，固彊弱之勢異也。然士亦有偶合，賢者多如此二子，不得盡意，豈可勝道哉！然二子不困戹，惡能激乎？

司馬遷論及范睢、蔡澤二人若非在秦國有偶合之遇，縱使白首老死在六國也得不到任何機會，不是他們智慧與才幹不足，實在是機運的問題；又謂兩人如果沒有在諸侯之間受盡困戹，就不能激發他們的意志，後來獲職於秦國恐怕也不會如此認真。司馬遷藉以自勵自惜之意，明矣。又〈屈原賈生列傳〉贊曰：

> 余讀〈離騷〉、〈天問〉、〈招魂〉、〈哀郢〉，〈悲其志〉。適長沙，觀屈原所自沈淵，未嘗不垂涕，想見其為人。及見賈生弔之，又怪屈原以彼其材，游諸侯，何國不容，而自令若是。

司馬遷憐惜屈原的才幹，認為他倘若離開楚國，到別處任職，必然有所作為，但他卻選擇了自殺一途，對照司馬遷「所以隱忍苟活，函糞土之中而不辭者，恨私心有所不盡，鄙沒世而文采不表於後也」（《漢書·司馬遷傳》）的選擇，在對照范睢、蔡澤不放棄機會，直至機會到來的堅持，此兩篇列傳在司馬遷

的處理過程中，顯而易見應同屬一類。至於樂毅、藺相如、趙奢父子、廉頗、李牧、田單、魯仲連等人或有壯志難申者，或有因機緣得儕上位者，參見各傳贊末論述，則可知司馬遷視諸篇爲同一類之寄寓所在。

　　第二，張大可原將袁盎、晁錯至扁鵲、倉公劃歸一組爲第八，吳王濞至韓長孺爲第九，李將軍至衛將軍驃騎爲第十。蓋以袁盎晁錯等五傳爲敘文、景時代忠勤於王室的人物；吳王濞等三傳爲敘景、武之際統治集團的內部矛盾；李將軍等三傳爲敘伐匈奴的專題人物。〔註116〕然觀〈吳王濞列傳〉贊曰：

> 吳王之王，由父省也。能薄賦斂，使其眾，以擅山海利。逆亂之萌，自其子興。爭技發難，卒亡其本；親越謀宗，竟以夷隕。晁錯爲國遠慮，禍反近身。袁盎權說，初寵後辱。故古者諸侯地不過百里，山海不以封。「毋親夷狄，以疏其屬」，蓋謂吳邪？「毋爲權首，反受其咎」，豈盎、錯邪？

司馬遷將吳王濞、晁錯、袁盎三人之遭遇相提並論，可知司馬遷作傳或整理資料時，是將此三人傳放在一起考量的。又如〈自序〉序〈魏其武安侯列傳〉曰：「吳楚爲亂，宗屬唯嬰賢而喜士，士鄉之，率師抗山東滎陽。」而本傳贊云：

> 魏其、武安皆以外戚重，灌夫用一時決筴而名顯。魏其之舉以吳楚，武安之貴在日月之際。然魏其誠不知時變，灌夫無術而不遜，兩人相翼，乃成禍亂。武安負貴而好權，杯酒責望，陷彼兩賢。嗚呼哀哉！遷怒及人，命亦不延。眾庶不載，竟被惡言。嗚呼哀哉！禍所從來矣！

魏其侯竇嬰、灌夫兩人皆因吳楚之亂立下大功而受榮寵，武安侯田蚡則因爲外戚母家的關係儕身上位，竇嬰與田蚡的政爭同時反映了時代交替，一朝天子一朝臣的榮辱興衰，其實袁盎晁錯傳的意旨亦同，如晁錯「爲國遠慮，禍反近身」，袁盎「初寵後辱」；而吳王濞因爲皇帝殺子的私怨加上朝廷削藩奪權的進逼，迫使吳王濞選擇了造反。當初劉濞的父親代王劉仲曾經因爲棄守封國，而被其弟劉邦削藩爲侯，但在因緣際會之下劉濞因薄有才名，又適逢吳、越之地民風剽悍，亟需藩王鎮守的緣故，再度爲高祖啓用。劉邦「漢後五十年東南有亂者」的顧慮確實成眞，但卻不是全然因爲吳王「若狀有反相」

〔註116〕張大可：《史記研究‧史記體制義例》，頁233。

的緣故。此實可與「范蔡至屈賈」之分組相參看，都在說明一種人生際遇的問題，縱使如〈扁鵲倉公列傳〉看似爲醫者專傳亦然，如傳末贊曰：

> 女無美惡，居宮見妒；士無賢不肖，入朝見疑。故扁鵲以其伎見殃，
> 倉公乃匿迹自隱而當刑。

若按時序來看，此傳應以太倉公爲主而扁鵲因職業相同而附之。太倉公淳于意在偶然的機緣下獲同郡老鄉陽慶傳承精妙的醫術，卻因爲遊行無蹤，又不答應替人治病而遭人告罪入獄，人生際遇的荒謬便在此。故而據司馬遷於各傳贊曰的敘述來看，將袁盎晁錯至魏其武安劃爲一組。

至於張大可言「韓長孺卷入魏其與武安兩侯的糾葛中」，〔註 117〕故劃歸與吳王濞、魏其武安侯傳一起，但若根據本傳來看，韓長孺的升遷榮辱實與兩侯政爭無關，佔據傳中篇幅最重要的兩事，一則是景帝時公孫詭、羊勝爲梁王刺殺朝臣案，以及武帝時屢次參與匈奴事務的討論，故應劃歸於與李廣、衛青、霍去病等人一起爲宜。

列傳七十篇爲《史記》全書之血肉，反映司馬遷跳脫帝制政體的階層眼光，著眼於歷史當以人爲本的識見，通過各種專題類傳與歷史大事寄託人事，並彰顯人身處於時代洪流當中的榮辱百態，供後世君子作爲資鑑的生存指南。

第二節　編寫篇章的義旨與要例

一、裁文章以托指歸

前文已述及「撰述」與「記注」的差異，及「紀傳體」和「章節體」的不同。但無論如何，同樣作爲承載作者意識的文本，它必然要訴諸於文字敘述以呈現。在此情形下，文章的結構便成爲可供作者使力或花費心思的地方。如「記注」旨在存眞，合乎時間序列的文章結構是最根本的要求，剩下只消將考實過後的史料依序塡入即可。「撰述」則不然，存眞是最基本的要求，作者所欲傳達的價值信念方是剪裁文章的執筆過程所要考慮的第一要務。本段將從司馬遷欲「成一家之言」的著述動機中，試圖推敲其貫徹價值信念於剪裁文本過程中的具體運用。

〔註 117〕張大可：《史記研究・史記體制義例》，頁 233。

　　「成一家之言」爲司馬遷自道其撰寫《史記》的最終目的，現行可考的司馬遷著作中，關於「成一家之言」的記述有二，其一爲〈太史公自序〉中曰：「序略，以拾遺補藝，成一家之言。」其二爲〈報任安書〉中云：「欲以究天人之際，通古今之變，成一家之言。」逯耀東先生釋曰：

> 因此司馬遷這兩個「成一家之言」，雖然追求的目標一致，但表現的意義卻大不相同，而且進行的程序也有先後的層次。前者經過「厥協六經異傳，整齊百家雜語」的過程，對孔子刪《詩》《書》、定禮樂的學術發展與演變，作一次系統性的整理。後者則是將經過整理系統化的材料，納入時間的框限之中，即所謂「網羅天下放失舊聞，考之行事，稽其成敗興壞之理」。二者綜合起來，就是司馬遷寫《史記》的意旨所在，也是司馬遷對中國學術與史學承先啓後、繼往開來的貢獻。〔註118〕

逯氏將二說內涵之異同，歸之於論述時間先後所造成定義變化，但無礙於結合兩者以推知司馬遷著《史記》的意旨所在，誠是。然而除了時間的差異外，或許二說本質上預設讀者的不同，也是關鍵所在。

　　〈報任安書〉爲司馬遷個人的私信，內容多是描述個人心境、情緒的轉折歷程，去除了必須公開於大眾之前的顧慮後，我們可以從中理解不假掩飾的司馬遷是如何看待被刑下蠶室之後的自己，以及支撐、說服自己不選擇以自殺的方式了結苦痛餘生的原因。一切便在於他相信自己一切的經歷，都有其意義存在，都是天意運行的產物，所以他說「欲以究天人之際，通古今之變，成一家之言」；若從現實生活的眼光深究此三句話的真正含意，司馬遷儼然是陷入一種全然主觀的、神秘主義式的精神想像。我們試想任安在接獲此封書信後，對司馬遷此語的理解：「我的好朋友告訴我，因爲他爲了要闡明上天降予人世的意旨，博通古今的變化，成就自己的一家之說，作爲之所以放棄挽救我性命的理由」，任安必定會覺得司馬遷之精神狀態明顯失常。類似的情形，亦發生在孔子，如《論語‧子罕》載曰：

> 子畏於匡，曰：「文王既沒，文不在茲乎？天之將喪斯文也，後死者
> 不得與於斯文也；天之未喪斯文也，匡人其如予何？」

又〈雍也〉云：

〔註118〕逯耀東：《抑鬱與超越──司馬遷與漢武帝時代》，頁45。

子見南子，子路不說。夫子矢之曰：「予所否者，天厭之！天厭之！」

孔子認為自己背負上天欲復興周文的大任，所以匡人無奈何；又說假若他會見南子是錯誤的，老天會厭棄他。我們無從考定孔子是否真能與上帝心意相通，如同我們無從考知司馬遷「究天人之際」到底看見了什麼？而此種神秘主義式的觀照用於史籍之上是否合適？誰都不能斷言。因為它必定是主觀且無關真理的，在不捏造史事或斷章取義為前提下，這是作者自我理解、思辨、說服等歷程的展現，但卻與「意識形態」為指導下所撰述而出的史著，有著極大之差別。

至於《史記》，司馬遷已明言其預設讀者群為「後世聖人君子」，他對自己未來的讀者是有基本的預期及想像。而《史記》作為一個公開的文本，必然無法如私信般純粹以主觀的口吻侃侃而談；據事說理，盡量以客觀的角度描述企欲表達的文本內容，才是合乎針對預設讀者所作的自我規範，這正是「成一家之言」在《史記》與〈報任安書〉中所具意義的原因所在。我們可以從兩方面呈現司馬遷在這方面的考量，一則是壺遂與司馬遷兩次的對答，一則是〈報任安書〉言「欲以究天人之際，通古今之變，成一家之言」三個主要的著述目的，都能在《史記》中分別找到對應的說明。

對比壺遂與司馬遷兩次對答，前者論孔子作《春秋》，言詞慷慨、語氣激昂，一經壺遂的質疑曰：

> 孔子之時，上無明君，下不得任用，故作《春秋》，垂空文以斷禮義，當一王之法。今夫子上遇明天子，下得守職，萬事既具，咸各序其宜，夫子所論，欲以何明？

司馬遷一時語塞，唯唯、否否，隨即語趨和緩，替《春秋》的意旨作平衡的解釋，並為自己辯駁道：

> 漢興以來，至明天子，獲符瑞，封禪，改正朔，易服色，受命於穆清，澤流罔極，海外殊俗，重譯款塞，請來獻見者，不可勝道。臣下百官力誦聖德，猶不能宣盡其意。且士賢能而不用，有國者之恥；主上明聖而德不布聞，有司之過也。且余嘗掌其官，廢明聖盛德不載，滅功臣世家賢大夫之業不述，墮先人所言，罪莫大焉。余所謂述故事，整齊其世傳，非所謂作也，而君比之於《春秋》，謬矣。

所謂「述故事、整齊其世傳」，其實便是承自孔子「述而不作」的治史原則，即全然以史料為依據進行論析敘事的撰述原則。司馬遷為避免《史記》受到

如壺遂般無法全然理解自己著書立說以自慰這份心境的人而設想，他選擇踵繼先聖，爲經典作注解的理由以掩飾、壓抑自己「能無怨乎」的不平情緒。需要特別說明的是，本文非謂《史記》中關乎六藝經典、孔子思想等方面的引用，全都是爲了回護司馬遷的憤懣而作，而是指出司馬遷在《史記》與〈報任安書〉中，因爲顧慮到讀者對象的不同而作出相應處置的內在思路。這是兩種不同的觀點，必須分明，否則《史記》將淪爲王允所言爲謗而作，不僅失去司馬遷本旨，亦曲解本文的詮釋。

而《史記》百三十篇正在此種既要依史料爲客觀論述依據，又想在適切的題材中表露自己不吐不快的主觀情緒的複雜思慮下，產生兩種與之因應的處置方式，一則是剪裁既有文本如《詩》、《書》，乃至於《國語》、《左傳》等，加以刪潤；一則是根據手中材料，在敘事與引文當中，凸顯自己所欲表達的主題意旨。

（一）拾遺補藝，整齊世傳

〈自序〉曰：「序略，以拾遺補藝，成一家之言；厥協《六經》異傳，整齊百家雜語。」司馬貞《索隱》注云：「《漢書》作『補闕』，此云『藝』，謂補六義之闕也。」又曰：「遷言以所撰取協於《六經》異傳諸家之說耳，謙不敢比經藝也。異傳者，如子夏《易傳》、毛公《詩》及韓嬰《外傳》、伏生《尚書大傳》之流者也。」張守節《正義》意思大抵相同，曰：「太史公撰《史記》，言其協于《六經》異文，整齊諸子百家雜說之語，謙不敢比經藝也。異傳，謂如丘明《春秋外傳國語》、子夏《易傳》、毛公《詩傳》、《韓詩外傳》、伏生《尚書大傳》之流也。」二家疏解史遷本意甚明。

雖然經學形式的發展得待到荀子時方能宣告完成，〔註119〕但王官資料經孔子初步的彙編整理後，成爲較爲可信的致知材料而爲各家學人所使用，如徐復觀先生統計《墨子》所引用經典材料凡四十餘條，引《詩》者約十一，引《尚書・商書》者九，《尚書・周書》者十七，〔註120〕同時對《詩》、《書》的界線不大明確，如《墨子・明鬼》篇曰：「子墨子曰，《周書・大雅》有之」，〔註121〕此或是未以體裁分類，則將同屬周代之史料皆

〔註119〕徐復觀：《中國經學史的基礎》，頁34～35、47。
〔註120〕徐復觀：《中國經學史的基礎》，頁38～39。
〔註121〕〔戰國〕墨子 著；吳毓江 校注：《墨子校注》，頁335。

劃爲一類之故。又如孟子引《詩》者約三十四次，〔註122〕引《書》或逕舉
《書》篇名約十六次。〔註123〕司馬遷欲「成一家之言」，將自己以子學視
之的內在意識十分明顯，但其與孟荀諸子的差異在於：他不是爲了佐證自
己的論述才引用經典，而是盡量將經典原文直接作爲他文章的內容，自己
只從事刪潤與剪裁排序的工作；換言之，與其說司馬遷欲藉史料說話，倒
不如說他想讓史料自己說話，此種傾向從司馬遷在處理周代共和前的材料
尤爲明顯。〔註124〕如〈五帝本紀〉大抵由〈帝繫姓〉、《尚書》之〈堯典〉、
〈舜典〉、〈皋陶謨〉爲主幹「厥協」而成，另外還摻用了《左傳》者六處、
《國語》者三處、《孟子》七處，《韓非子》及《呂氏春秋》各兩處，《墨子》、
《尸子》、《莊子》、《禮記・檀弓》及〈郊特性〉與《戰國策》各一處，以
及至今仍無法查考的資料。〔註125〕上述材料的徵引，適足以作爲司馬遷所
謂「拾遺補藝」的最佳註腳，而〈五帝本紀贊〉則完整地詮釋了「厥協六
經異傳，整齊百家雜語」的確切內涵，載曰：

> 學者多稱五帝，尚矣。然《尚書》獨載堯以來；而百家言黃帝，其
> 文不雅馴，薦紳先生難言之。孔子所傳〈宰予問五帝德〉及〈帝繫
> 姓〉，儒者或不傳。余嘗西至空桐，北過涿鹿，東漸於海，南浮江淮
> 矣，至長老皆各往往稱黃帝、堯、舜之處，風教固殊焉，總之不離
> 古文者近是。予觀《春秋》、《國語》，其發明〈五帝德〉、〈帝繫姓〉
> 章矣。顧弟弗深考，其所表見皆不虛。書缺有閒矣，其軼乃時時見
> 於他説。非好學深思，心知其意，固難爲淺見寡聞道也。余幷論次，
> 擇其言尤雅者，故著爲〈本紀〉書首。

〔註122〕 徐復觀：《中國經學史的基礎》，頁 28。

〔註123〕 徐復觀：《中國經學史的基礎》，頁 30。

〔註124〕 如梁任公言「《史記》著述之旨趣」曰：「司馬遷實當時春秋家大師董仲舒之
受業弟子，其作《史記》蓋竊比《春秋》，故其〈自序〉首引仲舒所述孔子之
言曰：『我欲載之空言，不如見之於行事之深切著明也。』……《春秋》旨
趣既如此，則竊比《春秋》之《史記》可知。故〈報任安書〉云：『欲以
究天人之際，通古今之變，成一家之言。』〈自序〉亦云：『略以拾遺補藝，
成一家之言，厥協六經異傳，整齊百家雜語。藏諸名山，副在京師，俟後世
聖人君子。』由此觀之，其著書最大目的，乃在發表司馬氏『一家之言』，與
荀卿著《荀子》，董生著《春秋繁露》，性質正同。不過其『一家之言』，乃借
史的形式以發表耳。」參梁啓超：《要籍解題及其讀法・史記》，收入《梁啓
超全集》第 16 卷，頁 4628。

〔註125〕 徐復觀：《兩漢思想史：卷三》，頁 341。

司馬遷以《尚書》、〈帝繫姓〉、〈五帝德〉和各地長老口述傳言為主，確立堯
舜等人的事蹟有立傳書寫的價值，隨即參考《國語》、《春秋》等私人著述得
能與《尚書》經籍相發明處，論次排序、刪潤擇雅而成。

又如〈三代世表序〉曰：

> 五帝、三代之記，尚矣。自殷以前諸侯不可得而譜，周以來乃頗可
> 著。孔子因史文次《春秋》，紀元年，正時日月，蓋其詳哉。至於序
> 《尚書》則略，無年月；或頗有，然多闕，不可錄。故疑則傳疑，
> 蓋其慎也。余讀諜記，黃帝以來皆有年數。稽其曆譜諜終始五德之
> 傳，古文咸不同，乖異。夫子之弗論次其年月，豈虛哉！於是以〈五
> 帝繫諜〉、《尚書》集世紀黃帝以來訖共和為世表。

又〈自序〉序目曰：「維三代尚矣，年紀不可考，蓋取之譜牒舊聞，本于茲，
於是略推，作〈三代世表〉第一。」司馬遷綜合《尚書》與〈五帝德〉、〈帝
繫姓〉所載，案孔子「因史文次《春秋》，紀元年，正時日月」之旨，作〈三
代世表〉，踵繼前賢述而不作之意也。又〈殷本紀〉言：「余以〈頌〉次契之
事，自成湯以來，采於《書》《詩》。」〈六國年表序〉云：「余於是因秦記，
踵《春秋》之後，起周元王，表六國時事，訖二世，凡二百七十年，著諸所
聞興壞之端。」都表明了自己完全是依據經典、傳記中的資料治篇纂文，即
〈太史公自序〉言：「余所謂述故事，整齊其世傳，非所謂作也」之意也。

（二）采文附傳，敘事見指

司馬遷通過「厥協六經異傳，整齊百家雜語」的資料剪裁，達成「拾遺
補藝，成一家言」的著述目的，並藉由追倣孔子「述而不作」的義法，以提
昇《史記》文本中的客觀性。然而誠如本小節開頭所言，《史記》不單單是為
了呈現司馬遷論考行事的歷史研究成果，其中還寄寓著司馬遷從前人同樣苦
難的事蹟中獲得藉以自慰的共鳴。但他為了不因個人主觀的好惡情緒而破壞
了文本中的客觀性，他採用了揀選傳主特定的文章，徵引於傳中，以表達自
己寄寓之情，一方面既不影響文本內容的可信度，一方面又能抒發自我不吐
不快的感觸。其中以〈屈原賈生列傳〉最為明顯。

司馬遷嘗自言通讀屈原〈離騷〉、〈天問〉、〈招魂〉等篇，但他沒有在傳
中羅列屈原這些成名作，而是單舉了屈原自沉前的絕命賦〈懷沙〉一篇；而
賈誼為稍早於司馬遷時的政論名家，但傳中絲毫未提及他評議朝政的政論文
章，而是列舉了文學性較高的〈弔屈原賦〉與〈鵩鳥賦〉。或是礙於篇幅的限

制，司馬遷選擇用自己的賞析方式代替〈離騷〉的引文，但更重要的是，司馬遷欲藉由〈懷沙〉、〈弔屈原賦〉、〈鵬鳥賦〉同樣凸出遭讒受貶、壯志未伸的心境，〈懷沙〉是屈原的自弔，〈弔屈原〉是賈誼假屈原以自憐，〈鵬鳥賦〉是賈誼的自弔，而〈屈原賈生列傳〉則是司馬遷假屈原、賈誼以自憐，同是天涯淪落人的共慨，則在文章的接力展示中，鋪墊渲染而出，故司馬遷於〈自序〉序目言：「作辭以諷諫，連類以爭義，〈離騷〉有之。」此亦是史遷自道著《史記》之情也，故魯迅評《史記》曰：「史家之絕唱，無韻之離騷」，〔註126〕即由此故也。又如〈老莊申韓列傳〉，述韓非思想，單舉出〈說難〉一篇，亦是因口舌失言遭禍有所感慨而論也。

再如〈周本紀〉詳引《國語》中〈穆王將征犬戎〉、〈厲王虐，國人謗王〉、〈厲王說榮夷公〉事，不都切合了漢武帝朝時事，如征大宛僅得「善馬數十匹。中馬以下牡牝三千餘匹」（〈大宛列傳〉）而歸，與周穆王征犬戎得四狼四鹿無功而返相似；命楊可告緡，「於是商賈中家以上，大率破，民偷甘食好衣，不事畜藏之產業，而縣官有鹽鐵緡錢之故，用益饒矣。」（〈平準書〉）造成官民相猜疑，社會動盪不安的景況與厲王命衛巫監謗，「國人莫敢言，道路以目」相似；見周厲王寵幸擅於為其聚斂民財的榮夷公，怎能使司馬遷不想起為漢武帝設計出鹽鐵專賣政策，括囊天下資財與民爭利的孔僅、咸陽、桑弘羊等人。從司馬遷對於史料的節選刪潤取擇亦可見其所欲凸顯之主題意旨。

二、設互見以覈始末

由於司馬遷將「歷史本身」視為一個反映天命運行的多樣化的客體，因為天意不可測，需要通過多方面的人事觀察方能窺得其幽微處，故《史記》結構的設計，有別於傳統為了區分篇幅的章節分卷模式，通過各種體裁、凡例的建構以容納這個包羅萬象的歷史。但除了〈自序〉中有詳述其義例的本紀、書、表等五體外，仍有一些未明文的義例隱藏於文本當中，最顯而易見的便是現今慣稱篇頭為序、篇末為贊、述中夾議為論的太史公曰，另外就是本段所要討論的互見法。

〔註126〕魯迅稱美司馬遷說：「恨為弄臣，寄心楮墨，感身世之戮辱，傳畸人於千秋，雖背《春秋》之義，固不失為史家之絕唱，無韻之《離騷》矣。」參魯迅：《魯迅全集‧漢文學史綱》，頁435。

　　劉知幾論編年、紀傳二體得失曰：「夫《春秋》者，繫日月而爲次，列時歲以相續，中國外夷，同年共世，莫不備載其事，形於目前。理盡一言，語無重出。此其所以爲長也。」〔註127〕然「論其細也，則纖芥無遺；語其粗也，則丘山是棄。此其所以爲短也。」〔註128〕呂思勉釋云：「編年之體有二長：一則便於考見一時代之大勢，以期以時爲綱，在同一時代中，各方面之情形畢具，……一則可將重複之文，盡行刪去，故其體最宜於爲長編。……其短則在委曲瑣細，不能備詳；朝章國典，無所依附。故其記載不如紀、傳、表、志體之完全；而後世正史之體，遂不得不捨此而取彼。」〔註129〕故劉知幾謂《史記》五體，「逮於天文、地理、國典、朝章，顯隱必該，洪纖靡失。此其所以爲長也。」〔註130〕但「若乃同爲一事，分在數篇，斷續相離，前後屢出，於〈高紀〉則云語在〈項傳〉，於〈項傳〉則云事具〈高紀〉。……此其所以爲短也。」〔註131〕又「尋《史記》疆宇遼闊，年月遐長，而分以紀傳，散以書表。每論國家一政，而胡、越相懸；敘君臣一時，而參、商是隔。此其爲體之失者也。」〔註132〕劉氏於紀傳體之批評，大抵以其重出、支離爲短。然綜觀其品評編年、紀傳二體之利弊處，相爲矛盾，編年體之優點在於「理盡一言，語無重出」，而缺點在於線性描述無法呈現歷史的複雜面，故紀傳體分設五體，同述一事，旨在完整的勾勒出史事本來的複雜面貌，然劉知幾又批評此法將割裂事件的連續性。觀劉氏之論，雖叩其兩端卻不見竭處也，使人無所適從。劉咸炘便斥其析〈六家〉曰：「今知幾所列六家，或用此準，或用彼準，參差錯出，自爲紛歧」，〔註133〕又駁其論〈二體〉曰：

　　　至於二體優劣，則知幾謂若以左氏體該漢之志傳，則碎瑣多蕪，闕單失力，是編年之短不可救，不能兼紀傳之長，不得不變爲紀傳明矣。至於紀傳本一整體，文存互見，豈可譏爲重出？若謂一事分在

〔註127〕〔唐〕劉知幾 著、〔清〕浦起龍 通釋、呂思勉 評：《史通·二體》，頁21。

〔註128〕〔唐〕劉知幾 著、〔清〕浦起龍 通釋、呂思勉 評：《史通·二體》，頁21。

〔註129〕〔唐〕劉知幾 著、〔清〕浦起龍 通釋、呂思勉 評：《史通·二體》，頁21～22。

〔註130〕〔唐〕劉知幾 著、〔清〕浦起龍 通釋、呂思勉 評：《史通·二體》，頁21～22。

〔註131〕〔唐〕劉知幾 著、〔清〕浦起龍 通釋、呂思勉 評：《史通·二體》，頁22。

〔註132〕〔唐〕劉知幾 著、〔清〕浦起龍 通釋、呂思勉 評：《史通·六家》，頁16～17。

〔註133〕劉咸炘 著、黃曙輝 編校：《劉咸炘學術論集：史學編（下）》，頁367。

數篇，斷續相離，則彼編年文非分在數年、斷續相離乎？……然則
二體當存一而廢一邪，抑究有不能相兼之處，不可以存一而廢一邪？
知幾於此，未嘗明以告我也。〔註134〕

是知劉知幾論紀傳體之弊病，實不成弊病；又立準未明，其批判史學之立意，
就只能有批判而無建設了。

其實劉知幾對於紀傳體可能有支離、重出的弊端，司馬遷未嘗沒有想過，
許多潛藏於文本脈絡當中的規則，便是試圖彌補缺陷的舉措，如張舜徽言：

　　古代歷史書籍，特別是由一手寫成的作品，在組織材料時，有著預
　　定的義例，對於材料如何安排得更合理、更重要，是費了多番考慮
　　的。盡管是一部規格龐大的書，也必然體現出篇與篇之間，錯綜離
　　合、彼此關聯的精神。這一精神運用在寫作上最早而最成功的，自
　　然要推司馬遷的《史記》。司馬遷已將某段材料擺在甲篇，遇著乙篇
　　有關連時，便清楚地作出交代說：「事見某篇」，「語在某篇」。例如
　　〈周本紀〉說：「其事在商君語中」；又說：「其語在〈始皇本紀〉
　　中」；〈秦始皇本紀〉說：「其賜死語，具在〈李斯傳〉中」；〈呂后
　　本紀〉說：「語在齊王語中」；〈孝文本記〉說：「事在呂后語中」；
　　〈禮書〉說：「事在袁盎語中」；〈趙世家〉說：「語在晉事中」；〈蕭
　　相國世家〉說：「語在淮陰事中」；〈留侯世家〉說：「語在項羽事
　　中」，「語在淮陰事中」；〈絳侯周勃世家〉說：「其語在呂后孝文事
　　中」。這一類的交代，在全書中不能盡舉。都是喚起讀者們不要把每
　　篇記載孤立起來看，應該聯繫他篇來參考問題。〔註135〕

而張大可已細論「互見法」之功用有五，其一、「詳此略彼，便於史事敘述條
理分明」；其二、「集中史事，使歷史事件的敘述首尾完具」；其三、「正名實，
於回護之中不失歷史之真」；其四、「寫人物，塑造歷史人物形象」；其五、「兩
傳存疑，廣載異聞以備參考」。〔註136〕所論甚悉。

值得進一步探究的是，「互見法」的功能在於彌補紀傳體無可避免的重
出、支離的毛病，然解決問題必源於問題意識，問題意識則來自於前提認知，
質言之，張大可詳究了「互見法」的功能及其效果，然未有能揭櫫「互見法」

〔註134〕劉咸炘 著、黃曙輝 編校：《劉咸炘學術論集：史學編（下）》，頁367。
〔註135〕張舜徽：《中國古代史籍校讀法》，頁228～229。
〔註136〕張大可：《歷史研究・史記互見法》，頁288～305。

的動機和目的。具體而言，可分爲宏觀運用與微觀運用兩種。宏觀以彰顯事勢爲主，故行文多以人附事；微觀以凸顯人事爲主，故行文多以事顯人。

藉五體獨立之功能，使多變複雜的史事，得以理出一條條首尾完具、終始鮮明的事勢脈絡，以彰顯天命運行之隱微，讓人在面對時間洪流的驚濤駭浪中得能抉擇自我之去處，此即宏觀運用互見之宗旨所在。如前述曾提起的〈秦本紀〉、〈六國年表〉、〈趙世家〉皆有凸出秦興的意味，綜觀三體，司馬遷對於天命轉移交替的深信不疑便更加明顯。

就史實而言，漢興之前有楚，楚又可詳分爲張楚、項楚，此即〈陳涉世家〉及〈項羽本紀〉之所以設置的前提認知。而每一個朝代的崛起皆需長久的經營，故後朝必有一段時空會與前朝重疊，此即〈秦楚之際月表〉所云：

> 昔虞、夏之興，積善累功數十年，德洽百姓，攝行政事，考之于天，然後在位。湯、武之王，乃由契、后稷脩仁行義十餘世，不期而會孟津八百諸侯，猶以爲未可，其後乃放弒。秦起襄公，章於文、繆，獻、孝之後，稍以蠶食六國，百有餘載，至始皇乃能幷冠帶之倫。
> 以德若彼，用力如此，蓋一統若斯之難也。

各個朝代國勢的曲折波段，司馬遷都通過經、傳並行的方式記述於本紀當中，倘若將本紀視作一條條曲線，訴諸於圖表，則可見各國有平行處、有交會處，有彼升此降處、有交錯纏鬥處，一朝線止、一朝線起，尤其距離司馬遷時代越近，梳理而出的線頭便愈多，亦代表局勢更加多變複雜。互見之用，便在於銜接斷裂零散的史事成一曲線，或指出曲線之間轉折交會處爲何，免於敘事重出，多費筆墨。據張大可所分五項功用，「詳此略彼」、「集中史事」便爲宏觀史事之所需。

倘若歷史爲一洪流，各時段、事勢、人物便是洪流當中的小支流，每條小支流再匯集稍大的支流，直至匯入於歷史洪流當中。司馬遷之所以要勾勒事勢所**趨**，便是在教人要認識自己正處於何種歷史支流當中，未來可能會流向何處，此即宏觀運用互見之原始目的。但人雖然爲一孤立的主體，仍屬群居動物，文化的建構往往來自於人與人之間的社會性互動，文化的多元則由於互動的複雜，互動的複雜則肇因於人性的複雜，孔子對此實有深切體會，如〈爲政〉曰：「視其所以，觀其所由，察其所安。人焉廋哉？人焉廋哉？」我們得觀察他人行事之動機爲何，如何行事，又行事過程之心境情緒爲何，安與不安。如此觀察下來，誰還能隱藏自己呢？善意的動機也可能行出惡果，

從事觸法的行爲卻不一定會帶有罪惡的情緒，孔子將人的行爲從起心動念到實踐履行分段檢視，或出於現實生活的體悟，但已帶有現代行爲科學剖析人類行爲與心理關聯的眼光。又如〈公冶長〉載孔子斥「宰予晝寢」曰：「始吾於人也，聽其言而信其行；今吾於人也，聽其言而觀其行。」孔子自道從前與人來往，聽聞他的言談便相信他的行事，如今我聽聞他的言談後，還得檢視他的行爲。點出人常有言行不一的矛盾，故曰：「君子恥其言而過其行。」（〈憲問〉）承繼孔子之後，司馬遷對於人性亦有深刻的觀察（詳見第伍章），而微觀運用互見，其旨與宏觀運用相同，都是利用互見的方式以爬梳人性的複雜，人的評價往往因爲互動對象的交情、立場、認知等各種因由而產生極端矛盾的差異，司馬遷將此種差異通過不同人物的口中道出，好壞並陳，鮮活的人物形象便自然流露。張大可言「互見法」還可用於「正名實」、「寫人物」，﹝註137﹞史遷正是用力於此。

　　是以微觀人物爲點、宏觀事勢爲線，無數的點線交織成一渾圓充實的歷史本身，司馬遷「俟後世聖人君子」的期盼，便是教人看見這渾圓充實的歷史本身，從中尋獲面對未來的智慧及力量。

三、置序贊以寓識斷

　　劉知幾曰：

> 《春秋左氏傳》每有發論，假君子以稱之。二《傳》云公羊子、穀梁子，《史記》云太史公。﹝註138﹞

而呂思勉論云：

> 《左氏》之稱「君子曰」，蓋當時記事之文，有此一體。（原案：記事者，兼記時人議論。）其所據之材料如是也，而非其所自爲也。觀《晏子春秋》，於記事之後，系之以論，亦稱「君子曰」可知。《公》、《穀》所載，則先師釋經之論，與《左氏》之稱君子者不同。《公》、《穀》皆主釋經，《左氏》則主記事。﹝註139﹞

劉說之誤謬，呂氏辨之已詳。是知先秦時，私人著述體例未嚴，或因循官體，如《左氏》結合記事與繫年而成編年新體；又或撰述文章，編輯成冊，如孟

﹝註137﹞張大可 著：《史記研究·史記互見法》，頁288～305。
﹝註138﹞〔唐〕劉知幾 著、〔清〕浦起龍 通釋、呂思勉 評：《史通·論贊》，頁59。
﹝註139﹞〔唐〕劉知幾 著、〔清〕浦起龍 通釋、呂思勉 評：《史通·論贊》，頁59。

荀莊韓等諸子書。呂思勉認爲《左傳》中「君子曰」大抵是將時人議論感想附於「傳」後。據盧心懋究其內容，大抵可分爲解經、預言、論爲君、論爲臣、論爲政、論交鄰國、論禮、論義、論信、論孝與仁、論自處等，凡十一項；就形式而言，有直接稱引者，亦有隨「傳」中人物應答而間接稱引者；〔註140〕就作者而言，或有孔子之意，或有時人之論，雖經《左傳》作者編輯整理，可視爲其同意之思想，但絕非單出一人之手，是可以確定的。〔註141〕是據上述種種皆可資證呂氏所言不虛也。

又劉知幾云：

> 夫論者所以辯疑惑，釋凝滯。若愚智共了，固無俟商榷。丘明「君子曰」者，其義實在於斯。司馬遷始限以篇終，各書一論。必理有非要，則強生其文，史論之煩，實萌於此。〔註142〕

司馬遷因循《左傳》「君子曰」的評論模式，但卻非如劉說所言「限以篇終，各書一論」，其於篇前爲序、篇末爲贊、夾議爲論之例，已是學界共識，何來「限以篇終」之說。關於「太史公曰」之功能與特點，諸多學者辨之已詳，如阮芝生先生引魯實先之語，謂《史記》「太史公曰」具：補軼事、記經歷、言去取、述褒貶等四項功能。〔註143〕而周虎林則擴充爲：記述經歷、嚴定褒貶、補苴遺闕、寄託感慨、闡明緣起、論略篇義等六點內涵。〔註144〕逯耀東則從四方面論述之：其一，說明文中所引用的論證與文獻的來源；其二，對阻礙本文進展的枝節，及使讀者困惑、並減低其興趣的技術性討論、繁瑣考證、餖飣解說皆置於注中；其三，對本文引用前人或同時代學者，對同一問題所作的討論與結論，予以明確的提示；其四，對於有關的參考資料，作一個綜合的分析。〔註145〕張大可則揭示其義例爲：闡明五體結構義例，提示立篇旨意，闡明附記之法，闡明互見、對比義例，提示微詞諷喻義例。〔註146〕而林珊湘綜合前賢諸說，重新歸納其內涵爲四項：書寫壯游心得、寓褒貶寄感慨、論得失輕成敗、傳史料明取捨。〔註147〕關於「太史公曰」的功能與內

〔註140〕盧心懋：《左傳「君子曰」研究》，頁11～40。
〔註141〕盧心懋：《左傳「君子曰」研究》，頁87。
〔註142〕〔唐〕劉知幾 著、〔清〕浦起龍 通釋、呂思勉 評：《史通·論贊》，頁59。
〔註143〕阮芝生：《司馬遷的史學方法與歷史思想》，頁180～183。
〔註144〕周虎林：《司馬遷與其史學》，頁266～277。
〔註145〕逯耀東：《抑鬱與超越：司馬遷與漢武帝時代》，頁372～378。
〔註146〕張大可：《史記研究·史記論贊》，頁276～280。
〔註147〕林珊湘：《史記「太史公曰」義法研究》，頁19～62。

涵，前賢時彥大抵已闡析十分清楚，本文僅想從「史學意識」的覺醒方面，論述司馬遷設論贊史評義例的歷史意義。

我們若以現代學術對於史著撰述的客觀要求標準來看，司馬遷夾述夾議的作法，顯然是不妥的，如同許冠三所言：

> 史著在原則上都應出諸紀事本末體，這已經是沒有疑問的事了。……記事本末體是有其顯著特徵的，不容稍有混淆。不過，在我們常見的史籍中，多數不是純紀事本末體的史著，有些只是「史攷」（考證論文）或「史纂」（資料彙編），有些是夾敘夾議的「半史著半史論」（歷史事實的批評）還有些則集「史攷，史纂、史編、史著」的形式於一書，還可以稱爲「什景史籍」。……純淨的紀事本末體在原則上是不容許有論證文字，批評語句夾雜在裏面的，除非必要，原始資料或致知論文的引用也是不應有的。原則上是愈少愈好，必須少到沒有被視爲資料彙編的可能。〔註148〕

按照許冠三的標準，則《史記》中的〈伯夷列傳〉、〈游俠列傳〉、〈貨殖列傳〉諸篇則完全不符合紀事本末體的規範，極言之，《史記》各篇於傳末附贊也是不允許的，就更遑論篇前之序、夾議之論了。

當然許冠三的堅持是有其顧慮的，他認爲在現代史學在以科學爲前提的嚴謹態度下，史著必須具備三項特性：第一，就內容而言，史著所陳述的一切必是基於史學致知的結果。換言之，史著所載的只限於科學的歷史事實。史考報告不可與史著混爲一談，因爲前者主要是建立客觀的歷史事實，而後者的目標是陳述已經建立的歷史事實；據以舉例而言，如〈三代世表序〉便屬於考證致知結果，而非陳述史事始末。第二，史著的內容不只是敘述，描述歷史事實，而且還說明諸歷史事實間的關係，解釋歷史的變動，其說明與解釋皆基於科學的明確通則，而非玄學的籠統觀念；如〈六國年表序〉曰：「論秦之德義不如魯衛之暴戾者，量秦之兵不如三晉之彊也，然卒并天下，非必險固便形執利也，蓋若天所助焉。」司馬遷將秦國的崛起歸諸天意，便是藉籠統的玄學猜想推知，而非客觀的分析秦各方面的國力數據，或與六國作對比比較。第三，史著既以敘述、描寫並解釋歷史事實爲目標，故必然出諸記述的形式，史著所用的記述形式爲紀事本末體；如〈伯夷列傳〉則近於史學性質、致知工作的討論，而非專爲記伯夷

〔註148〕許冠三：《史學與史學方法》，頁461～463。

生平之始末，又如〈屈原賈生列傳〉，司馬遷述及屈原作離騷的始末因由時，忽然便插入自己對於〈離騷〉的評價，〔註149〕而且還不是藉由論贊形式進行。〔註150〕

　　司馬遷限於時代因素，其撰文的形式實近於先秦諸子論述發議的概念，故雖置體例而義例未嚴，這點我們無須為諱。但若據「太史公曰」內容來看，司馬遷已具有現代學術認知要求的意識浮現，如「太史公曰」中不乏司馬遷交代其史料來源或考證過程的敘述，這與現代學術論文之註解功能不謀而合，如〈三代世表序〉交代其撰述過程、〈五帝本紀贊〉說明其考證經過等。當我們意識到自己必須出示證據來源，便意味著將自己置於科學致知的前提要求當中，將自己納入在一個理性求真的規範下，因為不想使自己的言論成為想當然爾的推測或籠統玄學式的推想，故說明自己的思辨過程，以供作對話、討論的橋樑，這全然合乎現代學術論辯的前提認知。倘若對比《左傳》「君子曰」全然為主觀的道德說理、道德勸喻的內容來看，司馬遷欲將「歷史研究」導入「史學研究」的意識便更加明顯。任何人都可以從事「歷史研究」，但並非任何人都會意識到必須通過客觀的方法、理論、科學方析進行「歷史研究」，而司馬遷對證據材料負責的自覺，便可知其已將自己納入後者的範疇當中。

　　另外，「太史公曰」中屢屢呈現的懷疑精神與問題意識，亦可說明司馬遷是在史學方法的規範下從事歷史研究，如〈周本紀〉贊曰：

> 學者皆稱周伐紂，居洛邑，綜其實不然。武王營之，成王使召公卜居，居九鼎焉，而周復都豐、鎬。至犬戎敗幽王，周乃東徙于洛邑。
>
> 所謂「周公葬（我）〔於〕畢」，畢在鎬東南杜中。

科學致知就是個不斷推翻前說、修正前說的過程，這過程便往往從質疑權威的問題意識開始，司馬遷於引文中的敘述便是絕佳的例子，又如〈蘇秦列傳〉贊曰：

〔註149〕原文為「屈平疾王聽之不聰也，讒諂之蔽明也，邪曲之害公也，方正之不容也，故憂愁幽思而作離騷。離騷者，猶離憂也。夫天者，人之始也；父母者，人之本也。人窮則反本，故勞苦倦極，未嘗不呼天也；疾痛慘怛，未嘗不呼父母也。屈平正道直行，竭忠盡智以事其君，讒人間之，可謂窮矣。信而見疑，忠而被謗，能無怨乎？屈平之作離騷，蓋自怨生也。國風好色而不淫，小雅怨誹而不亂。若離騷者，可謂兼之矣。」云云。

〔註150〕許冠三：《史學與史學方法》，頁423～424。

> 然世言蘇秦多異，異時事有類之者皆附之蘇秦。夫蘇秦起閭閭，連
> 六國從親，此其智有過人者。吾故列其行事，次其時序，毋令獨蒙
> 惡聲焉。

由於蘇秦是先秦聞名列國的雄辯家，以俗文學的理論而言，十分容易成爲「箭
垛式人物」。何謂「箭垛式人物」？〔註151〕即因此人物具有一定的知名度，故
許多故事爲了加強傳播的效果，便往往假託這類人物之名進行散播，就像箭
垛一樣，爲眾箭的目標所在。而蘇秦顯然就屬於此種「箭垛式人物」，任何奇
聞軼事皆攀附蘇秦之名傳播，而〈蘇秦列傳〉的撰述，便是因爲司馬遷察覺
到此種現象，而對蘇秦眞實面貌與假託事蹟作一次完整的梳理。

　　除了交代史料過程與質疑權威外，破除歷史人物其言談邏輯的錯謬亦是
「太史公曰」中呈現司馬遷史學精神的特點之一，如〈項羽本紀〉贊曰：

> 夫秦失其政，陳涉首難，豪傑蠭起，相與並爭，不可勝數。然羽非
> 有尺寸，乘埶起隴畝之中，三年，遂將五諸侯滅秦，分裂天下，而
> 封王侯，政由羽出，號爲「霸王」，位雖不終，近古以來未嘗有也。
> 及羽背關懷楚，放逐義帝而自立，怨王侯叛己，難矣。自矜功伐，
> 奮其私智而不師古，謂霸王之業，欲以力征經營天下，五年卒亡其
> 國，身死東城，尚不覺寤而不自責，過矣。乃引「天亡我，非用兵
> 之罪也」，豈不謬哉！

司馬遷通過項羽生平始末的全面爬梳，客觀地分析其成功與失敗的關鍵所
在，正面、負面形象並陳，以破除項羽死前歸咎於天的錯謬，避免項羽「悲
劇英雄」的形象成眞，又如〈蒙恬列傳〉贊曰：

> 吾適北邊，自直道歸，行觀蒙恬所爲秦築長城亭障，塹山堙谷，通
> 直道，固輕百姓力矣。夫秦之初滅諸侯，天下之心未定，痍傷者未
> 瘳，而恬爲名將，不以此時彊諫，振百姓之急，養老存孤，務修眾
> 庶之和，而阿意興功，此其兄弟遇誅，不亦宜乎！何乃罪地脈哉？

〔註151〕此語源自胡適於〈三俠五義序〉中的敘述，謂曰：「就同小說上說的諸葛亮
借箭時用的草人一樣，本來只是一紮乾草，身上刺蝟也似的插著許多箭，不
但不傷皮肉，反可以立大功、得大名。」曾永義師則釋之爲「箭垛效應」；筆
者認爲，此即如《論語・子張》篇中，子貢所言：「紂之不善，不如是之甚
也。是以君子惡居下流，天下之惡皆歸焉。」參胡適：《中國古典小說研究》，
頁89。曾永義師：《俗文學概論》，頁570。

蒙恬因牽連入太子扶蘇與皇子胡亥的政爭當中，坐獄自殺，死前感嘆「我何罪於天，無過而死乎？」（〈蒙恬列傳〉）又曰：「恬罪固當死矣。起臨洮屬之遼東，城塹萬餘里，此其中不能無絕地脈哉？此乃恬之罪也。」（〈蒙恬列傳〉）司馬遷認為蒙恬身為名將之後，不藉由自己的政治影響力為人民發聲，反而為秦始皇監修長城，成為間接助長皇帝剝削百姓勞動力的幫凶之一，在皇位繼承人的關鍵問題上錯估形勢而付出代價，最後竟然怪罪於挖斷地脈而受天譴，毫無自知之明。從項羽與蒙恬兩例來看，可知司馬遷留心因果始末關聯而據以論事的自覺，此亦帶有科學治史的客觀論證傾向。

綜上所言，《史記》體例固然未嚴，而篇章內容論述交雜，固然不符合客觀敘事的現代科學要求。但從「太史公曰」為司馬遷設置用以補充、交代撰述過程的用意來看，其已有將歷史研究視作一專業學科必須通過科學方法、理論驗證的自覺意識產生，其作用相當於現代學術論文中附加說明的註解。故就目的論而言，司馬遷超越時人眼光的史學識見，實有其歷史意義。

第陸章　「史記的建構」三：司馬遷的歷史詮釋

　　詮釋學（Hermeneutics）是當代一門關於解釋和理解的哲學技術。洪漢鼎先生認爲：就詮釋學的詞源發展傳統來看，其至少包含了三個要素，即理解、解釋（含翻譯）和應用的統一，所謂統一，就是說它們三者互不分離，沒有前後之別，即不是先有理解而後有解釋，也不是理解在前而應用在後。解釋就是理解，應用也是理解，理解的本質就是解釋和應用。〔註1〕而何謂應用呢？就是把普遍的原則、道理或觀點即眞理內容運用於詮釋者當前具體情況，或者說，在普遍眞理與詮釋者所面臨的具體情況之間進行中介。〔註2〕換言之，當我想理解眼前某一現象或某一文本時，同時間便在進行解釋的動作以及應用的企圖。若就史學範疇而言，史學家面對著文獻所傳述的往事，希望藉由考據汰選出客觀嚴謹的事實，並通過敘事性的編排，將此「事實」賦予實用的勸戒意義，整個動作的完成，即是史家進行詮釋的完成，故而筆者稱此爲「歷史詮釋」。

　　《詩・大雅・蕩》言：「殷鑑不遠，在夏后之世。」背後即隱含著一種詮釋的企圖，「殷鑑不遠」是一種應用的企圖；而「在夏后之世」隱含著當進行理解和解釋的呼籲。當你能理解、能解釋夏朝何以面臨滅亡，便能將之化作一普遍可靠的知識、概念，用以因應當前的具體情況。本章即是在此思維下，企圖論究司馬遷寄寓於文本敘事中的「歷史詮釋」。

〔註 1〕　洪漢鼎：《詮釋學——它的歷史和當代發展》，頁7。
〔註 2〕　洪漢鼎：《詮釋學——它的歷史和當代發展》，頁6。

　　前文嘗提及：司馬遷選擇的敘事主軸，無外乎自兩個方向出發，一是人，一為事；或以人寄事，或以事顯人。雖然人生而孤獨，但畢竟仍屬於群居動物，就一般情況而言，無法在不仰賴人協助的情形下成長，或全然避免與人交遊往來的過程。而「事件」則是人類互動的跡證，因往來動機、目的的差異得能據以細分為不同範疇加以討論，如政治之事、經濟之事、學術之事等。

　　事件的變化無常，源自於人性的複雜善變。本章企圖從司馬遷對於人物行事的描述、評價切入，論析其如何梳理各色人物一生行事的表裡矛盾，並賦予合理適切的歷史地位，以及提煉出可為資鑑的知識價值。

　　以下分為三節，第一節論述個人歷史地位的評價與人性觀察。因人性是複雜善變的，隨著成長歷練的深淺、價值信仰的轉向等，都有可能使得同一人物，其前後行事極端矛盾；又或因著人物巧妙的作偽掩飾，使人為其表象的行事所蒙蔽，無法窺得其內心真實面貌，進而造成評價的誤判；又或因為資訊的殘缺、片面，加上人云亦云的訛傳，使得人物的形象無法完整呈現，造成評價的偏頗等。以上各種原因，皆適足以說明：欲賦予一歷史人物以客觀公正的地位論斷，是多麼的困難。本節通過一些案例的論析，以說明司馬遷在進行歷史事件批判時的原則與方法。

　　第二節則從《史記》中，探究司馬遷對於「個人存在之意義與自我價值實現」的看法為何？易言之，司馬遷如何從人性的善惡尋索出人生於世的意義，難道現實環境的鬥爭、角力等競逐過程，便是生命的真諦了嗎？而判斷歷史人物行事的對錯，又該以何為標準，或從何建立標準呢？

　　至於第三節，意在闡明人於所處環境中，掌握形勢、推斷時風的重要。對於形勢的觀察，本來屬於先秦兵家在國家交戰過程中，用以觀察戰局、計算利害，進而擬定戰術方略的一種理論方法。而將之有系統地用以觀察歷史、批判歷史者，司馬遷要屬第一人，吳思稱此類方法為「局觀歷史」，〔註3〕意即掌握周遭人物、社會、國家等接觸對象的脈動及趨向，進而結合自身的價值認知、性格好惡，擬定與之對應互動的規範及準則的思辨過程。

〔註3〕吳思：《血酬定律》，頁6。

第一節　比列周召：論個人歷史地位之評價與人性觀察

一、司馬遷「李陵案」之省思

　　司馬遷面對複雜而善變的人性，其處理之道爲何？又如何評價人物的歷史地位？欲明此問題，須先探究司馬遷思想的重要淵源——孔子，對人性的觀察。

　　關於「人性研究」的議題，自孔子始，已有不乏學術性質的觀察；同時，孔子亦是司馬遷在形塑其知識、價值體系的主要效法對象，故欲探討司馬遷對「人性研究」的理解，通過孔子應是再適切不過。

　　孔子對於人性的掌握，乃是直接訴諸於日常人際交往的觀察。最重要的是，他將每段時空中、每個人、每件事都視爲一個獨立的個案看待。換言之，同一人，於不同時空中的行爲，得分開檢視，不可混爲一談，不以前事推斷後事，或以後事評斷前事；而同件事，參與的人物不同，便要分開討論，不可等而視之，因爲參與的人，可能性格不同、背景不同、價值認同不同、身份地位不同等，種種因素都會造成其參與事件過程的考量與具體應對的差異。如《論語・里仁》：「唯仁者能好人，能惡人。」錢穆釋曰：

> 好人惡人，人孰不能？但不仁之人，心多私慾，因多謀求顧慮，遂使心之所好，不能眞好。心之所惡，亦不能眞惡。人心陷此弱點，故使惡人亦得攘臂自在於人群中，而得人欣羨，爲人趨奉。善人轉受冷落疏遠，隱藏埋沒。人群中種種苦痛罪惡，胥由此起。究其根源，則由人之先自包藏有不仁之心始。〔註4〕

人性之複雜，由此可見，善行可能包藏禍心，惡行或有難言之隱，難以單憑表象論之；唯有「仁人」，才能持有清明獨照的智慧，而不爲所蔽。

　　又如〈先進〉曰：「論篤是與，君子者乎？色莊者乎？」單看一個人議論篤實、言之鑿鑿，便因此信任他，怎知他到底是表裡如一的篤行君子，還是貌似莊嚴、道貌岸然的小人呢？

　　司馬遷眼見趨時附利、道貌岸然之徒的張牙舞爪，心中不免憤懣不已。如〈報任安書〉中述李陵甫兵敗遭難時，曰：「陵未沒時，使有來報，漢公

〔註4〕錢穆：《論語新解》，頁91。

卿王侯，皆奉觴上壽。後數日，陵敗書聞，主上爲之食不甘味，聽朝不怡。大臣憂懼，不知所出。」這些公卿王侯遇武帝獲捷報大喜，無不趁勢逢迎、諛上；待戰事吃緊，惡耗傳報時，卻無人敢直言建議，只想推託卸責，先羅織構陷一替死鬼以掩飾自身的無能，故司馬遷怒曰：「今舉事壹不當，而全軀保妻子之臣，隨而媒孽其短，僕誠私心痛之。」但司馬遷之失，便在於他當時不懂得判讀人性、掌握氣氛，在不適當的時機，誤觸武帝之逆鱗，爲自己招來橫禍。

司馬遷由於對人性的失察，導致他在李陵案中走入一個最遺憾的結局——下蠶室而受宮刑。其實整個過程應能有更適切的處理方式，筆者試舉一個例子對比，以利說明。《說苑》載曰：

> 曾子芸瓜而誤斬其根。曾晳怒，援大杖擊之。曾子仆地，有頃，乃蘇，蹶然而起，進曰：「曩者，參得罪於大人，大人用力教參，得無疾乎？」退屏鼓琴而歌，欲令曾晳聽其歌聲，令知其平也。孔子聞之，告門人曰：「參來勿內也。」曾子自以無罪，使人謝孔子。孔子曰：「汝不聞瞽瞍有子名舜？舜之事父也，索而使之，未嘗不在側，求而殺之，未嘗可得，小箠可待，大箠則走，以逃暴怒也。今子委身以待暴怒，立體而不去，殺身以陷父不義，不孝孰是大乎？汝非天子之民邪？殺天子之民罪奚如？」以曾子之材，又居孔氏之門，有罪不自知，處義難乎？〔註5〕

曾參某日與其父於瓜田務農，誤斬瓜苗根，父曾晳眼見孩子不慎致損物力而發怒，隨手操起大棍往曾參背部打去，曾參因此昏厥；甦醒後隨即關心父親如此使勁，不知道會不會傷到身體。當父子皆回房休息，曾參還鼓琴而歌，暗示父親自己的身體並無大礙。就在眾人皆讚許曾參爲孝子時，獨孔子不以爲然，甚至發怒拒不與曾參見面。參不明究理，只能委人請教孔子自己究竟何錯之有，孔子便舉舜爲例，謂其侍奉父親非常盡心，當瞽瞍需要他時，他必定隨侍在側，但當瞽瞍發怒要殺他時，他就逃之夭夭；見瞽瞍取棍棒要責打他時，小杖便甘然受罰，大杖遂避走逃跑。這是因爲考量到人在情緒失控的驅使下，無法理性思考，爲了不使父親在失去理智的情況下，誤殺自己的兒子。

〔註5〕 〔西漢〕劉向 著；向宗魯 校證：《說苑校證》，頁61。

《說苑》所記，是否眞屬孔子言語，不得而知。但吾人無妨藉此事例以說明立身處世的原則。在這個事例中，孔子對事理一層又一層的考量，是在洞悉人性反應的情況下，作義理周全的處置。今曾參見父親盛怒還立定不走，倘若曾晳眞誤殺了曾參，兒子縱使博得了孝順的美譽，父親卻背上弑子殺人的惡名，還能說是合乎孝道嗎？

類比史遷與曾參的事件，可以瞭解：還原歷史事件的眞實評價實屬不易。試想，倘若沒有孔子「小箠可待，大箠則走」的解釋，與曾參同時的門人、朋友等便會認爲所謂的「孝道」，其對應的行爲應如曾參一般；當時風遞移，觀念一變，或如孔子一般與譴責「殺身以陷父不義」相當的價値觀出現時，曾參的行爲便會落得愚孝的評價，連帶的孔子學說關於孝道的內涵，便會被貼上落伍、封建、保守等負面的標籤。這是因爲就一般的思考習慣而言，曾參爲孔子的弟子，其行爲必定出自於孔子的教導或影響，哪怕整個事件完全沒有孔子參與或知悉的跡象。此即如十八世紀西方哲學家休謨在探討人性時，所謂的人們在判斷因果關係時，可能會產生的盲點所在。〔註6〕

當然，單純通過孔子以推知司馬遷對人性研究的理解，也可能落入若干盲點之中。是故從《史記》中發掘司馬遷對孔子思想的詮釋及具體運用，是必要的。畢竟任何歷史知識，或該說一切的知識，在接觸的過程中皆具有獨斷的性質，在對立意見或補充資訊未能推翻既有知識之見解時，我們都不可避免的預設此知識爲正確且接受它。

二、對袁盎的評價

人心旣難測，欲公允地剖析人心善惡，便難上加難。則司馬遷持「見諸

〔註6〕 據休謨的推論，他認爲「所有的論證系列或因果聯繫首先是建立在所見過的或所記憶的那些字符或文字上面的；如果沒有記憶或感官的威信，我們的整個推理都將成爲空想而沒有根據。」換言之，當我們說甲跟乙之間有因果關係時，並非代表著客觀事實上甲跟乙眞有關係，只是代表著就我們的印象或信念中，對甲跟乙的連結較爲強烈而活躍罷了，如休謨言：「因此，可以看到，那種總是伴隨著記憶和感官的信念或同意，僅僅是它們所呈現出的那些知覺的活躍性；這是唯一能將它們和想像加以區分的地方。在這種情形下，所謂信念就是感覺到感官的直接印象，或者感覺到那個印象在記憶中的重複。只有知覺的力度和活躍程度才能構成判斷的最初活動，並且在我們追溯因果關係並根據這種判斷進行推理時，奠基了那種推理的基礎。」參見〔蘇格蘭〕大衛・休謨（David Hume，1711～1776）：《人性論》，頁62、64。

行事」之旨，篤行「實錄」、「傳疑」之義，又該如何處理這錯綜複雜的問題呢？以下試以〈袁盎鼂錯列傳〉爲例。

鍾惺評袁盎云：

> 盎有智，數觀其直諫中節節寓獻媚之意，自結人主，人知其直，而不知其諂，「善傅會」三字，窺見至隱。〔註7〕

《史記》評袁盎者凡三處，一爲本傳末贊曰：

> 袁盎雖不好學，亦善傅會，仁心爲質，引義忼慨。遭孝文初立，資適逢世。時以變易，及吳楚一說，說雖行哉，然復不遂。好聲矜賢，竟以名敗。

一爲〈自序〉序目言：

> 敢犯顏色以達主義，不顧其身，爲國家樹長畫。

一爲〈吳王濞列傳〉末贊云：

> 鼂錯爲國遠慮，禍反近身。袁盎權說，初寵後辱。……「毋爲權首，反受其咎」，豈盎、錯邪？

除本傳末贊外，後兩處大抵直述其行事因果，無關傳主評價。故當疑者，僅本傳末贊一處。

鍾惺雖謂袁盎智藏詭譎，卻未明指其諂何在。而且單就贊語觀之，司馬遷顯然沒有貶低之意，其謂袁盎雖爲盜匪出身，然諫事善於附會比擬，又看似以仁心爲本質，稱引大義亦慷慨凜然，好聲名，矜賢能，最後竟因爲聲名而遭刺殺。粗觀其論，似司馬遷不僅無貶損之意，反有贊譽之情。

但若細觀傳中文句敘述，及段落與段落之間的連繫，便可知鍾惺所評，不無道理。吳福助嘗曰：

> 袁盎犯顏直諫，公直可嘉，惟生平狹詐，每借公言以報私仇，初非盡忠一意爲君者也，其初詆周勃，以嘗爲呂祿舍人故；後明周勃無罪，似乎無我至公，實則以周勃之怨其兄而頓轉面孔。其諫趙談驂乘乃正論也，實則恐其害己；戒申屠嘉禮士乃善言也，實則愧其輕己。鼂錯爲國計本忠，袁盎乃藉口誅鼂錯，以報私怨，其卒爲梁刺殺之，有天道哉！〔註8〕

〔註7〕 楊燕起、賴長揚等：《史記集評》，頁543～544，引自萬氏《史記》卷一百一。
〔註8〕 吳福助：《史記解題》，頁124～125。

對照本傳敘述，吳氏所言三事，其內在脈絡將更爲清楚，尤其諫趙談一事最爲明顯，本傳述曰：

> 袁盎常引大體忼慨。宦者趙同（筆者案：應作談，避父談諱）以數幸，常害袁盎，袁盎患之。盎兄子種爲常侍騎，持節夾乘，說盎曰：「君與鬬，廷辱之，使其毀不用。」孝文帝出，趙同參乘，袁盎伏車前曰：「臣聞天子所與共六尺輿者，皆天下豪英。今漢雖乏人，陛下獨柰何與刀鋸餘人載！」於是上笑，下趙同。趙同泣，下車。

司馬遷先言袁盎進諫發議，往往先稱引大義，後忼慨陳詞；繼而記其諫趙談本事，謂宦者趙談倚仗皇帝寵幸，常進讒言害袁盎，爲袁盎所記恨。

倘若袁盎眞乃磊落君子，雖受讒，應無懼，然其因懼而生恨，則知其「引義忼慨」之面貌，大抵爲鬬爭爭寵的手段。袁種所言「君與鬬」，即是點破袁盎虛假面貌的直接證據；「廷辱之」，隱含著「常引大體忼慨」的實際目的，即在羞辱政敵，而目標則是「使其毀不用」。

據以反觀袁盎上奏辯陳周勃爲社稷臣或功臣一事，背後因果動機便不言而喻。

又如本傳述袁盎戒申屠嘉曰：

> 盎告歸，道逢丞相申屠嘉，下車拜謁，丞相從車上謝袁盎。袁盎還，愧其吏，乃之丞相舍上謁，求見丞相。

時袁盎因「數直諫」，不得久居中央，屢次調任，於吳相任期時告假回鄉，故於道上遇丞相申屠嘉。司馬遷謂袁盎見申屠嘉，乃「下車拜謁」，但丞相僅於車上回禮而已，故「袁盎還，愧其吏」。何謂「愧其吏」？即因爲自己遇見丞相隨即下車拜謁，卻沒有得到申屠嘉對等的回禮，在隨車官員、部屬眼中，無疑是諂媚失體，自忖出醜而感到羞愧。

《論語・里仁》記孔子述曰：「不仁者，不可以久處約，不可以長處樂。仁者安仁，知者利仁。」錢穆釋曰：「安仁者，此心自安於仁，如腰之忘帶，足之忘履，自然安適也。利仁者，心知仁之爲利，思欲有之。」〔註9〕又范曄曾發論，言曰：「夫利仁者或借仁以從利，體義者不期體以合義。」（《後漢書・宣張二王傳》）李賢注曰：「此言履行仁義，其事雖同，原其本心，眞僞各異。利仁者謂心非好仁，但以行仁則於己有利，故假借仁道以求利耳。若天性自然，體合仁義者，舉措云爲，不期於體，而冥然自合。《禮記》曰：『仁

〔註9〕錢穆：《論語新解》，頁90。

者安仁，智者利仁，畏罪者彊仁。』與人同功，其仁未可知；與人同過，其仁則可知。」此即孔子所言：「人之過也，各於其黨。觀過，斯知仁矣」（《論語‧里仁》），意謂人的過錯，因其身份愛好的不同而可行分類；觀其行事過失，始末因果如何，則可知仁、不仁矣。

以上眾人所述，同闡一義，即求仁可以為目的，亦可為手段。安仁者，即以求仁為目的；利仁者，即以求仁為手段。

故孔子對於心術的觀察十分講究，旨在教人區別安仁、利仁二者。如《論語‧為政》曰：「視其所以，觀其所由，察其所安。人焉廋哉？人焉廋哉？」觀察一個人的行事時，得先觀察其動機，再觀察其於各個環節的作法、應對，再觀察其於過程中的情緒、反應，如此一來，人之人格、心術將無所遁形。〔註10〕

據此以觀袁盎，其每進一辭，即得利一分。如諫周勃之「意得甚」，開始受文帝啟用重視；為周勃下獄平反，「絳侯乃大與盎結交」；諛美文帝有「高世之行者三」，「盎由此名重朝廷」；諫趙談與文帝同車，乃去一政敵；於上林宴中，闡明撤去慎夫人座席之緣由，「慎夫人賜盎金五十斤」；戒申屠嘉，丞相「引入與坐，為上客」；進言景帝殺鼂錯以息七國之亂，「使袁盎為太常，竇嬰為大將軍。兩人素相與善。逮吳反，諸陵長者長安中賢大夫爭附兩人，車隨者日數百乘」；病免居家，為劇孟辯護而罵安陵富人，「諸公聞之，皆多袁盎」；甚至因為日常積累之聲名，免去一次梁王刺客暗殺之危機。

而詳究其行事，安仁背後求利之企圖，便越發清楚。如〈吳王濞列傳〉載袁盎欲景帝屏退鼂錯，言曰：

> 吳楚相遺書，曰：「高帝王子弟各有分地，今賊臣鼂錯擅適過諸侯，削奪之地」。故以反為名，西共誅鼂錯，復故地而罷。方今計獨斬鼂錯，發使赦吳楚七國，復其故削地，則兵無血刃而俱罷。

袁盎認為吳楚七國之亂，究因出於鼂錯建議削奪諸侯王土，斬鼂錯、復故地、赦七國便能平息動亂。然袁盎於文帝時，亦有削地之諫，述曰：「淮南屬王朝，殺辟陽侯，居處驕甚。袁盎諫曰：『諸侯大驕必生患，可適削地。』上弗用。」（〈袁盎鼂錯列傳〉）是知袁盎對於諸侯削地之事早有考量，又當初調任為吳相

〔註10〕錢穆釋云：「此章孔子教人以觀人之法，必如此多方觀察，其人之人格與心地，將無遁形。」又「然此章乃由跡以觀心，由事以窺意，未有觀人而可以略其心意於不論者。」參錢穆：《論語新解》，頁38。

時，其姪袁種謂盎曰：「『吳王驕日久，國多姦。今苟欲劾治，彼不上書告君，即利劍刺君矣。南方卑溼，君能日飲，毋何，時說王曰毋反而已。如此幸得脫。』盎用種之計，吳王厚遇盎。」（〈袁盎鼂錯列傳〉）面對恃勢驕橫的吳王，常「引大體忼慨」（〈袁盎鼂錯列傳〉）的袁盎隨即緘口不語，吳王之性情，盎必深知，吳王亦曾有延攬袁盎為將率兵之邀，兩人交情非淺，明矣。

故斬鼂錯究竟能否平息吳楚之亂，袁盎心知肚明，這不過是除去鼂錯的藉口，絕非如其謂景帝曰：「臣愚計無出此，願上孰計之」（〈吳王濞列傳〉）；其將決定權推託到景帝身上，不過是為免去日後遭假公濟私、除去政敵之非議。

吳福助謂袁盎「狠戾陰毒，源出於盜」。〔註11〕觀〈袁盎傳〉通篇，詳闡袁盎所進之辭、所得之利，及史遷「好聲矜賢」之述，可知所言不虛也。

尤其袁盎答安陵富人何以與劇孟交之語，則可知為何「士卒皆爭為死」、「諸君譽之皆不容口」，史遷述曰：

> 袁盎病免居家，與閭里浮沈，相隨行，鬬雞走狗。雒陽劇孟嘗過袁盎，盎善待之。安陵富人有謂盎曰：「吾聞劇孟博徒，將軍何自通之？」盎曰：「劇孟雖博徒，然母死，客送葬車千餘乘，此亦有過人者。且緩急人所有。夫一旦有急叩門，不以親為解，不以存亡為辭，天下所望者，獨季心、劇孟耳。今公常從數騎，一旦有緩急，寧足恃乎！」罵富人，弗與通。諸公聞之，皆多袁盎。

從司馬遷的敘述中，無法斷定袁盎是否真心與劇孟相交，縱使袁盎具常挾仁義、謀利益的盜匪性格，但誠如孟子所言：「堯舜，性之也；湯武，身之也；五霸，假之也。久假而不歸，惡知其非有也」（《孟子・盡心上》），至少相較於張湯，史遷在闡述袁盎與劇孟的交情，並無否定之語。

三、對張湯、公孫弘的評價

相較於袁盎，司馬遷對張湯性格之描述，則較直白，不似袁盎般隱晦。〈酷吏列傳〉述曰：

> 湯為人多詐，舞智以御人。始為小吏，乾沒，與長安富賈田甲、魚翁叔之屬交私。及列九卿，收接天下名士大夫，己心內雖不合，然陽浮慕之。

〔註11〕吳福助：《史記解題》，頁124。

何謂「乾沒」？張守節釋云：「乾沒謂無潤及之而取他人也。」何謂「無潤及之而取他人」？即吳思所謂官場的「橫規矩」矣。〔註12〕

張湯除了假借職務之便榨取錢貨財物外，更處處揣摩上意，挾聖眷以結黨羽，史遷述曰：

> 是時上方鄉文學，湯決大獄，欲傅古義，乃請博士弟子治《尚書》、《春秋》補廷尉史，亭疑法。〔註13〕奏讞疑事，必豫先爲上分別其原，上所是，受而著讞決法廷尉，絜令揚主之明。奏事即譴，湯應謝，鄉上意所便，必引正、監、掾史賢者，曰：「固爲臣議，如上責臣，臣弗用，愚抵於此。」罪常釋。（聞）〔閒〕即奏事，上善之，曰：「臣非知爲此奏，乃正、監、掾史某爲之。」其欲薦吏，揚人之善、蔽人之過如此。所治即上意所欲罪，予監史深禍者；即上意所欲釋，與監史輕平者。所治即豪，必舞文巧詆；即下戶羸弱，時口言，雖文致法，上財察。於是往往釋湯所言。湯至於大吏，內行脩也。通賓客飲食。於故人子弟爲吏及貧昆弟，調護之尤厚。其造請諸公，不避寒暑。是以湯雖文深意忌不專平，然得此聲譽。而刻深吏多爲爪牙用者，依於文學之士。丞相弘數稱其美。……於是湯益尊任，遷爲御史大夫。（〈酷吏列傳〉）

張湯坐罪自殺時，司馬遷已仕爲郎中，〔註14〕其詭計手法，應司馬遷或與聞，

〔註12〕 即指官、吏、役等公職，挾著職務之便，向百姓直接進行索賄，其仗恃的是職權帶來的加害能力，而非利益交換，如吳思直述，曰：「我不能給你什麼甜頭，但我可以讓你嘗嘗苦頭。我成事不足，但我敗事有餘。你不想被害得傾家蕩產，就要掏錢。橫規矩就是這麼霸道。」既是仗勢索賄，自然爲無本生意，即「無潤及之」，全「取他人」之意也。參吳思：《血酬定律》，頁122。

〔註13〕 據《漢書・張湯傳》所述，「亭」上有「平」字。裴駰《集解・酷吏列傳》引李奇語曰：「亭，平也、均也」；又司馬貞《索隱・酷吏列傳》注曰：「亭，平也，使之平疑事也」，是知「亭」即「平」也，「平」即「亭」也，《漢書》「平亭疑法」之語，義似重也，茲不從。

〔註14〕 筆者依「正義說」定史遷生年於孝景中五年（前145）。據〈酷吏列傳〉、〈漢興以來將相名臣年表〉及《漢書・百官公卿表》來看，則建元元年（前140），寧成爲內史，舉張湯爲茂陵尉，隔年，司馬談以太史丞身份贊事茂陵定址、修築、驗吉凶等工作，時司馬遷七歲。建元六年（前135年），田蚡爲丞相，徵湯爲史，並薦言武帝，補御史，使案事；元光五年（前130），陳皇后巫蠱案爆發，武帝命御史張湯主事，故湯補御史，最晚不過此年。元朔五年（前124），趙禹遷爲中尉，徙爲少府，而張湯爲廷尉，時司馬遷廿二歲。元狩三年（前120），張湯補原御史大夫李蔡之位，李蔡調任丞相，時司馬遷廿六歲。元鼎二年（前115），張湯坐罪自殺，時司馬遷三十一歲，於去年仕爲郎中。

甚或親眼歷見，故此段落無疑爲司馬遷揭穿人性虛偽面具的絕佳敘述，其將張湯如何諛媚、奉承武帝的過程一一舉出，每一動作又達成何種目的、獲得何種利益仔細交代，將錯綜複雜、結黨營私的過程具體還原；如他因武帝嚮慕經典文獻，便請治《尚書》、《春秋》的博士弟子擔任廷尉史，以便在判決書中提供得以附會古義的法條來源。

判決案件，不問合不合法，而是先呈報武帝整個案件始末因由，認爲處置妥當的，就依旨意定案，並將武帝的意見寫入判決書中，讚揚其聖明；如果遭到武帝的責難，便援引頗享賢名的廷尉正、監、掾史等人的名姓爲自己開脫，謂：「某某曾如聖上的責難一般建議過我，因自身愚昧，而未採納」云云，塑造無心之過的印象，而武帝也往往因此寬恕他。

若遇見想推薦的屬官，便極力褒揚其長處、掩飾其缺失，從中經營自己的人脈。遇見武帝欲嚴辦的罪犯，就交給用法深刻嚴酷的屬官審理；遇見武帝欲開釋的罪犯，便交由用法輕平寬大的屬官處置。審置的對象若爲有勢力的豪族，必玩弄法條巧妙地將其羅織入罪；若爲無依無靠的貧民，雖依法當處刑，仍會先匯報武帝，請武帝裁定；而武帝大多依張湯的報告而網開一面，張湯也藉以博得仇富親貧的美名。

直到他位居九卿之後，更加努力維持自己內脩私德的形象，即史遷「及列九卿，收接天下名士大夫，已心內雖不合，然陽浮慕之」之謂也。如其飲食與賓客共通，不特別待遇。對待熟識故人的子弟在朝中爲官者，或貧困的同宗兄弟，照顧保護尤其周到。訪問公卿貴族，不因嚴寒酷暑而疏忽怠慢。是故雖然眾人皆知張湯用法深刻，多忌恨之心，又不公平，卻無礙於其獲得良好的聲譽。而其屬下執法苛刻嚴酷的官屬，因附合這些擔任廷尉史通熟經典文獻的儒生，不僅沒有因爲用法苛酷遭按劾，反而屢受儒生大臣的譽美，如公孫弘便數次贊揚張湯。

如果沒有司馬遷所稱「陽慕」、「乾沒」的預示，單就張湯日常所行，我們所得之印象，便僅是「文深意忌不專平」，甚至頗受儒生出身的文官大臣青睞，難推出其負面的形象。

事件表象下的複雜難測便在於此；歷史敘事與批判的功能亦在此處展現其重要性。

孔子「視其所以，觀其所由，察其所安」的具體運用，相信司馬遷於上述對張湯的描寫，已表現的淋漓盡致。且誠如孔子所言：「不仁者，不可以

久處約，不可以長處樂。」當張湯位臨三公，任御史大夫，備極榮寵之前的隱忍潛伏終究要露出馬腳。

〈匈奴列傳〉載元狩二年，「其秋，單于怒渾邪王、休屠王居西方爲漢所殺虜數萬人，欲召誅之。渾邪王與休屠王恐，謀降漢，漢使驃騎將軍往迎之。渾邪王殺休屠王，并將其眾降漢。」〈酷吏列傳〉記曰：

> 會渾邪等降，漢大興兵伐匈奴，山東水旱，貧民流徙，皆仰給縣官，縣官空虛。於是丞上指，請造白金及五銖錢，籠天下鹽鐵，排富商大賈，出告緡令，鉏豪彊幷兼之家，舞文巧詆以輔法。湯每朝奏事，語國家用，日晏，天子忘食。丞相取充位，天下事皆決於湯。百姓不安其生，騷動，縣官所興，未獲其利，姦吏並侵漁，於是痛繩以罪。則自公卿以下，至於庶人，咸指湯。湯嘗病，天子至自視病，其隆貴如此。

張湯於元狩三年接替了原御史大夫李蔡的位置，而李蔡則遞補病逝的丞相公孫弘的空缺。但相較於張湯在武帝心中的位置，李蔡雖貴爲丞相，卻毫無實權可言，此時的張湯可說已位極人臣，只要武帝不改其信賴，已無人能撼動其地位。

但往昔照顧故人子弟、貧困宗族、羸弱下戶的張湯，於今則百姓因爲「不安其生」而騷動，姦吏因侵漁獲利而遭繩罪，兩者皆多有怨言。昔日親附張湯的儒生，也因爲政策的相左，被湯斥爲無知的愚儒，氣得博士狄山於武帝面前大罵張湯爲詐忠，言曰：「臣固愚忠，若御史大夫湯乃詐忠。若湯之治淮南、江都，以深文痛詆諸侯，別疏骨肉，使蕃臣不自安。臣固知湯之爲詐忠。」（〈酷吏列傳〉）此與汲黯痛批公孫弘布被爲詐，如出一轍，見〈平津侯主父列傳〉載曰：

> 汲黯曰：「弘位在三公，奉祿甚多。然爲布被，此詐也。」上問弘。弘謝曰：「有之。夫九卿與臣善者無過黯，然今日庭詰弘，誠中弘之病。夫以三公爲布被，誠飾詐欲以釣名。且臣聞管仲相齊，有三歸，侈擬於君，桓公以霸，亦上僭於君。晏嬰相景公，食不重肉，妾不衣絲，齊國亦治，此下比於民。今臣弘位爲御史大夫，而爲布被，自九卿以下至於小吏，無差，誠如汲黯言。且無汲黯忠，陛下安得聞此言。」天子以爲謙讓，愈益厚之。卒以弘爲丞相，封平津侯。

對照公孫弘、張湯之行事，不僅可知沽名釣譽之徒隱藏的奸偽面貌，武帝一朝的政治風氣亦隱然而現。

柯維騏嘗疑曰：「汲黯曰：『弘位在三公，奉祿甚多，然為布被，此詐也！』太史公序傳謂：『大臣宗室以奢靡相高，唯弘用節衣食，為百吏先，布被脫粟。』無譏焉。」〔註15〕此與筆者於前述謂「太史公述袁盎無譏也」之疑相同。可知司馬遷在處理類似人物、類似事件的看法如一，描述或有直白與隱晦的差異，但大抵皆在孔子觀人察事的方法、原則之中。

范曄論曰：「季文子妾不衣帛，魯人以為美談。公孫弘身服布被，汲黯譏其多詐。事實未殊而譽毀別議。何也？將體之與利之異乎？」（《後漢書・宣張二王傳》）此即筆者前引范曄語「夫利仁者或借仁以從利，體義者不期體以合義」具體的事例補充，亦即孔子「仁者安仁，知者利仁」的區分原則也。柯維騏稱范曄此論「可謂發史遷之未發」，〔註16〕其實史遷大義微旨皆寄於傳文敘述字句之中也。

通過《史記》中對袁盎、張湯，乃至於公孫弘的描述，使自孔子以來人性研究的議題，從條列的原則進展到直接的個案觀察，〔註17〕一段又一段關於傳主個人其社交過程的敘述，無疑是側寫人物心理的分析報告。既已揭開傳主用以隱藏本性的面具，將人物性情原原本本地呈現於讀者面前。進一步的難題，便是如何客觀地還其應有的歷史地位、歷史評價，以作為鑑戒的資本。

〔註15〕楊燕起、賴長揚等：《史記集評》，頁566，引自柯維騏《史記考要》卷十。
〔註16〕楊燕起、賴長揚等：《史記集評》，頁566，引自柯維騏《史記考要》卷十。
〔註17〕《論語》中其實不乏能反映孔子對門下弟子觀察入微的例子。如〈雍也〉篇，季康子問孔子，子路、子貢、冉有三人是否能協助理政。孔子則謂子路能決斷、子貢性通達、冉有多才藝，皆是理政之幫手。又如〈先進〉篇，子路、冉有、公西華分頭問孔子「聞斯行諸？」，孔子針對三人性格之優缺，給予適切而具體的答案，而非千篇一律的原則，非深悉諸人性格，不能為也。惜之孔子對觀察，僅提出方法，未有深入的個案剖析，需互見《論語》之記載，方能略有所獲，如〈公冶長〉述曰：「子貢曰：『我不欲人之加諸我也，吾亦欲無加諸人。』子曰：『賜也，非爾所及也。』」單就此述，無法得知孔子為何要潑子貢冷水，若參見〈憲問〉所載，便可知孔子觀人之明也，述曰：「子貢方人。子曰：『賜也，賢乎哉？夫我則不暇！』」由此可知子貢平常便喜好臧否人物、論議是非，又豈能達成「不欲人之加我，吾亦吾加諸人」之行呢？據上述種種，故筆者謂需待司馬遷列人物傳，按時間序列，完備事件首尾始末，方能從中進行更深入的人性剖析。

四、對李斯的評價

司馬遷於〈李斯列傳〉贊曰：

> 李斯以閭閻歷諸侯，入事秦，因以瑕釁，以輔始皇，卒成帝業，斯
> 為三公，可謂尊用矣。斯知六藝之歸，不務明政以補主上之缺，持
> 爵祿之重，阿順苟合，嚴威酷刑，聽高邪說，廢適立庶。諸侯已畔，
> 斯乃欲諫爭，不亦末乎！人皆以斯極忠而被五刑死，察其本，乃與
> 俗議之異。不然，斯之功且與周、召列矣。

筆者嘗於前述提及史遷在處理史料時，特別注重第一手資料的運用，尤其常
援引傳主本身之著作入傳文當中，以反映人物最直接的形象，〈李斯列傳〉的
撰寫即是如此。

傳中總共收錄了〈諫逐客書〉、〈焚書議〉、〈賜扶蘇自盡書〉、〈督責書〉、
〈劾趙高書〉、〈獄中書〉凡六篇文章，此六篇文章結合司馬遷用以貫串事件
的對話紀錄，詳實而深入的勾勒出李斯由一顛沛流離的閭閻書生，一路攀登
大位，又在險峻的政治鬥爭中敗下陣來，淪為階下囚，最終以腰斬棄市收場
的唏噓人生。

文中側寫李斯五次感嘆，吳見思曰：「李斯凡五嘆，而盛衰貴賤，俱於
嘆中關合照應，以為文情，令人為之低回。」〔註18〕其寄寓著每個人在面對
人生未知道路的恐懼時，其惶惶戰慄、惴惴不安的心情，究竟在宛如海濤詭
幻難測的人生變局中，何者方是能仰賴維生的浮木呢？這是筆者將在下一節
所欲深究的議題（詳下節「述李斯『五嘆』的富貴情結」），此處僅要指出，
司馬遷駁斥了世俗同情李斯的誤謬，這是他為李斯立傳的原始動機。

他認為李斯助始皇統一六國，結束了東周長期動亂的分裂局面，論其功
本可與周公、召公相提並論。但其身為荀子弟子，當深通六藝旨歸，卻不藉
以修明政治以矯皇帝崇力尚暴的缺陷，反而汲汲於鞏固自身權位，終究為趙
高以利相誘所誤，不僅賠上自身性命，還賠上整個國家。誠如鍾惺所評：

> 太史公言秦用李斯，二十年竟并天下，而於秦亡關目緊要處皆繫之
> 〈李斯傳〉，若作〈秦本紀〉者。而結之曰：「遂以亡天下」，見人
> 重富貴之念，其效足以亡天下。罪斯已極，而垂戒亦深矣。〔註19〕

〔註18〕〔清〕吳見思：《史記論文》，頁480。
〔註19〕楊燕起、賴長揚等：《史記集評》，頁521，轉引鍾惺錄自萬氏《史記》卷87。

司馬遷可貴之處在於，他沒有為了反駁世俗的看法，全然抹煞了李斯的功績，而是企圖通過歷史事實的重建，還其適切應有的歷史地位，這點十分重要。

因為人在為了壓倒對立意見時，甚至不惜忽略對對立意見有利的見解，全然採用偏頗而激進的說詞，袁盎建議景帝斬殺鼂錯、張湯反唇譏諷狄山為無知腐儒即是明顯的例子，這是人性中的一個面相。

司馬遷大可為了貶低俗議，以凸顯自己不凡的見解，而利用手頭的資料，將李斯塑造成只為保全富貴權勢、出賣良心的亡國權臣。但他沒有，他反而藉由李斯於不同階段中無來由的感嘆，讓讀者接觸他更真實直接的內在性情，在為其一掬同情之淚的當下，想起自己何嘗不是為了物質生活的滿足而煩惱、努力。

是以孔子所提出的方法，本不具備任何專業的知識理論以進行支撐，但他是從日常生活的經驗中，精煉而出的基本原則，在洞悉了人際互動過程的大致脈絡後，提供可以切入的關鍵；如上述所言，他將時間、空間，人的念頭、實踐，及實踐後的情緒反應，一一切開，就此五個關鍵去觀察人性，便已可得見許多不同的行為組合。縱使沒有高深、專業的知識理論支持，何能妨礙其具體運用之後的實用性呢？

再者，訴諸直接事件的人性觀察，因為事件、人物明確，閱讀史事者，可以根據自我經驗相似的記憶中，從歷史事件找到對應、共鳴的例子。而事件人物的舉措應對，便能藉以為研究歷史所用了。

第二節　各從其志：論個人存在之意義與自我價值實現

還原歷史事件中人性複雜的一面，固屬於歷史研究中一個重要的面相；而回顧歷史中各色人物生平，以作為讀者思辨其認可之存在意義，及自我價值實現之道，也是歷史研究所關切的重要議題。

德國哲學家卡西勒於《人論》中，曾針對蘇格拉底哲學裡頭關於人存在意義的議題，概括其對人的定義及其最終目的，言曰：

> 人是一個對理性問題能給予理性回答的存在物。人的知識和道德都
> 包含在這種循環的問答活動中。正是依靠這種基本的能力——對自

己和他人作出回答（response）的能力，人成爲一個「有責任的」
（responsible）存在物，成爲一個道德主體。〔註20〕

據卡西勒的觀察，可知蘇格拉底認爲人在本質上是個具備理性思辨能力的存在，之所以具備理性思辨能力的原因，則在於人需透過對「知識」及「道德」議題的正反思辨，使自己逐漸陶冶成爲一個「有責任的存在物」、一個精粹的「道德主體」。

而俄國文豪托爾斯泰的認知，大抵與蘇格拉底相同，其謂曰：「人知道自己的生命就是渴求幸福，這幸福是只要使自己的動物性服從於理性法則就可以達到的。」〔註21〕又曰：「眞正的生命的顯露就在於動物性引導人追求個體的幸福，而理性意識則對人指出個體幸福的不可能」，〔註22〕至於「個體的幸福之所以不可能是由哪些因素造成的呢？第一是爲了尋找個體幸福的人相互之間的鬥爭；第二是實際上完全虛幻的享樂，它耗費生命，導致厭倦和痛苦；第三是死亡。」〔註23〕但托爾斯泰將理性法則所引導的幸福，全然等同於「使別人獲得幸福」的利己主義，〔註24〕就顯得太過一廂情願；而且把個人存在的價值意義限縮在道德追求之上，亦是忽視了人與他人、社會環境等各種互動對象，所能產生的價值信念的多樣性可能。

托爾斯泰則用十分文學性的手法描述人類面臨「理性意識」與「個體幸福」猶豫不決的躊躇過程十分相似，他說：

> 人朝著理性意識對他揭示的幸福遠遠地看了一眼，但卻看不見它，起先他不相信這種幸福，又轉回去追求個體的幸福。然而，理性意識揭示的幸福雖然那麼模糊，但它卻使人信服地、明確無疑地指出了個體幸福的不可能，於是，人又放棄了個體的幸福，又去注視理性意識向他揭示的那個新的幸福。理性意識揭示的幸福看不見，而個體的幸福已經毫無疑問地毀滅了，因而個體的生存無法繼續，於是在人的身上形成一種新的動物性對理性的關係。人開始新生，朝著眞正的人的生命的方向。〔註25〕

〔註20〕〔德〕恩斯特·卡西勒（Ernst Cassirer，1874～1945）：《人論：人類文化哲學導引》，頁9～10。
〔註21〕〔俄〕列夫·托爾斯泰（1828～1910）：《人生論》，頁99。
〔註22〕〔俄〕列夫·托爾斯泰（1828～1910）：《人生論》，頁75。
〔註23〕〔俄〕列夫·托爾斯泰（1828～1910）：《人生論》，頁117。
〔註24〕〔俄〕列夫·托爾斯泰（1828～1910）：《人生論》，頁118。
〔註25〕〔俄〕列夫·托爾斯泰（1828～1910）：《人生論》，頁75。

托爾斯泰的闡述，如用於李斯五嘆的論析，解釋其起伏陵夷的一生，將十分適切，但是否便代表著他的信念便屬「存在意義」的唯一解釋呢？筆者認爲司馬遷通過歷史中種種不勝枚舉的人事案例，把握到一個更多元的理解。本節試從《史記》中列舉三類具代表性的例子：「以熱中富貴爲義」、「以報怨復仇爲義」、「以行枉申直爲義」，來說明司馬遷的理解內涵爲何。

一、以熱中富貴爲義：以李斯、管仲爲例

（一）論司馬遷對「好利之獎」的理解

〈孟子荀卿列傳〉發端語曰：

> 太史公曰：余讀孟子書，至梁惠王問「何以利吾國」，未嘗不廢書而歎也。曰：嗟乎，利誠亂之始也！夫子罕言利者，常防其原也。故曰「放於利而行，多怨」。自天子至於庶人，好利之獎何以異哉！

是知司馬遷對於「好利」一事，抱持著負面的觀感，但其確切的看法及觀感如何，實有待進一步的釐清、探究。因爲追求物質欲望的滿足，實爲人性基本的需求，難以抹滅，如司馬遷於〈貨殖列傳〉述曰：

> 太史公曰：夫神農以前，吾不知已。至若《詩》、《書》所述虞夏以來，耳目欲極聲色之好，口欲窮芻豢之味，身安逸樂，而心誇矜勢能之榮。使俗之漸民久矣，雖戶說以眇論，終不能化。

司馬遷說神農以前，由於史料缺乏，難以知其社會景況。但至若《詩》、《書》描述虞夏以來的人類社會，無不是追求感官上的饗宴、物質上的逸樂，這種風氣影響人心已久，雖挨家挨戶說之以高妙的哲理，都無法扭轉其性。又曰：

> 夫山西饒材、竹、穀、纑、旄、玉石；山東多魚、鹽、漆、絲、聲色；江南出枏、梓、薑、桂、金、錫、連、丹沙、犀、瑇瑁、珠璣、齒革；龍門、碣石北多馬、牛、羊、旃裘、筋角；銅、鐵則千里往往山出棊置：此其大較也。皆中國人民所喜好，謠俗被服飲食奉生送死之具也。故待農而食之，虞而出之，工而成之，商而通之。此寧有政教發徵期會哉？人各任其能，竭其力，以得所欲。故物賤之徵貴，貴之徵賤，各勸其業，樂其事，若水之趨下，日夜無休時，不召而自來，不求而民出之。豈非道之所符，而自然之驗邪？

司馬遷接著歷數山西、山東、江南、龍門、碣石等，各地的物產，謂其無一不是老百姓所喜愛的，也無一不是社會各種生活面相必須的資源、器具。所

以農、虞、工、商各盡其職，互通有無，以滿足生活的需求，毋需待政令的指揮方去行事，這不就像水流趨下、日夜輪替一樣，皆為自然的一部分嗎？

是故，誠如阮芝生先生所描述的：「司馬遷懂得『求利』是人類行為的基本動機，甚至是人類歷史的推動力」，〔註26〕又曰：「他（筆者案：指司馬遷）並不否認，也不否定人有求富謀利之心，他所反對的只是以姦致富，好利爭利。」〔註27〕如〈管晏列傳〉述管仲曰：

> 管仲富擬於公室，有三歸、反坫，齊人不以為侈。

三歸，即嫁娶三姓女；〔註28〕反坫，即諸侯宴會時，敬酒結束後，放置酒器的土製平台。這些都屬於諸侯方有之禮節器具，但管仲無一不缺，以齊相身份，擬比諸侯，但齊人不視管仲此舉為奢侈，何者？司馬遷述曰：

> 管仲既任政相齊，以區區之齊在海濱，通貨積財，富國彊兵，與俗同好惡。故其稱曰：「倉廩實而知禮節，衣食足而知榮辱，上服度則六親固。四維不張，國乃滅亡。下令如流水之原，令順民心。」故論卑而易行。俗之所欲，因而予之；俗之所否，因而去之。（〈管晏列傳〉）

又〈貨殖列傳〉述管仲接替齊太公之業，中興衰齊，載曰：

> 故太公望封於營丘，地潟鹵，人民寡，於是太公勸其女功，極技巧，通魚鹽，則人物歸之，繦至而輻湊。故齊冠帶衣履天下，海岱之閒斂袂而往朝焉。其後齊中衰，管子修之，設輕重九府，則桓公以霸，

〔註26〕阮芝生：〈試論司馬遷所說的「通古今之變」〉，收入《沈剛伯先生八秩榮慶論文集》，頁272。

〔註27〕阮芝生：〈試論司馬遷所說的「通古今之變」〉，收入《沈剛伯先生八秩榮慶論文集》，頁273。

〔註28〕關於「三歸」，歷來說法有二，一指嫁娶三姓女，一指家有三處；而後說，又或從前說衍生而來，見張守節《正義》曰：「三歸，三姓女也，婦人謂嫁曰歸。」瀧川資言《考證》云：「《論語・八佾》篇云：『管氏有三歸。』又云：『邦君為兩君之好有反坫，管子亦有反坫。』朱子《集註》云：『三歸，臺名，事見《說苑》。』俞樾曰：『《韓非子・外儲說》云：〞管仲相齊曰：〝臣貴矣，然而臣貧。〞桓公曰：〝使子有三歸之家〞〞三歸之家，管仲自朝而歸，其家有三處也。家有三處，則鐘皷帷帳，不移而具，足見其奢；且美女之充下陳者，亦必三處如一，而娶三姓之說，或從此出也。』愚按：三歸之家，必有樓臺池沼，此說苑臺名之說，所以由起。坫在兩楹之間，獻酬飲畢，則反爵於其上。楓山、三條本，無反坫二字。」三歸之說，俞樾考之已詳；至於瀧川氏句末「無反坫二字」語，或疑「反坫」乃由旁人註解「三歸」意之筆記衍出。〔日〕瀧川資言：《史記會注考證》，卷62，頁6，總頁851。

> 九合諸侯，一匡天下；而管氏亦有三歸，位在陪臣，富於列國之君。
>
> 是以齊富彊至於威、宣也。

司馬遷謂管仲施政的原則「論卑而易行」，即順應百姓世俗之好惡需求，決定予奪，故雖「位在陪臣，富於列國之君」，但「齊人不以爲侈」，因管仲同齊人與之俱奢故。

是以司馬遷稱讚管仲知「與之爲取，政之寶也」（〈管晏列傳〉）的道理，亦符合〈貨殖列傳〉所說「善者因之，其次利道之，其次教誨之，其次整齊之，最下者與之爭」中「利道之」、「教誨之」的謀富原則。〔註29〕

由此可知司馬遷雖對「好利」抱持著負面觀感，但仍要就具體的時空人事而論。如管仲不「與民爭利」，而是尋求「藏富於民」、「與之俱富」的方法，當人滿足其動物本能的物質需求，自然會開始像精神文化層面進行探究，如管仲所言：「倉廩實而知禮義，衣食足而知榮辱」，就是這個道理。

《史記》中不乏熱中功名富貴者，但既得富貴位臻人臣之極，又能協助帝王推行政治如管仲者，李斯即屬其人。因其協助秦始皇統一天下，被司馬遷譽爲有「比列周召」之功。然其所汲汲富貴之道，則異乎管仲；又因生性忌刻，致晚節不保，身敗名裂。

（二）李斯「五嘆」的富貴情結

司馬遷在呈現李斯熱中富貴的人格形象時，利用「五嘆」作爲區分李斯看待富貴，其心境變化的樞紐所在，其中又以首嘆表明其志，末嘆哀戚自悔最能凸顯其一生熱中富貴的得失所在。

李晚芳嘗曰：「太史公之傳李斯也，不惟傳其事跡，並其結念之隱亦傳之，蓋斯乃熱中富貴人也。始形於倉鼠一嘆，太史肖其神，輕輕描出，令熱中者全身俱動，用筆何等超妙！」〔註30〕據〈李斯列傳〉開頭所述，李斯「見吏舍廁中鼠食不潔，近人犬，數驚恐之」，相較於倉中鼠「食積粟，居大廡之下，不見人犬之憂。」於是李斯不禁歎曰：「人之賢、不肖譬如鼠矣，在所自處耳！」此無疑爲李斯「立志語」也，背後反映的是一種「以權勢地位高低作爲人生存在意義的價值認知」。

而李斯辭其師荀子的一番表白，將此心境闡明更加透徹，斯謂曰：

〔註29〕阮芝生：〈試論司馬遷所說的「通古今之變」〉，收入《沈剛伯先生八秩榮慶論文集》，頁274。

〔註30〕楊燕起、賴長揚等：《史記集評》，頁523，引自李晚芳《讀史管見》卷3。

> 處卑賤之位而計不爲者，此禽鹿視肉，人面而能彊行者耳。故詬莫
> 大於卑賤，而悲莫甚於窮困。久處卑賤之位，困苦之地，非世而惡
> 利，自託於無爲，此非士之情也。

李斯認爲身處卑賤之位而不思進取，就像本質上是吃草的野鹿卻盯著肉，空
具人的形體罷了。隱喻人應通過積極的作爲，獲得相對的財富或報酬，數落
那些「久居卑賤之位，困苦之地」云云者，是不思進取的失敗者聊以自慰的
阿Q心理。

但筆者並不認爲司馬遷就此否定李斯這種大丈夫當熱中功名富貴的心
態，甚至還可能從某種角度而言，欣賞李斯這番誠摯的表白，可從司馬遷推
重子貢、稍輕原憲來旁敲其意，如〈貨殖列傳〉云：

> 子贛既學於仲尼，退而仕於衛，廢著鬻財於曹、魯之閒，七十子之
> 徒，賜最爲饒益。原憲不厭糟糠，匿於窮巷。子貢結駟連騎，束帛
> 之幣以聘享諸侯，所至，國君無不分庭與之抗禮。夫使孔子名布揚
> 於天下者，子貢先後之也。此所謂得埶而益彰者乎？

司馬遷說：「當原憲窮的只能寄居於陋巷之中，連酒糟粗糠都得拿來果腹的
時候，子貢則車馬成群，以束帛爲晉見的禮物，出使各諸侯國通問修好，所
到之處，國君皆以賓主之禮，平等對待。相較之下，孔子的名聲之所以能傳
遠廣播，誰的影響較大呢？不正是因爲子貢以富人得勢，名聲地位顯赫，故
能周旋天下諸侯之間行安排、作支配之故嗎？」

據此，若將李斯與管仲兩傳的「贊曰」相較，則司馬遷之意更明。如〈管
仲傳〉贊曰：

> 語曰：「將順其美，匡救其惡，故上下能相親也」。豈管仲之謂乎？

司馬遷意謂：「俗話說：能夠發揮君王的美德，匡正君王的過失，致使君臣
上下能和睦相親，大概就是像齊桓公跟管仲的關係這樣吧！」而此語，不正
可與司馬遷數責李斯曰：「知《六藝》之歸，不務明政以補主上之缺」相互
呼應嗎？

是以，如李晚芳、徐枋等人，認爲司馬遷作此傳，旨在「爲世之患得患
失者警」，〔註31〕或「不特戒人君不可有持爵祿之臣，而亦以戒人臣不可有持
爵祿之心也」，〔註32〕恐是誤解了司馬遷的心意。

〔註31〕楊燕起、賴長揚等：《史記集評》，頁524，引自李晚芳《讀史管見》卷3。
〔註32〕楊燕起、賴長揚等：《史記集評》，頁522，引自徐枋《居易堂集》卷10〈書
　　　李斯傳後〉。

因為追求財富利祿是人性的本能，目的在於滿足動物性的物質需求，不然司馬遷何以分別在〈管晏〉與〈貨殖〉傳中，一再引述管子曰：「倉廩實而知禮節，衣食足而知榮辱」之語，不即是深明前述引「知與之為取，政之寶也」的道理嗎？此理用之於百姓是如此，用之於臣民又何嘗不是。而若司馬遷真意在戒君臣圖富貴爵祿，豈不正巧坐入李斯「非士之情」的譏評當中，此恐非史遷所願。

故筆者認為，「警戒君臣不可有持爵祿之心」非司馬遷為李斯立傳的本旨；「警戒君臣不能僅有持爵祿之心」才是其根本的寄意。在考慮到自己的富貴功名之際，同時也要思及他人、甚或百姓亦有同樣之心思。而為政當權者若能考慮到這個層面，那怕如管仲般奢侈，也不會招來怨懟，乃至於災厄了。

如司馬遷於〈李斯傳〉贊曰，述李斯以閭閻出身，輔佐始皇成帝業，登三公之位，可謂尊榮矣。既已滿足了個人的物質需求，應將心思轉向百姓，使百姓亦能享有同樣之滿足才是，但他沒有。牛運震嘗論析五嘆結構，曰：

> 〈李斯傳〉凡有五嘆。「於是李斯乃歎曰：『人之賢不肖譬如鼠矣……』」云云，此其未得志而嘆，不得富貴也。「李斯喟然而嘆曰：『嗟乎……』」云云，此其志得意滿而嘆，其物極將衰也。「斯乃仰天而嘆，垂淚太息曰」云云，此為聽高而嘆，亦以遭亂世，不能捨富貴也。「李斯拘執束縛，居囹圄中，仰天而嘆曰：『嗟乎，悲夫！……』」此為失勢被囚而嘆，而富貴不能常保矣。「顧謂其中子曰：『吾欲與若……』」云云，此其臨刑之嘆也，而斯遂夷族矣。

五嘆皆以「富貴」為念，而且僅是著眼於個人之富貴。其初嘆將「富貴」與「生存」相連結，認為保有「富貴」，則同樣能保障「生存」。再嘆則為眼見個人已享有富貴之極，既已臻極，接踵而來的便是消逝，故李斯實為如何維持這富貴之極的現況不使隕墜苦惱而嘆。三嘆承二嘆而來，是李斯面臨如何維持富貴之極的現實考驗；倘若李斯當下能把握到孔子曰「富貴如可求」當如何，「如不可求」又當如何的道理，或許他臨刑前對次子說：「欲與若復牽黃犬俱出上蔡東門逐狡兔」的期望，不會是「人之將死，其言也善」的絕命悲鳴，而是遭扶蘇罷官、蒙恬代相後，「不懷通侯之印歸於鄉里」的真實生活景況。

就李斯首嘆之「立志語」與末嘆之「絕命辭」而觀，李斯因汲汲於物質欲望而得尊榮，亦因兢兢於物質欲望而遭刑，就如托爾斯泰所描述的：

> 人的生存的痛苦並不是來源於他的個體需求，而是由於他把自己個
> 體的生存就看成是生命和幸福。……當人為了對自己掩蓋理性的需
> 求而運用自己心智的力量去無限制地增強和擴大不斷增長的個體需
> 求的時候，他的痛苦就開始了。〔註33〕

其「倉鼠之嘆」不正暗含著將「個體的生存」就看成是「生命和幸福」；此後
無論是「物禁大盛之嘆」、「安託命哉之嘆」、「拘束圜圄之嘆」、「偕子逐兔之
嘆」，其所欲表達的心情，除了痛苦之外，也就只有痛苦了。故司馬遷引賈誼
曰「貪夫徇財」、「夸者死權」，李斯不正是其中最佳之代表嗎？

是以，李斯將「物質需求的滿足」視作生存的目的與方向，此本無可厚
非。但是，他卻無法從他人的角度，思考此種欲滿足物質需求的期盼。用司
馬遷的話而言，便是「不知其義」（〈太史公自序〉），即不通就「物質需求的
滿足」為生存目的這點而言，「知與之為取，政之寶也」的道理，其未能從既
有的價值觀念，即時轉向，而一直在維護個人權勢家財這一錯誤的方向上打
轉，故司馬遷數之曰：

> 斯知六藝之歸，不務明政以補主上之缺，持爵祿之重，阿順苟合，
> 嚴威酷刑，聽高邪說，廢適立庶。諸侯已畔，斯乃欲諫爭，不亦末
> 乎！

再對應於荀子對「禮」的闡釋，曰：

> 禮起於何也？曰：人生而有欲，欲而不得，則不能無求。求而無度
> 量分界，則不能不爭；爭則亂，亂則窮。先王惡其亂也，故制禮義
> 以分之，以養人之欲，給人之求。使欲必不窮於物，物必不屈於欲。
> 兩者相持而長，是禮之所起也。〔註34〕

李斯身為荀子弟子，豈會不知「欲而不得，則不能無求」的道理。其位居
三公，卻不能輔弼帝王使「求而有度量分界」，弭爭亂於未然，及「諸侯已
畔」，才想到作為臣子的責任，據理諫諍，豈不是為時已晚了嗎？最後，遭
趙高「被之空言而不敢辭」（〈太史公自序〉），只得淪於失勢繫獄、身被五
刑的下場。

〔註33〕〔俄〕列夫・托爾斯泰（1828～1910）：《人生論》，頁 130～131。
〔註34〕〔戰國〕荀子 著；〔清〕王先謙 集解：《荀子集解》，頁 583。

二、以報怨復仇爲義：以伍子胥、白公勝爲例

　　史遷於〈伍子胥列傳〉，便以貫徹復仇之心的人物爲主軸進行描寫，無論是身爲主角的伍子胥，或是附傳中的白公勝，均具有此一「自我價值實現」的特徵。司馬遷於該傳贊曰：

> 怨毒之於人甚矣哉！王者尚不能行之於臣下，況同列乎！向令伍子胥從奢俱死，何異螻蟻。棄小義，雪大恥，名垂於後世，悲夫！方子胥窘於江上，道乞食，志豈嘗須臾忘郢邪？故隱忍就功名，非烈丈夫孰能致此哉？白公如不自立爲君者，其功謀亦不可勝道者哉！

司馬遷論及復仇之心對人的影響十分巨大，身爲國君尚且要避免臣子萌生此心，又何況是同儕呢？隨即對伍子胥之行事作評價，認爲伍子胥能「棄小義，雪大恥」。何謂「小義」？即其兄伍尙所言「我知往終不能全父命。然恨父召我以求生而不往，後不能雪恥，終爲天下笑耳」（〈伍子胥列傳〉），此所謂「全父命」，即「小義」，亦即筆者前引司馬遷所謂的「子不子則不孝」、「天下之大過也」的普世價值（此就當時的價值觀而言）。

　　但倘若有比起避免背負此種罵名，更重要的價值目標出現呢？伍子胥的選擇便是一個例子。

　　伍奢在描述其二子性格時，言曰：「尙爲人仁，呼必來。員爲人剛戾忍訽，能成大事，彼見來之并禽，其勢必不來。」（〈伍子胥列傳〉）哥哥伍尙無法背負此種「天下之大過」的罵名，但伍子胥可以。因其性格堅毅剛強，能忍辱負重，爲大事而不拘小節。如筆者於前述所論析的，價值標準必須通過比較而得。對伍員而言，爲父兄復仇洗刷恥辱，顯然比起背負亡臣逆子的罵名更加重要。

　　自伍員偕太子建亡命他國（魯昭公廿年，前 522 年），至率吳軍攻入楚國郢都（魯定公四年，前 506 年），歷時凡十七年。十七年間，他輾轉流浪於宋、鄭、晉、吳之間，途中遭遇宋華氏之亂、太子建之死、過昭關、道乞食，歷千辛萬苦而入吳，恰值「公子光有內志，欲殺王而自立，未可說與外事」（〈伍子胥列傳〉），遂進專諸以埋人情，「退而與太子建之子勝耕於野」。直到公子光奪權成功，自立爲吳王闔廬，「乃召伍員以爲行人，而與謀國事」（〈伍子胥列傳〉），這已經是八年後的事情（魯昭公廿八年，前 514 年）。由於史料缺乏，筆者無以得知伍員於此八年中何以維生？唯一可知者，其一心以伐楚報仇爲

念。待到眞正入郢，「乃掘楚平王墓，出其尸，鞭之三百，然後已」（〈伍子胥列傳〉），時間已又過了九年。

伍子胥是否知道自己的報復之舉已超越一般道德倫理所能容忍的極限呢？他顯然是知道的，否則他不會在摯友申包胥使人斥其：「子之報讎，其以甚乎！吾聞之，人眾者勝天，天定亦能破人。今子故平王之臣，親北面而事之，今至於僇死人，此豈其無天道之極乎！」（〈伍子胥列傳〉）卻只是說：「爲我謝申包胥，曰：『吾日莫途遠，吾故倒行而逆施之。』」（〈伍子胥列傳〉）此言可視爲伍子胥檢視自己一生毫無遺憾的表白，相較於伍子胥於夫差即位後的表現，有如一個脾氣剛烈的諍臣，與前半生「隱忍就功名」的行跡截然兩人，藉此得推知其人生目標已竟，其智亦泯。

司馬遷贊其爲「烈丈夫」不是沒有道理的，其「烈」並不在於性情剛烈，而是「雖千萬人吾往矣」，不擇手段也要完成目的之「烈」，他憑藉此股「烈」氣，完成了自己的人生價值，成就了此復仇價值觀的「大義」。同是以報仇爲念，白公勝顯然便因沉不住氣，而功虧一簣，不僅父仇未報，還落得一個劫持君王、自立未果的叛臣罵名，縱使他當時已懷著爲父報仇的心願度過了四十一個年頭，〔註35〕此即史遷所謂「白公如不自立爲君者，其功謀亦不可勝道者哉」（〈伍子胥列傳〉）的感嘆之由。

三、以行枉申直爲義：以叔孫通爲例

孔子曾曰：「眾惡之，必察焉；眾好之，必察焉。」（《論語・衛靈公》）錢穆釋曰：「或有特立獨行，亦有爲大義冒不韙而遭眾惡者，亦有違道以邀譽，矯情以釣名，而獲眾好者。眾惡眾好，其人其事必屬非常，故必加審察。」〔註36〕筆者認爲此語用以觀察叔孫通，則是再適切不過的前提。

今見《史記》中，除叔孫通本傳外，司馬遷未如處理袁盎、鼂錯、公孫弘等人的形象一樣，以互見手法，假他人之口，寄諷刺之旨；或如〈張湯傳〉，直接道破其性格之乾沒虛僞。故欲詮釋司馬遷對叔孫通之認識，只能藉由本

〔註35〕據〈十二諸侯年表〉，太子建遭鄭國誅殺爲魯昭公廿三年（前519）；太子建子勝，受子西召回楚，封白公，爲魯哀公八年（前487）；請子西伐鄭以父怨故，爲魯哀公十二年（前483）；殺子西、攻楚王，事敗自殺爲魯哀公十六年（前479）。前後共四十一年。

〔註36〕錢穆：《論語新解》，頁446。

傳之描述切入分析。又因叔孫通對「個人存在意義」的認知及「自我價值實
現」之道較爲曲折，本小節亦多費筆墨予以剖析。

（一）司馬遷對「希世度務」的理解

據〈劉敬叔孫通列傳〉贊叔孫通，曰：

> 叔孫通希世度務，制禮進退，與時變化，卒爲漢家儒宗。「大直若詘，
> 道固委蛇」，蓋謂是乎？

何謂「希世」？《莊子・讓王》載子貢往見原憲事，述曰：

> 原憲居魯，環堵之室，茨以生草；蓬戶不完，桑以爲樞；而甕牖二
> 室，褐以爲塞；上漏下溼，匡坐而弦。子貢乘大馬，中紺而表素，
> 軒車不容巷，往見原憲。原憲華冠縰履，杖藜而應門。子貢曰：「嘻！
> 先生何病？」原憲應之曰：「憲聞之，無財謂之貧，學而不能行謂之
> 病。今憲，貧也，非病也。」子貢逡巡而有愧色。原憲笑曰：「夫希
> 世而行，比周而友，學以爲人，教以爲己，仁義之慝，輿馬之飾，
> 憲不忍爲也。」〔註37〕

「希世」之典，即由原憲末語之表白而來。其意謂：「迎合世俗而行事，比
附周旋而交往，勤奮學習以矯人，好爲人師以炫己，用仁義爲奸惡勾當的掩
飾，講求高車大馬的壯盛排場，這些我原憲是不願追求法效的。」原憲可謂
是貫徹自我價值觀最爲徹底之人，因其嘗問孔子如何爲恥，子曰：「邦有道，
穀；邦無道，穀，恥也。」（《論語・憲問》）而原憲於孔子死後，便隱居魯地
的窮鄉僻壤當中，即因天下無道，以食祿爲恥故也。

此二三事亦記於〈仲尼弟子列傳〉中，特別是子貢往見原憲事，與《莊
子》略有不同，載曰：

> 孔子卒，原憲遂亡在草澤中。子貢相衛，而結駟連騎，排藜藿入窮
> 閻，過謝原憲。憲攝敝衣冠見子貢。子貢恥之，曰：「夫子豈病乎？」
> 原憲曰：「吾聞之，無財者謂之貧，學道而不能行者謂之病。若憲，
> 貧也，非病也。」子貢慙，不懌而去，終身恥其言之過也。

《莊子》所載末數語原憲明志的一段表白，不見載於〈仲尼弟子列傳〉，或即
史遷有意刪去。筆者以爲，這是我們詮釋司馬遷是如何看待叔孫通的切入關
鍵。

〔註37〕 〔戰國〕莊周 著；〔清〕郭慶藩 集釋：《莊子集釋》，頁 975～977。

《莊子》所載之原憲，認為「輿馬之飾，憲不忍為也」，但司馬遷寫「子貢結駟連騎，束帛之幣以聘享諸侯，所至，國君無不分庭與之抗禮。」（〈貨殖列傳〉），並將原憲同列，述其「不厭糟糠，匿於窮巷」，總結問到「夫使孔子名布揚於天下者，子貢先後之也。此所謂得埶而益彰者乎？」司馬遷同意《莊子》所載原憲的看法與否，不是很清楚嗎？

又原憲甘心亡於草澤當中，居住在極端簡陋的環境，並說自己只是沒錢，卻不是未能貫徹實踐自我之道，言之固然有理，但若參見李斯對荀子「謝本師」的一番表白，其評價標準可能便會截然不同，言曰：

> 處卑賤之位而計不為者，此禽鹿視肉，人面而能彊行者耳。故詬莫大於卑賤，而悲莫甚於窮困。久處卑賤之位，困苦之地，非世而惡利，自託於無為，此非士之情也。（此段文字亦見第一小節所引。）

李斯是司馬遷譽為幾乎能與周公、召公比列的畸人，雖然數其一輩子不負有為富貴生、為富貴死的愚昧，但基本上是肯定他的功績、他的歷史地位。反觀原憲呢？或可說原憲貫徹了自我對有恥、無恥的價值認知，進而做出避居窮巷的選擇，但若將春秋末禮壞樂崩的形勢與漢初方興未艾相比呢？是否適用同樣的規範去評斷有「穀」之人呢？

故筆者認為司馬遷於贊中，稱叔孫通能「與時變化」，不僅沒有諷刺之意，反倒是由衷的譽美之辭，因為史遷對「希世度務」有另一種角度的理解，當「希世」只是一種遂行大義過程中必要之手段時，就在他能同情且理解的範疇中。但史遷深怕世俗對於「希世」始終抱持著泛道德感的厭惡，所以他引《老子》語，稱叔孫通「大直若詘，道固委蛇」，即謂：內心由衷正直的人，其外貌、行事必看似委屈隨和，因為通往大道的路途往往是蜿蜒崎嶇的緣故。而叔孫通的生平形象，著實坐應此語所述。

（二）從叔孫通的「鼠竊之對」，證其「求生」之直

在正式進入叔孫通「行枉申直」的討論之前，需先建立一認識的前提，即欲評斷叔孫通的行事應對適切與否，必先設身處地，思考其人的用心，則如此一來，對叔孫通的因應之道，自得客觀的理解，進而予以公平的評價。

凌稚隆說：

> 二世雖暴虐，通已臣事之矣，鼠竊之對，與指鹿何異？太史公首次此，而通之希世取容可概見矣。〔註38〕

〔註38〕楊燕起、賴長揚等：《史記集評》，頁542，引自《史記評林》卷99。

凌氏所謂「鼠竊之對」，即陳涉發兵造反時，使者回報咸陽，「二世召博士諸
儒生問曰：『楚戍卒攻蘄入陳，於公如何？』」時叔孫通「以文學徵，待詔博
士」，即其中一員。〔註39〕

從「鼠竊之對」的時空背景來看，秦朝自統一天下以來，卑夷知識分子，
與戰國時諸國之禮遇儒士，不可同日而語；殺伐決斷全繫於皇帝一時之喜怒，
始皇帝焚書坑儒、偶語棄市等舉措，皆可作爲佐證。

而司馬遷在描寫二世問諸儒陳涉造反一事時，更將帝王的喜怒無常描摹
的淋漓盡致：

> 博士諸生三十餘人前曰：「人臣無將，將即反，罪死無赦。願陛下急
> 發兵擊之。」二世怒，作色。

博士諸生具有建設性的實話，其背後意味著始皇帝收天下兵器、分郡縣等政
策毫無功效，才能使民變有萌芽之機，亦說明其「後世以計數，二世三世至
于萬世，傳之無窮」（〈秦始皇本紀〉）的夢想更屬癡人說夢。但其說，無疑是
冒犯皇帝的智慧與威嚴，不中二世之聽，博士諸生的下場亦可想而知。叔孫
通則進言曰：

> 諸生言皆非也。夫天下合爲一家，毀郡縣城，鑠其兵，示天下不復
> 用。且明主在其上，法令具於下，使人人奉職，四方輻輳，安敢有
> 反者！此特羣盜鼠竊狗盜耳，何足置之齒牙閒。郡守尉今捕論，何
> 足憂。

二世聽完叔孫通的進言後，「喜曰：『善！』」陳涉既反，二世顯然不能亦不
想面對現實，秦帝國的滅亡是早晚之事，但眼前最重要的則是先脫離二世動
輒得咎的問話。討好二世以求先脫離險境，顯然是最好的選擇。果然其語畢，
二世「盡問諸生，諸生或言反，或言盜。於是二世令御史案諸生言反者下吏，
非所宜言。諸言盜者皆罷之。迺賜叔孫通帛二十匹，衣一襲，拜爲博士」（〈劉
敬叔孫通列傳〉），待叔孫通離宮，回到舍邸，司馬遷寫到：

〔註39〕 何爲「待詔博士」？據錢穆先生釋曰：「考《漢書・百官公卿表》：『博士，
秦官，掌通古今。』博士官名已起於戰國。如公儀休爲魯博士。（《史記・循
吏傳》）賈山祖父袪，爲魏博士。（《漢書・賈山傳》）淳于髡爲齊博士等。（《說
苑・尊賢》）大抵齊之稷下先生，乃秦代博士制度之所本，故淳于髡以稷下先
生稱博士也。博士掌通古今，即齊制稷下先生所謂不治而議論者是已。」是
知所謂「博士」，即皇帝之顧問，以提供知識、技術作爲條件換取酬勞，本身
並無實質的政治權力；而「待詔博士」，非爲正式的博士，只是當皇帝傳詔時，
仍有資格可提供與「博士」一樣的服務。參錢穆：《秦漢史》，頁23。

　　諸生曰：「先生何言之諛也？」通曰：「公不知也，我幾不脫於虎口！」
　　迺亡去，之薛，薛已降楚矣。

「諸生」代表著泛道德化的世俗眼光，認爲叔孫通過於諂媚，但叔孫通的回答，反映出其內心只惦記著一件事，如何保全性命。而「迺亡去，之薛，薛已降楚」則證明叔孫通的判斷是正確的，秦帝國的滅亡儼然指日可待。

　　司馬遷於〈報任安書〉中解釋自己爲何苟且偷生的辯白，對照叔孫通的諛行，便可知就司馬遷來看，叔孫通行諛心直也，述曰：

　　夫人情莫不貪生惡死，念父母，顧妻子；至激於義理者不然，乃有
　　不得已也。……且勇者不必死節，怯夫慕義，何處不勉焉！僕雖怯
　　奭欲苟活，亦頗識去就之分矣，何至自湛溺累紲之辱哉？且夫臧獲
　　婢妾，猶能引決，況若僕之不得已乎？所以隱忍苟活，函糞土之中
　　而不辭者，恨私心有所不盡，鄙陋沒世，而文彩不表於後也。

司馬遷大意是說：「貪生怕死是人的本性。但再怯弱的人也會仰慕仁義，勉勵自己盡量不要受辱。我不是不知道捨生取義的道理，而是因爲不願就這樣默默無名、毫無價值的死去。」借用上述諸生與叔孫通的對話內容，世俗看待司馬遷甘願下獄受靀，必是同樣以質疑的眼光問其：「先生何以如此苟活也？」據是，司馬遷何嘗不能體會叔孫通「我幾不脫於虎口」的心情呢？

　　論析至此，反觀凌氏「鼠竊」、「指鹿」之比擬，何其不倫。時趙高爲丞相，叔孫爲博士、還是待詔博士，其權力、地位、報酬，完全不能與之相比；而趙高「指鹿」固其權，叔孫「鼠竊」又何所得呢？不過偷生而已。

　　至如司馬遷寫道，叔孫通亡秦之薛後，三度易主，先事項梁、再事懷王，後又回事項家，最後於「漢二年，漢王從五諸侯入彭城，叔孫通降漢王。漢王敗而西，因竟從漢。」關鍵就在「因竟從漢」，世俗只責問叔孫數度易主，卻未深究叔孫何以易主，豈公允邪？

　　回顧叔孫通所事諸君，懷王但一傀儡耳；而項氏叔姪向來驕矜自大，尤其項羽更是「有一范增而不能用」（〈高祖本紀〉）。且楚漢相爭之時，易主者有多之，何以單論叔孫之罪？叔孫通「因竟從漢」（〈劉敬叔孫通列傳〉），不正是因爲能審度推估項羽的滅亡，實與二世相同，皆勢不可遏嗎？而子曰：「危邦不入，亂邦不居」（《論語・泰伯》），不即坐應叔孫通幾度亡命易主之抉擇嗎！

（三）從叔孫通的「制禮之譏」，證其「從宜」之直

司馬遷於〈太史公自序〉述叔孫通曰：「明朝廷禮，次宗廟儀法。」是因爲知道叔孫通其「義」何在，即叔孫通的目的、企圖，所欲達成的目標爲何，即重新建立、回復禮治秩序。而其一切行事背後之動機，則皆以此爲前提。或許有人會說：「難道爲了回復禮教之治，就能放棄原則、諛上媚俗了嗎？」兩魯生責問叔孫通，即是此意。

初，「羣臣飲酒爭功，醉或妄呼，拔劍擊柱，高帝患之」（〈劉敬叔孫通列傳〉），叔孫通度知劉邦的心意，便進言曰：「夫儒者難與進取，可與守成。臣願徵魯諸生，與臣弟子共起朝儀。」（〈劉敬叔孫通列傳〉）劉邦擔心繁文縟節太過複雜，不易學習，還反問叔孫通說：「得無難乎？」（〈劉敬叔孫通列傳〉）叔孫通則以「五帝異樂，三王不同禮」（〈劉敬叔孫通列傳〉）之史事說之，曰：「禮者，因時世人情爲之節文者也。故夏、殷、周之禮所因損益可知者，謂不相復也。臣願頗采古禮與秦儀雜就之。」（〈劉敬叔孫通列傳〉）於是劉邦遂同意其請，曰：「可試爲之，令易知，度吾所能行爲之。」（〈劉敬叔孫通列傳〉）

但叔孫通之請，卻招來其他不同意見的儒生反對，魯地兩名儒生即是代表，司馬遷述曰：

> 於是叔孫通使徵魯諸生三十餘人。魯有兩生不肯行，曰：「公所事者且十主，皆面諛以得親貴。今天下初定，死者未葬，傷者未起，又欲起禮樂。禮樂所由起，積德百年而後可興也。吾不忍爲公所爲。公所爲不合古，吾不行。公往矣，無汙我！」叔孫通笑曰：「若眞鄙儒也，不知時變。」（〈劉敬叔孫通列傳〉）

魯生所言，看似鑿鑿切實，實則如叔孫通笑中寄寓的無奈之意：「眞鄙儒也」。

《禮記・曲禮》曰：「禮從宜」；〈太史公自序〉序〈禮書〉亦曰：「維三代之禮，所損益各殊務，然要以近情性，通王道，故禮因人質爲之節文，略協古今之變。」《禮記》、史遷之說，不正與叔孫通之意見相呼應嗎？

叔孫通把握劉邦患羣臣無禮的機會，根據既存文獻中的古禮記載，結合秦朝現有的舊儀，重新損益以節文，使禮治可以開始步上軌道。然而在此過程中，這些斥責叔孫通「所爲不合古」的儒生，又做了什麼？不即是像李斯當年斥責七十博士一樣嗎？尤其大罵爲首的淳于越，曰：

> 古者天下散亂，莫之能一，是以諸侯並作，語皆道古以害今，飾虛
> 言以亂實，人善其所私學，以非上之所建立。……私學而相與非法
> 教，人聞令下，則各以其學議之，入則心非，出則巷議，夸主以爲
> 名，異取以爲高，率羣下以造謗。(〈秦始皇本紀〉)

逐演變爲「焚書禁學」之禍。

　　錢穆指出李斯之所以強烈建議焚書理論的目的有二：一則深恨當時愚儒
不明朝廷措施精意，不達時變，妄援古昔，飾言亂實；二則鑒於戰國游士囂
張，希復古代民力農工，仕學法律，政教官師不分之舊制。然而此議實自荀
子、韓非著書，即已高倡其論，李斯舉措雖失於偏狹峻刻，實不過是實行其
師門之主張，同情其友生之感慨而已。〔註40〕

　　綜觀錢穆之議，兩魯生對叔孫通無端的指斥，尤其謂「禮樂所由起，積
德百年而後可興也」，難道當社會好不容易回復和平，正是重建階層秩序的關
鍵時候，還得等積德百年方可行事嗎？大謬不然，不即坐應李斯「異取以爲
高，率羣下以造謗」的指摘嗎？更何況叔孫通未如李斯般挾君主的信任，以
打擊異己，他只是苦笑的反脣相譏，逐繼續他的工作。吳福助評〈叔孫通傳〉
曰：「此〈傳〉平直質敘，寫漢官儀簡盡肅穆。」〔註41〕此該歸功於司馬遷
摹寫得力傳神呢？或叔孫通制儀損益節文得當呢？抑或二者兼有呢？

（四）從叔孫通兩諫漢帝，證其「心直」不移

　　至如叔孫通諫高祖切勿廢適（嫡）立少一事（詳下），宋人黃震評曰：

> 叔孫通所事且十主，皆面諛親貴。既起朝儀得高帝心，然後出直言
> 諫易太子。然向使高帝未老，呂后不強，度如意可攘太子位，又安
> 知不反說以阿意耶？〔註42〕

黃震持論，全立基於無事實之臆測上，非尙論古人之道。韓兆琦竟亦贊同其
說，謂曰：「這眞是誅心之論，但也的確是司馬遷的知音。叔孫通這番話確
實貌似正大，但它出自一個反覆無常、專門看風使舵的小人之口，這就讓人
不得不推求一下他的用心了。」〔註43〕凡論古人之「心」，當就其已然之事而
論之，否則捕風捉影，焉能推求「用心」？黃、韓二說，眞是欲加之罪，何
患無詞！

〔註40〕錢穆：《秦漢史》，頁19。
〔註41〕吳福助：《史記解題》，頁123。
〔註42〕轉引自韓兆琦：《史記解題》，頁336。
〔註43〕韓兆琦：《史記解題》，頁336。

叔孫通諫廢適立少事之始末如何？司馬遷又如何看待叔孫通？當求諸
〈劉敬叔孫通列傳〉，就事實論事實，司馬遷述曰：

> 漢十二年，高祖欲以趙王如意易太子。叔孫通諫上曰：「昔者晉獻公
> 以驪姬之故廢太子，立奚齊，晉國亂者數十年，為天下笑。秦以不
> 早定扶蘇，令趙高得以詐立胡亥，自使滅祀，此陛下所親見。今太
> 子仁孝，天下皆聞之；呂后與陛下攻苦食啖，其可背哉！陛下必欲
> 廢適而立少，臣願先伏誅，以頸血汙地。」高帝曰：「公罷矣，吾直
> 戲耳。」叔孫通曰：「太子天下本，本一搖天下振動，奈何以天下為
> 戲！」高帝曰：「吾聽公言。」及上置酒，見留侯所招客從太子入見，
> 上迺遂無易太子志矣。

就為國家謀而言，叔孫通所引晉獻公、秦始皇之事，皆昭彰史冊，足為鑑戒；
黃震既無以否定晉獻、秦皇廢適立少的歷史事實，乃僅就一假設立論，謂其
別有用心，實為無根之論。

叔孫通以死相脅，謂「陛下必欲廢適而立少，臣願先伏誅，以頸血汙地」，
倘非援歷史為鑑，其敢觸高祖之逆鱗而不顧？此可證其「心直」不移。

高祖素有廢太子之意，〈呂后本紀〉載曰：

> 孝惠為人仁弱，高祖以為不類我，常欲廢太子，立戚姬子如意，如
> 意類我。戚姬幸，常從上之關東，日夜啼泣，欲立其子代太子。呂
> 后年長，常留守，希見上，益疏。

就當時情勢而言，劉邦確實不喜歡孝惠帝，為了避免呂后撐搶哭鬧，連帶一
同疏離以對；最後竟發展為皇帝與大臣之間的對峙相爭，如〈高祖本紀〉述
曰：「上欲廢太子，立戚夫人子趙王如意。大臣多諫爭，未能得堅決者也。」
若非呂后求助張良出謀劃策，使商山四皓出面支持當時身為太子的孝惠帝，
其最終結果如何，猶未可知。而廢適立少，若非不可行，以張良之善於明哲
保身，又豈肯應呂后之請而允為謀劃？

叔孫通為太子太傅。孝惠帝即位後，又有諫惠帝原廟渭北，取櫻桃獻宗
廟等事，即履行身為老師的職責，監督且指導一個皇帝、一個學生何為適切
正當的行為。如孝惠帝因「數蹕煩人，迺作複道，方築武庫南」，本意在不欲
擾民，立意良善。但無心之失，釀成大禍，叔孫通一方面指出其過錯所在，
曰：

陛下何自築複道高寢，衣冠月出游高廟？高廟，漢太祖，奈何令後
世子孫乘宗廟道上行哉？

另一方面，他爲慌忙失措的惠帝進陳挽救的奏言，曰：

人主無過舉。今已作，百姓皆知之，今壞此，則示有過舉。願陛下
爲原廟渭北，衣冠月出游之，益廣多宗廟，大孝之本也。

就叔孫通於此事的處置來看，身爲太傅，他指正了自己學生的過失；身爲臣
子，他維護了皇帝的威嚴。孔子曰：「過則無憚改。」（《論語·學而》）《左
傳·宣公二年》曰：「人誰無過，過而能改，善莫大焉。」當叔孫通見惠帝
有過失時，不憚指陳；當惠帝自知有過時，對於改進的建議從善如流。實可
證其君臣皆「心直」不移，論者乃有「叔孫通所謂逢君之過者，使人君聞過
憚改，通實啓之。」〔註44〕豈持平之論？

（五）叔孫通「行諛心直」與公孫弘「行直心諛」之對比

至如清人吳見思評論史遷寫魯生罵通一事，曰：「借兩生以形容叔孫，
一邊迂拙、一邊通脫；一邊持正、一邊希世；兩兩對照，逼出神情。」〔註45〕
韓兆琦循其意而曰：

這和《儒林列傳》裡所寫的另一個佞儒公孫弘被朝廷征聘時，九十
多歲的轅固生當眾警告他說：「公孫子，務正學以言，無曲學以阿
世！」是同一種聲響。〔註46〕

學者多因叔孫通與公孫弘皆有阿世之行，將二人相提並論。如丁晏曰：「通
爲高祖籌時變，開公孫弘阿世之端。史于通多微詞，亦以其爲腴儒也。」〔註
47〕然誠如筆者於前述所言，相較於公孫弘、張湯，乃至於景帝時的袁盎、
鼂錯而言，司馬遷未有藉他人之口揭穿叔孫通表裡不一的矯飾之行，反倒
屢屢提起他制漢儀的行蹟，如〈禮書〉曰：「至於高祖，光有四海，叔孫
通頗有所增益減損，大抵皆襲秦故。」〈儒林列傳〉曰：「叔孫通作漢禮儀，
因爲太常，諸生弟子共定者，咸爲選首，於是喟然歎興於學。」於〈太史
公自序〉更將叔孫通與蕭何等開國功臣並列，彰顯其在制定禮儀方面的努

〔註44〕韓兆琦：《史記解題》，頁336。
〔註45〕〔清〕吳見思：《史記論文》，頁533。
〔註46〕韓兆琦：《史記解題》，頁337。
〔註47〕楊燕起、賴長揚等：《史記集評》，頁542，引自《史記餘論·劉敬叔孫通列
傳》。

力，以及使文化重新紮根起步的貢獻，曰：「於是漢興，蕭何次律令，韓信申軍法，張蒼爲章程，叔孫通定禮儀，則文學彬彬稍進，《詩》、《書》往往閒出矣。」據是，筆者以爲單憑叔孫通與公孫弘有其部份類似處，遂將其相提並論，不僅是忽略了兩人在價值觀上的差異，亦是罔顧二人時空環境的不同。

當叔孫通之世，劉邦甫從馬上得天下，正是下馬治天下之時，此即叔孫通謂「儒者難與進取，可與守成」之故，其采古禮、秦儀雜就之，正是濟天下久失文德、爭利萌亂之急也。

而公孫弘以賢良徵詔文學已是漢武之世，偃兵息武既久，百姓豐衣足食，如《漢書・食貨志上》述曰：

> 至武帝之初七十年間，國家亡事，非遇水旱，則民人給家足，都鄙廩庾盡滿，而府庫餘財。京師之錢累百鉅萬，貫朽而不可校。太倉之粟陳陳相因，充溢露積於外，腐敗不可食。眾庶街巷有馬，仟伯之間成羣，乘牸牝者擯而不得會聚。守閭閻者食粱肉；爲吏者長子孫；居官者以爲姓號。人人自愛而重犯法，先行誼而黜媿辱焉。於是罔疏而民富，役財驕溢，或至幷兼豪黨之徒以武斷於鄉曲。宗室有土，公卿大夫以下爭於奢侈，室廬車服僭上亡限。

此正是該倡行簡約以矯時弊而迫不容緩之刻。但公孫弘位居三公之列，無所作爲，只知布被儉食、緣飾儒術，博得令名，此怎可與叔孫通「小枉大直」但成其義的心思相提並論。

再者，兩人相距約六十年左右，罔顧二人面對不同時空所欲處理的不同事務，強謂六十年前的叔孫通影響了六十年後的公孫弘，豈不謬哉？

筆者以爲，司馬遷寫公孫弘，乃是寫其直行、諷其詖心；寫叔孫通，乃是寫其詖行、贊其直心。吳福助謂：「叔孫通希世取寵，與劉敬羊裘見天子之磊落耿介異。」〔註 48〕筆者卻認爲叔孫通變服短衣之磊落耿介，恰與婁敬羊裘見天子同。因兩人皆目的明確，用心亦同，即都在爲漢朝之長治久安謀。婁敬勸高祖遠嫁長公主以詖媚單于，欲換得漢朝邊界的土地及百姓的永遠安寧；叔孫通親附高祖、易裳詖上，即欲以個人之權幸，催動禮治修文之開端。

〔註 48〕 吳福助：《史記解題》，頁 123。

（六）叔孫通「言枉心直」與門弟子「言直心枉」之對比

叔孫通其不畏小枉、顧全大直的價值觀還有一事可看出，即叔孫通薦大猾而不舉儒生弟子一事。司馬遷述曰：

> 叔孫通之降漢，從儒生弟子百餘人，然通無所言進，專言諸故羣盜壯士進之。弟子皆竊罵曰：「事先生數歲，幸得從降漢，今不能進臣等，專言大猾，何也？」叔孫通聞之，迺謂曰：「漢王方蒙矢石爭天下，諸生寧能鬥乎？故先言斬將搴旗之士。諸生且待我，我不忘矣。」漢王拜叔孫通為博士，號稷嗣君。

後叔孫通治朝儀成功，「於是高帝曰：『吾迺今日知為皇帝之貴也。』迺拜叔孫通為太常，賜金五百斤」（〈劉敬叔孫通列傳〉），叔孫通亦把握機會向高祖表明需要加派人手以協助行儀，藉機向高祖舉薦了他的一干學生，司馬遷述曰：

> 叔孫通因進曰：「諸弟子儒生隨臣久矣，與臣共為儀，願陛下官之。」高帝悉以為郎。叔孫通出，皆以五百斤金賜諸生。諸生迺皆喜曰：「叔孫生誠聖人也，知當世之要務。」

司馬遷藉由叔孫通與諸弟子對比，凸顯出奇人與俗人之差別。叔孫通意在實現自我的價值理念，故制定朝儀的目的既已達成，金錢賞賜對他而言實無足掛齒，故可以將五百斤金盡散於弟子。其目的有二，一方面是使自己在行使太常的職責時，有更多熟悉的人手可以幫忙；另一方面，他知道自己的學生心中所思所想，不過是餬口飯吃，沒有他那麼高遠的理念可言。

而在此之前，「專言諸故羣盜壯士進之」，也是出於現實形勢的考量。試想，劉邦一旦失勢遭項羽擒殺，叔孫通及其一干弟子門生不要說仕官用事，其能否周全性命都仍屬未知。再者，如叔孫通自道：「儒者難與進取，可與守成」，楚漢相爭的情勢正如婁敬描述匈奴的本質一樣，「以力為威，未可以仁義說也」（〈劉敬叔孫通列傳〉）。據此，若為叔孫通設身處地而想，其處置何錯之有？

如上文所述，叔孫通身後獲諸多罵名，恐是司馬遷所始料未及。因為泛道德化的認知，使得多數人單憑人物的表象行為，便急躁的進行撻伐，而不願細究叔孫通言枉的動機究竟為何？其言行的時空及所針對的事務是否適切？其對國家的正面影響又為何？遂使司馬遷引老子語以讚譽叔孫通行枉伸直之志，不但湮沒不彰，且在學者眼中，這些讚譽反而無處不蘊藉譏諷之意。

據李斯、管仲、伍子胥、白公勝，乃至於叔孫通的事蹟來看，可知「道德實踐」並非人生唯一目的，它可以是最高目的，卻並非唯一。

管仲、李斯站在現實的立場，從滿足物質需求為理想出發，前者能「藏富於民」、「與之俱復」；後者，汲汲以保全自身富貴為己念，終始與「比列周召」的令譽失之交臂，反成為熱中富貴權勢者的鑑戒，以罵名終，殊為可惜。

伍子胥、白公勝同負家族血仇，一生歲月、功名皆繫於此「仇」字上，其箇中辛苦、怨懟實不足為外人道，其是非得失，亦非外人所可輕議，蓋彼自有其個人存在意義與價值的認定。

至如叔孫通「希世度務」，全為傳承實踐儒家的禮治思想，審時度務，不畏蜚聲流語，遂成漢家一代儒宗，然後世罵名仍不絕於縷，行為正直者罵之，表裡不一者亦罵之；「道德」之名，多少人挾之以為標榜，其擾亂社會，豈不更甚行枉履直而於小德稍有所虧之徒耶？

第三節　與時變化：論個人對於時風變化的體認與因應

歷史研究的對象除了人物個體之外，還有群體。群體，即是因著同一信念而聚集一處的團體。團體與團體之間的信念相互影響或衝撞、摩擦，便形成時代風氣。由於時代風氣是從各種相同或不同信念的相互影響激盪而產生，雖然不能完全等同於整個時代所有人的精神意旨，但也能將此視作時人普遍的共識。

然而時風是不停的變動的，因為個人、群體乃至於群體之間信念的影響、衝突是永不休止的，其運行的過程就如同阮芝生先生所描述的：

> 歷史是在「動」之中發展的，「變」實是歷史的本質。一般說來，「變」是有跡象、有軌道可尋的。「變」自「漸」來，積「漸」則「變」，事物既變之後，又終而復始，變變不已，以至於無窮。〔註49〕

對於世俗而言，時風的變動就像溫水煮青蛙，讓人懵然無知。但能具備歷史思考的人則不同，他總是企圖觀察時風的遞變，進而選擇以自身信念與之抗

〔註49〕阮芝生：〈試論司馬遷所說的「通古今之變」〉，收入《沈剛伯先生八秩榮慶論文集》，頁257。

衡，或順應時風變化，同其載浮載沉。如上一節所述的李斯、伍子胥、叔孫通等固守各自之「義」，都能作爲例證。

本節則從「時風」、「趨尙」反向切入，通過《史記》中幾個引領時代的信念、趨尙，論述參與其中之人物如何周旋、應對。其中有導引時勢者，亦有爲時勢所驅役者；有違逆時勢而名垂千古者、亦有洞察時勢而周全性命者；尤其是未能察覺時風轉向的瞬息萬變，倏忽爲歷史洪流所吞沒者，就更是枚不勝數了。

一、從「市道交利」的風氣，論魏公子之眞淳

（一）「市道交利」風氣的形成背景及其景況

自孔子逝世後，貴族階級其道德認知與行爲倫理，日漸崩壞墮落。原本意在力挽狂瀾，捍衛禮樂制度，回復周文精神的儒家學派，也不得不轉入消極的道路上頭。〔註50〕雖然復興王道的志業，暫時停擺，但知識教育的普及、傳播卻沒有隨之中止，反倒在民間社會更加活絡。這不是因爲孔子的平民教育開啓了知識份子對眞理的追求，而是各國在軍備競爭的逼使下，造成網羅人才、廣納建言的迫切需要；以及周王朝的舊秩序正面臨崩潰邊緣，諸侯們亟需一種新的秩序架構以作爲重整、重建的目標。

在此情況下，「知識」所連結的不再是「崇高的信念」，而是「現實的富貴」，「讀書干祿」成爲讀書人認知中躋身上位的終南捷徑，反之，既讀書卻無法致富貴，則爲可恥之事。如蘇秦曰：「夫士業已屈首受書，而不能以取尊榮，雖多亦奚以爲！」（〈蘇秦列傳〉）又李斯曰：「詬莫大於卑賤，而悲莫甚於窮困。久處卑賤之位，困苦之地，非世而惡利，自託於無爲，此非士之情也。」（〈李斯列傳〉）而國君們也從現實方面考量，只願與知識分子建立單純的互利關係，如《孟子・梁惠王上》述梁惠王劈頭即問：「叟！不遠千里而來，亦將有以利吾國乎？」孟子說之以王道，最後「梁惠王不果所言，則見以爲迂遠而闊於事情。」（〈孟子荀卿列傳〉）又如〈商君列傳〉載商鞅對秦孝公說之以帝道，孝公「時睡弗聽」；說之以「霸道」，「君大說之」。

甚至有貴族公子，開始將士子視作私人財產的一種，一方面競以養士多寡爲炫耀，一方面則作爲私人的智庫或武裝集團以厚植其政治資本。〔註51〕

〔註50〕錢穆：《國史大綱》，頁104。
〔註51〕據《韓非子・五蠹》篇曰：「儒以文亂法，俠以武犯禁，而人主兼禮之，此

如〈平原君虞卿列傳〉述曰：「是時齊有孟嘗，魏有信陵，楚有春申，故爭
相傾以待士。」又〈春申君列傳〉載曰：「春申君既相楚，是時齊有孟嘗君，
趙有平原君，魏有信陵君，方爭下士，招致賓客，以相傾奪，輔國持權」。而
養士主之間的比較更是司空見慣，如〈春申君列傳〉曰：

> 趙平原君使人於春申君，春申君舍之於上舍。趙使欲夸楚，爲瑇瑁
> 簪，刀劍室以珠玉飾之，請命春申君客。春申君客三千餘人，其上
> 客皆躡珠履以見趙使，趙使大慚。

趙、楚兩公子所競炫的，不是門客的才幹，而是門客的行頭，當時賓主交相
賊利的風氣，實可見一斑。然誠如孟子所言：

> 君之視臣如手足，則臣視君如腹心；君之視臣如犬馬，則臣視君如
> 國人；君之視臣如土芥，則臣視君如寇讎。（《孟子‧離婁下》）

既然主上將臣下視作「以相傾奪，輔國持權」的工具，臣下自然也會將主上
當作發財營生的利用對象，於是遂有「市道交利」的論調產生。

　　如〈孟嘗君列傳〉寫到孟嘗君一度遭齊王廢相，手下三千賓客作鳥獸散，
各自離去，直到孟嘗君重掌大位的消息一傳開，往昔賓客又絡繹不絕，紛紛
奔赴其宅。孟嘗君對此人情冷暖感到十分憤慨，卻招來立於宅門口迎接的馮
驩一頓教訓，謂曰：

> 生者必有死，物之必至也；富貴多士，貧賤寡友，事之固然也。君
> 獨不見夫（朝）趨市〔朝〕者乎？明旦，側肩爭門而入；日暮之後，
> 過市朝者掉臂而不顧。非好朝而惡暮，所期物忘其中。今君失位，
> 賓客皆去，不足以怨士而徒絕賓客之路。願君遇客如故。」孟嘗君
> 再拜曰：「敬從命矣。聞先生之言，敢不奉教焉。」

所以亂也。」綜合韓非所言，即指倚仗著智識或武力，遊走在法律邊緣，藉
以謀取自身利益的文士或武士，即後來司馬遷所謂「游俠」的原型。其特點
有四：「以武犯禁」（《韓非子‧五蠹》）；「聚徒屬、立節操，以顯其名」（《韓
非子‧五蠹》）；「棄官寵交」、「肆意陳欲」（《韓非子‧八說》）；「離於私勇」（《韓
非子‧人主》）。林保淳綜此四點，概括此種「社會關係」的基本輪廓，其大
抵以武力作爲解決爭端的主要手段，並以「私人情誼」爲最先，凌駕於國家
之上，「從而樹立名譽，廣聚徒屬」。當「徒眾聚集寖廣」，「私人武力漸漸凝
合」，隨即形成領袖個人「足以抗衡國家武力」的政治資本。同時，集團領袖
爲了安頓眾人生活所需，自亦不得不驅使門客廣拓財源；而新的門客亦會在
富厚的財勢誘使下，企求加入。此種「私人集團」則在集團主財力、權力的
同時運作下，形成一不容忽視的社會勢力。參見林保淳：〈從遊俠、少俠、
劍俠到義俠〉，收入《俠與中國文化》，頁92～93。

馮驩將「富貴多士，貧賤寡友，事之固然也」的人事經驗，比作「生必有死，物之必至」的自然定則；並形容賓、主就像市場買菜的攤販與客人，各取所需而已，既然孟嘗君已失勢，無法提供賓客所需之報酬，又怎能怪罪賓客離開呢？通觀其言之鑿鑿的論述，可知「市道交利」的觀點，實為當時以門客為職業的基層士子，心中普遍的共識。

又如〈廉頗藺相如列傳〉載曰：

> 廉頗之免長平歸也，失勢之時，故客盡去。及復用為將，客又復至。
>
> 廉頗曰：「客退矣！」客曰：「吁！君何見之晚也？夫天下以市道交，
>
> 君有勢，我則從君，君無勢則去，此固其理也，有何怨乎？」

初，趙孝成王五年（前261年），〔註52〕廉頗領趙軍與秦將白起對峙於長平，秦軍久攻不下，遂離間趙王對廉頗之信任，終於隔年換將，以故馬服君趙奢之子趙括取代廉頗，致使白起大敗趙軍，坑殺降卒數十萬，此即著名的秦趙「長平之戰」。文中謂「廉頗之免長平歸也」，即指此時。後趙孝成王十五年（前251年），趙國於「長平之戰」中，「前後所亡凡四十五萬」，燕臣栗腹進言燕王喜曰：「趙壯者盡於長平，其孤未壯」，於是趁趙危弱之際，興兵犯境，趙孝成王只得重新啟用廉頗，「及復用為將」，即指此事。而廉頗在擊退燕軍後，更從原來之上卿，加封為信平君，假相國之權，威勢更盛當年。

是以，無論是馮驩的「市朝交」，或廉頗門客的「市道交」，皆反映出當時為人門客多以「勢」、「利」高低多寡作為決斷一切的衡量標準。加上當時這種企求人才的市場活絡，造成投身養士行列的「專業人才」，其識見深淺、能力優劣往往良莠不齊，就更遑論人品高低，視趨炎附勢、見風使舵為理所當然，是可以想見之事。陳桐生說：

> 由於西周宗法等級體制的解體，戰國士的概念已不完全等同於西周春秋時期等級制的士，其中既包括眾多的像張儀、范雎、商鞅、樂毅這樣的貴族庶孽，也有像寧越、毛公、薛公、侯嬴這樣處於社會底層的農民、無業遊民和低級役吏。當時躋身士林，並不是視其身份地位，而是取決於個人的志向與抱負。戰國士林正是這樣一個志向遠大、富於創造進取精神的動態羣體。〔註53〕

〔註52〕〈廉頗藺相如列傳〉載廉頗與秦軍對峙長平於趙孝成王七年（前259年），此處時間序列皆以〈十二諸侯年表〉為主。

〔註53〕陳桐生：《中國史官文化與史記‧戰國士林的價值觀》，頁82。

陳氏此語忽略了兩點，第一：張儀、范雎等人的價值目的，是否能與侯贏、
毛公等相提並論；第二，《史記》中眞正載列名姓，並記有事蹟者，只是當時
眾多投身士林之少數者，如〈孟嘗君列傳〉述曰：

> 孟嘗君在薛，招致諸侯賓客及亡人有罪者，皆歸孟嘗君。孟嘗君舍
> 業厚遇之，以故傾天下之士。

對於孟嘗君而言，上至其他諸侯的座上賓，下迄負罪逃亡的亡命之徒，其皆
來者不拒、一視同仁，故能邀享禮賢的美譽。但孟嘗君雖「傾天下之士」，眞
有所作爲者，除雞鳴狗盜之輩外，也就剩一個懂得權變虛利實名、營造聲勢
的馮驩。

又如〈平原君虞卿列傳〉中，述平原君趙勝爲趙國諸公子中最爲賢能者，
「喜賓客，賓客蓋至者數千人。」但誠如趙勝對毛遂自道：

> 勝不敢復相士。勝相士多者千人，寡者百數，自以爲不失天下之士，
> 今乃於毛先生而失之也。毛先生一至楚，而使趙重於九鼎大呂。毛
> 先生以三寸之舌，彊於百萬之師。勝不敢復相士。

趙勝自認爲觀察士人，「多者千人，寡者百數」，意指自己也算是個頗有眼光
的相人行家，但卻看漏了毛遂這個「使趙重於九鼎大呂」，單憑「三寸之舌」，
「彊於百萬之師」的不世賢才。

趙勝是否眞有識人之明，能從「出使楚國結盟」一事，窺見其實，司馬
遷述曰：

> 秦之圍邯鄲，趙使平原君求救，合從於楚，約與食客門下有勇力文
> 武備具者二十人偕。平原君曰：「使文能取勝，則善矣。文不能取勝，
> 則歃血於華屋之下，必得定從而還。士不外索，取於食客門下足矣。」
> 得十九人，餘無可取者，無以滿二十人。（〈平原君虞卿列傳〉）

趙勝門下「賓客蓋至者數千人」，欲尋「有勇力文武備具者二十人」，猶不滿
其數，豈不謬哉！而這隨從出使楚國的十九位「勇力文武備具」之士，在關
鍵時刻，卻毫無作爲，毛遂譏其爲「錄錄」、「因人成事」之輩，而趙勝相之
爲「文武備具」之士，更屬貽笑大方。再者，毛遂居於平原君門下三年，平
原君未能知其賢，其周遭門客亦未能知其賢，甚至「相與目笑」毛遂之自薦，
俟使楚途中一一與之論議，方折服其識，平原君及其門客多屬標榜相高之徒，
則可知矣。

　　故司馬遷於〈平原君傳〉末贊曰：「平原君，翩翩濁世之佳公子也，然未睹大體」，謂其大抵為一養尊處優、未見世面的貴族公子。此處所謂的「未見世面」，意指趙勝未能接觸到嚴苛、慘酷的現實生活，他僅是生活在貴族階層的象牙塔中，而非真有什麼風雪滄桑的人生歷練；信陵君也說：「平原君之游，徒豪舉耳，不求士也」，是可為證。故而趙勝的數千賓客，其真實才幹如何；以及趙勝在未遇毛遂之前，相人眼光是否可靠，一切盡在不言之中。

　　至如陳桐生謂戰國士人於諸侯間來去自如的景況，述曰：

> 政治的多元化給士林提供了多向選擇，而「士無定主」則使士林擺脫了固定的等級隸屬關係，給士的相對人格獨立創造了有利條件。
> 士有恩則往，恩絕則去，形成一種諸侯貴族求士而非士求諸侯貴族的情勢。〔註54〕

恐怕是過度美化當時「士林」的景況，或將一些特殊的例子視作普遍的現象而然。因為無論是商鞅、范雎的亡魏去秦；燕人蔡澤流浪於韓、魏，最後歸秦；雒陽人蘇秦在訪秦失敗後，遊走於燕、趙、韓、魏之間，眾人熙來攘往，皆以「利」故，即如錢穆所言：

> 游仕逐漸得勢，他們不僅以術數保持祿位，不肯竭誠盡忠，他們還外結黨羽，各樹外援，散布在列國的政府裏，為他們自身相互間某私益。這便成所謂的「縱橫」之局。〔註55〕

又附案語曰：

> 國君有國界，游仕無國界。游仕為自身謀，因此造成一種各國政府裏層之聯合。國內的進退，引起國際的變動，使君權退削，臣權轉進。〔註56〕

總言之，陳桐生謂當時情勢是「諸侯貴族求士而非士求諸侯貴族」，固然如此。但其真正的內情究竟是因為人性趨尚利祿的誘惑使然，還是打破等級隸屬關係的精神自覺，恐怕仍有商榷之空間。

（二）背馳時風，貫徹自我價值觀的魏公子及其客

　　正是在此種道德標準底下，現實人慾橫流的環境中，能夠抗逆時風而行的人，也就顯得十分可貴，即司馬遷所謂的「舉世混濁，清士乃見」（〈伯夷

〔註54〕陳桐生：《中國史官文化與史記・戰國士林的價值觀》，頁82。
〔註55〕錢穆：《國史大綱》，頁106。
〔註56〕錢穆：《國史大綱》，頁106。

列傳〉）。魏信陵君能在四公子的系列傳中，獨獲史遷青睞，坐享「公子」之名，實因此故。

對比戰國四大「養士集團」的領袖人物看來，信陵君無論在個性或對待士子的態度動機而言，都與其他三人截然不同。如司馬遷在〈魏公子列傳〉描述信陵君：

> 公子為人仁而下士，士無賢不肖皆謙而禮交之，不敢以其富貴驕士。
> 士以此方數千里爭往歸之，致食客三千人。

類似的作風，〈孟嘗君傳〉亦有記載，見傳文述曰：

> 孟嘗君在薛，……食客數千人，無貴賤一與文等。孟嘗君待客坐語，
> 而屏風後常有侍史，主記君所與客語，問親戚居處。客去，孟嘗君
> 已使使存問，獻遺其親戚。孟嘗君曾待客夜食，有一人蔽火光。客
> 怒，以飯不等，輟食辭去。孟嘗君起，自持其飯比之。客慙，自剄。
> 士以此多歸孟嘗君。孟嘗君客無所擇，皆善遇之。人人各自以為孟
> 嘗君親己。

單就兩段文字比較起來，孟嘗君顯然更加禮遇門下養士，不僅衣食相同，還會愛屋及烏，連同養士的親屬家人都一併照顧。倘若仔細考究兩者的出發動機，結果便截然不同。

孟嘗君曾因為一個負責收租的門客魏子，將放債收來的租金粟米，私自作主拿去救濟一位貧困的賢人，而遭到孟嘗君斥退。後來接替收租工作的馮驩，同樣將收來的租金粟米拿去救濟百姓，甚或燒毀借據，藉以博得薛地民眾的效死交心。魏子與馮驩，同樣的手法，同樣的效果，只差在沒有點破其中的得失利害，前者遭孟嘗君辭退，後者獲得孟嘗君「抴手稱謝」。孟嘗君究竟是真心禮士，還是勢利往來，豈不分明嗎？由此再對照信陵君與侯嬴、薛公、毛公等人的交游過程，「真情」、「假意」更是高下立判。

司馬遷述侯嬴「年七十，家貧，為大梁夷門監者」（〈魏公子列傳〉），而信陵君或聞其賢，「往請，欲厚遺之」。侯嬴堅辭，拒曰：「臣脩身絜行數十年，終不以監門困故而受公子財」。於是信陵君乃「置酒大會賓客」，親身駕車以迎侯嬴，而侯嬴不僅毫不謙讓地居車之主位，又驅使信陵君在市場中徘徊停留以訪其友，儼然將魏公子視為駕車的僕役看待。但信陵君對此種種無理的態度，非但毫無慍色，司馬遷述其「執轡愈恭」、「顏色愈和」、「色終不

變」，可見是出於衷心與侯嬴交。又如信陵君率魏軍救趙一事，功畢，司馬遷述曰：

> 趙孝成王德公子之矯奪晉鄙兵而存趙，乃與平原君計，以五城封公子。公子聞之，意驕矜而有自功之色。客有說公子曰：「物有不可忘，或有不可不忘。夫人有德於公子，公子不可忘也；公子有德於人，願公子忘之也。且矯魏王令，奪晉鄙兵以救趙，於趙則有功矣，於魏則未爲忠臣也。公子乃自驕而功之，竊爲公子不取也。」於是公子立自責，似若無所容者。

信陵君面對「客」（筆者案：據《戰國策·魏策》作「唐且」）的數責，不僅沒有愧色，反倒「立自責，似若無所容者」（〈魏公子列傳〉），表現出反省懺悔之情。以及爲了不使毛公、薛公爲人看輕爲「博徒賣漿者」之流，不惜得罪自己的姊夫平原君，對其反唇相譏。

清人李晚芳嘗評較四公子曰：

> 戰國四君，皆以好士稱，惟信陵之好，出自中心，觀其下交巖穴，深得孟氏「不挾」之者，蓋其質本仁厚，性復聰慧。聰慧則能知人用人，仁厚則待賢，自有一段惓慕不盡之真意，非勉強矯飾者可比，此賢士所以樂爲用也。餘三君，孟嘗但營私耳，平原徒豪舉耳，黃歇愈不足道，類皆好士以自爲，而信陵則好士以爲國也。〔註57〕

此無疑即司馬遷贊魏公子曰：「天下諸公子亦有喜士者矣，然信陵君之接巖穴隱者，不恥下交，有以也。名冠諸侯，不虛耳」（〈魏公子列傳〉）之最適切註腳。

既有背馳時風之主，當然就會有背馳時風之客。信陵君的誠摯，也爲他搏得不少隱士的忠誠效死。如侯嬴面對魏公子的置酒設宴之請，親自驅車相迎，故意失禮以對、冷淡相待，其意：一方面欲觀察其誠意，另一方面則成就信陵君禮賢之令名。如司馬遷記侯嬴語，曰：

> 今日嬴之爲公子亦足矣。嬴乃夷門抱關者也，而公子親枉車騎，自迎嬴於眾人廣坐之中，不宜有所過，今公子故過之。然嬴欲就公子之名，故久立公子車騎市中，過客以觀公子，公子愈恭。市人皆以嬴爲小人，而以公子爲長者能下士也。

〔註57〕 楊燕起、賴長揚等：《史記集評》，頁 497，引自《讀史管見》卷二〈信陵君列傳〉。

侯嬴犧牲自己的名聲，替魏公子搏得「能下士」的美名，以償還其「親枉車騎，自迎嬴於眾人廣坐之中」，超過一般對待門客應有的尊敬與禮遇。甚至在魏公子詐奪晉鄙軍權與之訣別後，履行當初的誓言，「北鄉自剄，以送公子」，以斷絕魏公子奔趙之後的牽掛之情、後顧之憂。〔註58〕

不僅侯嬴自己為一敢以身殉主的義士，其推薦予信陵君之人，亦屬性情中之奇人，司馬遷述曰：

> 侯生謂公子曰：「臣所過屠者朱亥，此子賢者，世莫能知，故隱屠閒耳。」公子往數請之，朱亥故不復謝，公子怪之。

及魏公子已盜得魏王兵符，欲前往晉鄙軍中假傳王命的過程中，司馬遷記曰：

> 公子行，侯生曰：「將在外，主令有所不受，以便國家。公子即合符，而晉鄙不授公子兵而復請之，事必危矣。臣客屠者朱亥可與俱，此人力士。晉鄙聽，大善；不聽，可使擊之。」……於是公子請朱亥。朱亥笑曰：「臣迺市井鼓刀屠者，而公子親數存之，所以不報謝者，以為小禮無所用。今公子有急，此乃臣效命之秋也。」遂與公子俱。

朱亥「捨小節、就大義」，如同前節提及伍子胥「棄小義、雪大恥」忠實於自我價值表現的心志相同；但伍子胥以報怨復仇為志，實情有可原，這與朱亥單純不願與「市道交利」的時風同流，寧願抱璞以終的情況有別。

除了朱亥之外，〈魏公子列傳〉中所載錄之士大多皆抱持著這種不與世俗同流的信念。司馬遷在描寫他們與信陵君相識相交的過程，與其他三傳相較更是不同。清人尚鎔云：

〔註58〕關於侯嬴「北鄉自剄」一事，筆者認為：侯嬴深知魏公子奪晉鄙兵權事一但功成，魏王必以侯嬴為首謀，就算不以為首謀，亦必以連坐問之；倘侯嬴因此事遭魏王問罪下獄，傳至魏公子耳中，以賓、主二人相知相悉之深，魏公子必惴慄牽掛，既牽掛則難以專心抗秦，既牽掛則可能返魏救嬴。使信陵君返魏捨身相救，恐非侯嬴所樂見，因自忖「老不能」，不值公子犯險故也。所以「北鄉自剄」，一者不使魏王擒拿以為質，一者於公子用人之秋而無所用事，倘救趙一行，公子不幸罹難，侯嬴亦可先就死以償禮遇之恩情。至於，筆者推論之基，見魏公子與侯嬴「首度辭決」一事中，無忌嘗忖曰：「吾所以待侯生者備矣，天下莫不聞，今吾且死而侯生曾無一言半辭送我，我豈有所失哉？」侯嬴亦曰：「公子欲臣厚，公子往而臣不送，以是知公子恨之復返也。」見魏公子言，可知何以「魏王必以侯嬴為首謀」；見侯嬴所言，可知「賓、主二人相知相悉之深」也。

孟嘗於馮驩，平原於毛遂，皆因事而知其賢，若信陵於侯、毛、朱、

薛，一聞其名即深相結，乃真不恥下交者也。〔註59〕

尚氏此語可再補述，即孟嘗、平原之門客與主交，交於「利」；而侯、朱、毛、薛諸人與公子交，交於「心」。如馮驩「躡屨」、「彈鋏」以求食祿於孟嘗；平原君門下盡是「錄錄」之徒、「因人成事」之輩；趙人李園藉春申君作為獻媚楚王之跳板等，皆反映了當時以「利」為先的現實心態。惟有魏公子門下，無一苟利之士，無一獻媚之臣，賓主結交，全憑一心，故陳桐生說：

戰國諸侯貴族尊士養士之風，也一改春秋時期「王臣公、公臣大夫、

大夫臣士、士臣皂、皂臣輿、輿臣隸、隸臣僚、僚臣僕、僕臣台」

的等級觀念，形成一種以道術、倫理、人格、義氣與權勢、富貴、

爵祿相抗衡乃至於前者高於後者的新的價值觀。〔註60〕

然陳氏此論斷，恐怕只能單用於形容魏公子及其門客，方符合當時真實之社會景況。

魏公子及其門客，在「賓、主交往以利為恩先」的社會環境中，能秉持著衷心敬慕、大義往來，展現出不同於時俗、難能可貴的人格風範。其行事作風確實如韓非所描述的「以武犯禁」(《韓非子·五蠹》)，「聚徒屬、立節操，以顯其名」(《韓非子·五蠹》)，「棄官寵交」、「肆意陳欲」(《韓非子·八說》)。但卻不是像他所想像的，只為求「匹夫之私譽」，致「人主之大敗」(《韓非子·八說》)；其盜符、殺將皆為「抗秦」之大義故，即如李晚芳之評信陵，曰：

好士為國，故其得士之效，亦動關乃國之奠定。得侯生而救趙之功

成，救趙即救魏也；得毛薛而救魏擯秦之功成，秦天下之仇，而魏

則祖宗之國也。以信陵之才，自足以存魏強魏，而所取之士，皆多

奇謀卓見，足以贊其存魏強魏之功，故未任事，則天下畏其賢而多

客，不敢窺魏，一任事，能使暴秦輒退走不迭，而天下諸侯皆親魏，

乃兩以毀魏，此天下之不祚魏也。〔註61〕

是以「戰國之士」乃至於「漢代游俠」，只要能立基於大義之上，不盡然全無可取之處，亦可為後世所效法，故司馬遷於〈游俠列傳〉駁韓非語，曰：

〔註59〕 楊燕起、賴長揚等：《史記集評》，頁499，引自《史記辨正》卷七〈魏公子列傳〉。

〔註60〕 陳桐生：《中國史官文化與史記·戰國士林的價值觀》，頁83。

〔註61〕 楊燕起、賴長揚等：《史記集評》，頁498，引自《讀史管見》卷二〈信陵君列傳〉。

> 今游俠，其行雖不軌於正義，然其言必信，其行必果，已諾必誠，
> 不愛其軀，赴士之阸困，既已存亡死生矣，而不矜其能，羞伐其德，
> 蓋亦有足多者焉。

由於司馬遷之世，漢廷基本上仍保留了分封諸王的制度，加上社會風氣大抵
還在戰國文化的餘緒當中，故部份王侯將相仍有招養士、聚徒屬、立節操，
以顯其名的習慣，此非本段重點，故不詳述，本小節旨在點出司馬遷通過魏
公子及其門客違逆時風、抱璞以終的事蹟回顧，說明了「士、俠」雖是「行
不軌於正義」，但只要置得其所，就仍有其社會功能存在的歷史認同。

二、從「復立六國」的諫言，論張良之洞識

「封建制」與「郡縣制」的折衷、抉擇，是周、秦、漢國家型態的轉型
其中一個重要的議題。在漢初的討論過程中，張良向劉邦逐條反駁酈食其「復
立六國」的建言，扮演決定性轉向的關鍵。張良在社會風氣普遍仍擺脫不了
「分封制」的習慣局限時，能發揮其影響力，奠基漢帝國大一統格局的穩定
性，亦展現其善於審度時勢、高瞻遠矚的過人眼界。此即本小節欲論述之重
點所在。

（一）關於「郡縣制」國家型態的嶄新思維

清人趙翼嘗形容「秦、漢間為天地一大變局」，其中一項特徵，便是舊貴
族階層的鬆動，而平民出身的知識份子，或懷有武藝的白身勇士，得以憑一
己之才，躋身上位，其述曰：

> 自古皆封建諸侯，各君其國，卿大夫亦世其官，成例相沿，視為固
> 然。其後積弊日甚，暴君荒主，既虐用其民，無有底止，強臣大族
> 又篡弒相仍，禍亂不已。再并而為七國，益務戰爭，肝腦塗地，其
> 勢不得不變。而數千年世侯、世卿之局一時亦難遽變，於是先從在
> 下者起。游說則范雎、蔡澤、蘇秦、張儀等，徒步而為相。征戰則
> 孫臏、白起、樂毅、廉頗、王翦等，白身而為將。此已開後世布衣
> 將相之例。〔註62〕

據趙翼所言，可推知古代每個封建侯國各自形成一個社會結構，每個社會結
構當中的上層，則以世襲制為主，當社群倫理與風氣走向腐化，下層意圖往

〔註62〕〔清〕趙翼 著、王樹民 校證：《廿二史劄記校證》，頁 36。

上層侵入，原有的結構就面臨鬆動，乃至於崩解，而春秋迄戰國大抵就是往此崩壞的趨勢發展。尤其是戰國時期人才市場的活絡，便是此種崩壞趨勢的連帶反應，至於其造成何種社會影響，前述論之已詳。

　　除了「社會結構」產生質變之外，時人對於政治組織結構的理解，亦不再視「封建制」為唯一的組織形態。部份春秋時期的諸侯、或實質當權者，開始嘗試用更能鞏固政治權力且增強行政效率的「郡縣制」來取代，錢穆述曰：

> 郡縣制已見於春秋。晉自曲沃篡統，獻公患桓、莊族逼，盡殺羣公子；驪姬之亂，又詛「無畜羣公子」，故晉無公族。而并地日大，於是遂行縣制。即頃公時，六卿弱公室，又盡滅公族，分其邑為十縣，各令其子為大夫。則晉之推行縣制已久，故三家分晉，即變成新的郡縣國家。楚亦久行縣制，蓋內廢公族，外務兼并，為封建制破壞、郡縣制推行之兩因。郡則其先為邊方軍區，較縣為小。及後邊郡日見大，腹縣日見小，亦為軍國進展應有之現象。〔註63〕

就施政而言，「內廢公族」則掣肘者少，施政阻力相對降低，連帶著分散的權力亦可獲得集中，因為「外務兼併」，致使原屬公族之權力皆可收束集中於一人、一家之手。

　　至於「封建制」與「郡縣制」的優劣，王綰與李斯當秦始皇之面，辯之已明，司馬遷〈秦始皇本紀〉述曰：

> 丞相綰等言：「諸侯初破，燕、齊、荊地遠，不為置王，毋以填之。請立諸子，唯上幸許。」始皇下其議於羣臣，羣臣皆以為便。廷尉李斯議曰：「周文武所封子弟同姓甚眾，然後屬疏遠，相攻擊如仇讎，諸侯更相誅伐，周天子弗能禁止。今海內賴陛下神靈一統，皆為郡縣，諸子功臣以公賦稅重賞賜之，甚足易制。天下無異意，則安寧之術也。置諸侯不便。」始皇曰：「天下共苦戰鬥不休，以有侯王。賴宗廟，天下初定，又復立國，是樹兵也，而求其寧息，豈不難哉！廷尉議是。」

就現代觀點而言，「封建制」於時間推演的過程中，無可避免的會產生一種自發分裂傾向，如金觀濤所言：

〔註63〕錢穆：《國史大綱》，頁82。

歷史學家早就認識到，那些建立在自然經濟基礎上的封建國家，由
於各地區之間缺乏密切的經濟、政治聯繫，所以不能長久維持統一
的局面。即使憑借軍事力量一時建立了統一的大國，這種統一也是
不穩定的。小農經濟的分散性始終是一種對統一的瓦解力量。〔註64〕

又：

如果我們分析一下世界史中那些封建大國分裂的過程，就可以看到
它們大致都經歷了三個階段：（1）從軍事佔領到分封管理領土；（2）
人身依附關係日益加強；（3）軍事割據的出現。〔註65〕

因為諸侯對於封建地握有軍事、司法等絕對自主的行政權力，同時，能藉由
政策的賞罰以調節百姓的好惡觀感，時間一久，百姓便只知有諸侯，而不知
有帝王，此即「人身依附關係日益加強」之所指。換言之，在缺乏統一的國
家意識形態控制下，「率土之濱，莫非王臣」（《詩·小雅·北山》）只能淪為
毫無意義的口號，世襲貴族熟稔其屬地內一切所能運用之資源，與中央之實
質關係又隨著世系年代的更替而日漸疏離，久而久之，自然會形成割據一方
的自主勢力。

相對而言，「郡縣制」便能免去「軍事割據的出現」，提供大一統帝國較
為可靠且持續的穩定作用。

但這並不代表「封建制」一無所長。由於「郡縣制」需要足夠的行政官
僚與統一的國家信仰相配合，方能發揮其穩定作用，但兩者皆需要時間進行
培訓和宣傳。在此之前，「封建制」便是能有效紓解中央控管壓力的過渡措施。

在此之前，面對武力強佔的領土，只能用軍事力量維持穩定；或直接設
置一從屬政府，授予實質管理權（如部份行政、司法、經濟稅收等權力），以
減少中央政府的控管壓力。意即秦丞相王綰言：「諸侯初破，燕、齊、荊地
遠，不為置王，毋以填之」，因為中央政府的權力尚無法深入燕、齊等地發揮
控管能力的緣故；而若以事後結果論，陳涉掀起反秦戰爭後，確實最先響應、
淪陷的便是這些地區。此亦佐證了「封建制」仍有其存在之功能與必要的價
值。

是以，筆者認為自高祖「序二等」、「非劉氏不王」迄武帝「推恩行義」、
「德歸京師」（〈建元已來王子侯者年表序〉），種種仍保留「封建制」餘習的

〔註64〕金觀濤、劉青峯：《興盛與危機：論中國封建社會的超穩定結構》，頁33～34。
〔註65〕金觀濤、劉青峯：《興盛與危機：論中國封建社會的超穩定結構》，頁34。

舉措，在無形中都爲「郡縣制」的落實排除障礙，以及爭取時間。關於其詳
細內容，待下文論及衛青時，方有深入之闡述，此處旨在點出當時這一新思
維的重要，而其關鍵的源頭，便是從張良反駁酈食其「復立六國」的建言開
始。

（二）論張良對「封建諸侯」舊思維的突破

趙翼在闡述「漢初布衣將相之局」的發展趨勢時，述曰：

> 楚、漢之際，六國各立後，尚有楚懷王心、趙王歇、魏王咎、魏王
> 豹、韓王成、韓王信、齊王田儋、田榮、田廣、田安、田市等。即
> 漢所封功臣，亦先裂地以王彭、韓等，繼分國以侯絳、灌等。蓋人
> 情習見前世封建故事，不得而遽易之也。乃不數年而六國諸王皆敗
> 滅，漢所封異姓王八人，其七人亦皆敗滅。則知人情猶狃於故見，
> 而天意已另換新局，故除之易易耳。〔註66〕

趙翼此語的潛在邏輯，有近似於近代德國史家德羅伊森對「歷史」的理解，
他曾說：

> 那些在個別行爲者個別目的之下發生的事，對歷史而言并不是研究
> 的目的，而是手段與條件；它們只是變遷脈絡中關鍵時刻的原因。
>
> 〔註67〕

德羅伊森認爲「歷史」自有其所欲發展的「脈絡」，在此「脈絡」中一切人物
的所作所爲，都在此「脈絡」中發揮其應有的角色功能。是以觀察歷史時不
應該只著眼於「個別行爲者個別目的之下發生的事」，應當先拉高視野，釐清
他們是處於何種「變遷脈絡中」，發揮其功能，扮演好「關鍵時刻的原因」角
色。而趙翼所言的「天意」，所謂的「布衣將相之新局」，亦即德羅伊森所指
之邏輯。

由此檢視張良於「復立六國」一事中抱持的反對意見，就事件過程而言，
無法推知其對「郡縣制」的認識與考量是否如筆者前述之理由，但至少他在
審度時勢後，不爲社會普遍意見所侷限的見解，就足以凸顯了他的洞識所在。

事件的發端，始於漢高祖三年，時值劉邦陷於滎陽之圍，與項羽軍僵持
不下，謀臣酈食其獻策曰：

〔註66〕〔清〕趙翼 著、王樹民 校證：《廿二史劄記校證》，頁36～37。
〔註67〕〔德〕約翰・古斯塔夫・德羅伊森（Droysen Johann Gustav，1808～1884）著；
　　　　胡昌智 譯：《歷史知識理論・導論》，頁73。

> 昔湯伐桀，封其後於杞。武王伐紂，封其後於宋。今秦失德棄義，
> 侵伐諸侯社稷，滅六國之後，使無立錐之地。陛下誠能復立六國後
> 世，畢已受印，此其君臣百姓必皆戴陛下之德，莫不鄉風慕義，願
> 爲臣妾。德義已行，陛下南鄉稱霸，楚必斂衽而朝。（〈留侯世家〉）

酈食其建議劉邦以「封侯授印」的方式籠絡六國後世，納爲己援，其背後所
反映的，即是「天子分封諸侯」或「霸主擁天子領諸侯」的慣性思維，也是
時人普遍認定的權力展現的象徵模式。如〈陳涉世家〉中，三老、豪傑擁陳
涉爲王，司馬遷述曰：

> 攻陳，陳守令皆不在，獨守丞與戰譙門中。弗勝，守丞死，乃入據
> 陳。數日，號令召三老、豪傑與皆來會計事。三老、豪傑皆曰：「將
> 軍身被堅執銳，伐無道，誅暴秦，復立楚國之社稷，功宜爲王。」
> 陳涉乃立爲王，號爲張楚。

又范增說項梁擁楚懷王孫心爲王，述曰：

> 居鄛人范增，年七十，素居家，好奇計，往說項梁曰：「陳勝敗固當。
> 夫秦滅六國，楚最無罪。自懷王入秦不反，楚人憐之至今，故楚南
> 公曰『楚雖三戶，亡秦必楚也』。今陳勝首事，不立楚後而自立，其
> 勢不長。今君起江東，楚蠭午之將皆爭附君者，以君世世楚將，爲
> 能復立楚之後也。」於是項梁然其言，乃求楚懷王孫心民閒，爲人
> 牧羊，立以爲楚懷王，從民所望也。（〈項羽本紀〉）

乃至於項羽入秦後，尊楚懷王心爲義帝，自己則是越俎代庖，逕行大封諸侯，
〈項羽本紀〉述曰：

> 項王欲自王，先王諸將相。謂曰：「天下初發難時，假立諸侯後以伐
> 秦。然身被堅執銳首事，暴露於野三年，滅秦定天下者，皆將相諸
> 君與籍之力也。義帝雖無功，故當分其地而王之。」諸將皆曰：「善。」
> 乃分天下，立諸將爲侯王。

除此之外，尚有自立的趙王武臣、燕王韓廣，受擁立的楚王景駒（〈陳涉世
家〉），於舊封國重新復立的齊王田儋、田假、田榮、田廣、田橫等（〈田儋列
傳〉），被項羽招降設立的雍王章邯，種種例子皆可看出，就當時社會認知而
言，諸人仍將「分封土地」視爲權力最高峰的象徵，在此舊有的思維框架下，
鮮有人能發覺到「封建制」會造成的自發分裂傾向，尤其在缺乏統一的宗法
認同與禮樂節制的情形下，分裂情形將愈發加劇。是故酈食其的獻策並無大

錯，是既在社會共識的想像情理當中，又符合以利誘人降人的人性掌握。但其中關鍵則在於酈食其沒有考慮到「復立六國」後，連帶的分裂傾向，恐怕劉邦未受其利、先遭其害，此即張良聽聞劉邦轉述酈生語，驚曰：「誰為陛下畫此計者？陛下事去矣」（〈留侯世家〉）的緣故。見司馬遷載述張良逐一為劉邦陳述利害的過程，曰：

> 張良對曰：「臣請藉前箸為大王籌之。」曰：「昔者湯伐桀而封其後於杞者，度能制桀之死命也。今陛下能制項籍之死命乎？」曰：「未能也。」「其不可一也。武王伐紂封其後於宋者，度能得紂之頭也。今陛下能得項籍之頭乎？」曰：「未能也。」「其不可二也。武王入殷，表商容之閭，釋箕子之拘，封比干之墓。今陛下能封聖人之墓，表賢者之閭，式智者之門乎？」曰：「未能也。」「其不可三也。發鉅橋之粟，散鹿臺之錢，以賜貧窮。今陛下能散府庫以賜貧窮乎？」曰：「未能也。」「其不可四矣。殷事已畢，偃革為軒，倒置干戈，覆以虎皮，以示天下不復用兵。今陛下能偃武行文，不復用兵乎？」曰：「未能也。」「其不可五矣。休馬華山之陽，示以無所為。今陛下能休馬無所用乎？」曰：「未能也。」「其不可六矣。放牛桃林之陰，以示不復輸積。今陛下能放牛不復輸積乎？」曰：「未能也。」「其不可七矣。且天下游士離其親戚，棄墳墓，去故舊，從陛下游者，徒欲日夜望咫尺之地。今復六國，立韓、魏、燕、趙、齊、楚之後，天下游士各歸事其主，從其親戚，反其故舊墳墓，陛下與誰取天下乎？其不可八矣。且夫楚唯無彊，六國立者復橈而從之，陛下焉得而臣之？誠用客之謀，陛下事去矣。」

清人吳見思認為自「武王伐紂封其後於宋者」迄「放牛桃林之陰」，凡六段「皆係敷衍」，目的在於鋪疊說服之氣勢，意即「劈頭一喝後，衍六段逼出下段耳」。〔註68〕換言之，張良之重點僅兩處，一則劉邦尚無力「制項籍之死命」，一則復立六國，將使「天下游士各歸事其主，從其親戚，反其故舊墳墓」；甚至結合此兩點，「楚唯無彊」，劉邦亦無制其死命之能，六國就算復立，也只是再度為項羽削弱而屈從之，不僅無法為劉邦助力，反凝為阻力。

張良從「天下游士離其親戚，棄墳墓，去故舊，從陛下游者，徒欲日夜望咫尺之地」的思鄉情結切入，掌握到了「分封制」終將發生分裂割據的關

〔註68〕〔清〕吳見思：《史記論文》，頁321。

鍵,突破了趙翼所謂的「人情習見前世封建故事,不得而遽易之也」的局限。
而劉邦是個學習能力很強的君王,如張良先後教其「許韓信爲假王以撫其
心」、「封雍齒爲侯以安群臣」,掌握人心的需要,使其能效忠納誠。後劉邦在
平定陳豨之亂的過程中,先是「赦趙、代吏人爲豨所詿誤劫略者」,使其不因
漢軍欲彈壓趙地而傾向陳豨;後臨時封趙地四名壯士「各千戶,以爲將」,左
右皆質疑此四人未有建功,何以封賞?劉邦答曰:

> 非若所知!陳豨反,邯鄲以北皆豨有,吾以羽檄徵天下兵,未有至
> 者,今唯獨邯鄲中兵耳。吾胡愛四千戶封四人,不以慰趙子弟!

劉邦用四千戶拋磚引玉,爭取趙地其他軍兵的效誠,另一方面則是爲趕路的
援軍爭取緩衝時間;對照張良先前所授二策,足見劉邦之捷悟。

據此以推究張良反對「復立六國」一事,對劉邦日後制定「郡縣、分封
並行制」的影響,劉邦背後的考量、顧慮就可想而知。關於此點,司馬遷便
有所察覺,如其於〈漢興以來諸侯王年表序〉述曰:

> 漢興,序二等。高祖末年,非劉氏而王者,若無功上所不置而侯者,
> 天下共誅之。高祖子弟同姓爲王者九國,唯獨長沙異姓,而功臣侯
> 者百有餘人。自鴈門、太原以東至遼陽,爲燕、代國;常山以南,
> 大行左轉,度河、濟,阿、甄以東薄海,爲齊、趙國;自陳以西,
> 南至九疑,東帶江、淮、穀、泗,薄會稽,爲梁、楚、淮南、長沙
> 國:皆外接於胡、越。而內地北距山以東盡諸侯地,大者或五六郡,
> 連城數十,置百官宮觀,僭於天子。漢獨有三河、東郡、潁川、南
> 陽,自江陵以西至蜀,北自雲中至隴西,與內史凡十五郡,而公主
> 列侯頗食邑其中。何者?天下初定,骨肉同姓少,故廣彊庶孽,以
> 鎮撫四海,用承衛天子也。

周王室行「封建制」,致使「王道缺,侯伯彊國興焉」(〈漢興以來諸侯王年表
序〉)的殷鑑不遠,何以劉邦要重蹈覆轍,再行分封呢?就司馬遷的觀察,他
認爲是因爲「天下初定,骨肉同姓少,故廣彊庶孽,以鎮撫四海,用承衛天
子」的緣故,即秦丞相王綰於秦朝初立時所建議的:「諸侯初破,燕、齊、
荊地遠,不爲置王,毋以塡之」,亦即筆者於上述所論及的,「封建制」於天
下甫經統一,中央政府尚無法深入各地域的郡縣進行控管時,「封建制」實爲
穩定時局最好的過渡措施。

　　爾後，不管是劉邦的殺戮功臣、翦除異姓王，陳平、周勃剷除呂氏外戚勢力，歷經文景武三朝對於同姓諸侯王的削弱政略，都在無形中為落實中央集權、落實「郡縣制」這一歷史脈絡中，付出其應有的貢獻及功能。

三、從「萬世之安」的擘畫，見婁敬之遠慮

（一）論婁敬之定都與和親策略

　　《史記》中記載婁敬為戍卒出身，在軍中擔任拉車的工作。但他卻能像酈食其、陸賈、蒯通等飽讀經籍的儒士一般，對於時勢的審察、推度進行條理的剖析，甚至在「定都爭議」一事上，間接地與張良達成共識，更顯現出其於劉邦的智囊團中特殊的形象。即司馬遷所言：

> 語曰：「千金之裘，非一狐之腋也；臺榭之榱，非一木之枝也；三
> 代之際，非一士之智也」。信哉！夫高祖起微細，定海內，謀計用兵，
> 可謂盡之矣。然而劉敬脫輓輅一說，建萬世之安，智豈可專邪！

其於開頭引諺語發端，彰顯意旨。不外乎是在說明一個國家之所以能繁榮昌盛，關鍵便在於網羅、發掘人才，譬如夏、商、周三代陵夷交替，不可能單憑「一士之智也」，意同〈淮陰侯列傳〉廣武君語韓信之言，曰：「臣聞智者千慮，必有一失；愚者千慮，必有一得。故曰『狂夫之言，聖人擇焉』」，而婁敬便是個顯著的例子。尤其是「智豈可專」的驚嘆，道出司馬遷個人的深刻體悟，意即一個人所懷有的智慧與遠見，不能單憑其外表的身份、地位草率斷言；如漢高祖布衣出身，為了平定四海所耗費的心力，可說是竭盡天下智士的謀略，但婁敬一脫下拉車的輓輅，就建立了漢家萬世之安，誰還敢目空一切，自恃其智識是無可匹敵、獨一無二的呢！

　　而司馬遷在塑造繹夫婁敬深謀遠慮的智者形象時，多用人物對比的手法。見〈劉敬叔孫通列傳〉載婁敬分析何以定都關中為宜之理路有三，其中主軸是指出周、漢發跡過程之差異，故不可相提並論。

　　其一，婁敬先歷述周朝自后稷、公劉、太王、文王、武王等人修德納賢安撫萬民的過程，是「積德累善十有餘世」；而漢廷以暴起、兵力興國，述曰：

> 今陛下起豐擊沛，收卒三千人，以之徑往而卷蜀漢，定三秦，與項
> 羽戰滎陽，爭成皋之口，大戰七十，小戰四十，使天下之民肝腦塗
> 地，父子暴骨中野，不可勝數，哭泣之聲未絕，傷痍者未起，而欲
> 比隆於成康之時，臣竊以為不侔也。

兩者一以德服，一以力服，百姓或心服口服、或心服口不服，時不可相擬也。

其二，析論當年周公為成王營雒邑的考量，謂曰：

> 成王即位，周公之屬傅相焉，迺營成周洛邑，以此為天下之中也，諸侯四方納貢職，道里均矣，有德則易以王，無德則易以亡。凡居此者，欲令周務以德致人，不欲依阻險，令後世驕奢以虐民也。及周之盛時，天下和洽，四夷鄉風，慕義懷德，附離而並事天子，不屯一卒，不戰一士，八夷大國之民莫不賓服，效其貢職。及周之衰也，分而為兩，天下莫朝，周不能制也。非其德薄也，而形勢弱也。

婁敬說洛陽為天下之中，「諸侯四方納貢職，道里均矣」。但其前提則在於諸侯王肯奉周天子為共主以尊崇之，故曰「有德則易以王，無德則易以亡」，居此需「務以德致人，不欲依阻險，令後世驕奢以虐民也。」婁敬接著則分述周盛、周衰各自形勢如何，以為例證。

其三，則從實際的軍事考量，論析關中與洛陽之優劣，述曰：

> 且夫秦地被山帶河，四塞以為固，卒然有急，百萬之眾可具也。因秦之故，資甚美膏腴之地，此所謂天府者也。陛下入關而都之，山東雖亂，秦之故地可全而有也。夫與人鬥，不搤其亢，拊其背，未能全其勝也。今陛下入關而都，案秦之故地，此亦搤天下之亢而拊其背也。

既然以漢廷當下的局勢，修德養民顯然緩不濟急，故現實考量則極為重要，此亦是劉邦諮詢張良意見時，張良說動劉邦的根本理由。〈留侯世家〉載曰：

> 雒陽雖有此固，其中小，不過數百里，田地薄，四面受敵，此非用武之國也。夫關中左殽函，右隴蜀，沃野千里，南有巴蜀之饒，北有胡苑之利，阻三面而守，獨以一面東制諸侯。諸侯安定，河渭漕輓天下，西給京師；諸侯有變，順流而下，足以委輸。此所謂金城千里，天府之國也，劉敬說是也。

張良將婁敬所說「秦地被山帶河，四塞以為固」的形勢，闡明的更加具體，恃險當如何運用調度的方案亦一一羅舉，終致劉邦拍板定案，「於是高帝即日駕，西都關中」。

婁敬說事，兼具情理，援引歷史跡證亦條理清晰、娓娓道來，尤其是將古今形勢發展對比呈現，且各就優劣應對之法一一陳述，宛若戰國縱橫之士，幾乎讓人忘卻他原來只是個戍卒出身的「縛夫」。相較於主張「定都洛陽」的

山東群臣，「爭言周王數百年，秦二世即亡，不如都周」（〈劉敬叔孫通列傳〉），語中忽略了漢家與周室開國立國的時空差異，不可相提並論，更以地近山東的私情，貿然將首都置於「四面受敵」之險地，豈不愚昧。

　　同樣的對比襯托之手法，司馬遷亦用在婁敬擘畫「和親匈奴」一事上。時值漢七年，韓王信夥同匈奴造反，劉邦先「使人使匈奴」，「匈奴匿其壯士肥牛馬，但見老弱及羸畜。使者十輩來，皆言匈奴可擊。」數十名使者回來，皆說匈奴只有老弱殘兵，可以討伐，劉邦再命婁敬爲使，婁敬回來報曰：「兩國相擊，此宜夸矜見所長。今臣往，徒見羸瘠老弱，此必欲見短，伏奇兵以爭利。愚以爲匈奴不可擊也。」婁敬認爲兩國相爭，應該要盡量誇張自己的威勢，先聲奪人，但匈奴反倒示人以羸弱不足，必定有詐。後劉邦不信，執意起兵，終致平城白登之圍，險喪其身。

　　一樣是看見匈奴「羸瘠老弱」的景象，十數人竟不敵一個婁敬的見識。而婁敬對於人性心理的推敲、形勢氛圍的敏銳，可見一斑。據司馬遷的敘述來看，婁敬未有師承，故其所知所識，應當皆由日常生活的經驗觀察與自學修習而來。對比上述力主定都洛陽的有功群臣，以及此處數十名出使匈奴的使者，司馬遷雖未一一直陳其名，但其出身、地位，必皆不在婁敬之下，然遠見、思慮都不如婁敬，司馬遷譏諷、反襯之意不即在其中嗎！

　　尤其「和親匈奴」一事，更見婁敬不僅能體認時勢的變化，排佈因應之策；還能推算時勢的走向，擘畫出有利的形勢局面，見司馬遷於〈劉敬叔孫通列傳〉當中的記載：

> 高帝罷平城歸，韓王信亡入胡。當是時，冒頓爲單于，兵彊，控弦三十萬，數苦北邊。上患之，問劉敬。劉敬曰：「天下初定，士卒罷於兵，未可以武服也。冒頓殺父代立，妻羣母，以力爲威，未可以仁義說也。獨可以計久遠子孫爲臣耳，然恐陛下不能爲。」上曰：「誠可，何爲不能！顧爲柰何？」劉敬對曰：「陛下誠能以適長公主妻之，厚奉遺之，彼知漢適女送厚，蠻夷必慕以爲閼氏，生子必爲太子，代單于。何者？貪漢重幣。陛下以歲時漢所餘彼所鮮數問遺，因使辯士風諭以禮節。冒頓在，固爲子婿；死，則外孫爲單于。豈嘗聞外孫敢與大父抗禮者哉？兵可無戰以漸臣也。若陛下不能遣長公主，而令宗室及後宮詐稱公主，彼亦知，不肯貴近，無益也。」高帝曰：「善。」欲遣長公主。呂后日夜泣，曰：「妾唯太子、一女，

奈何棄之匈奴！」上竟不能遣長公主，而取家人子名爲長公主，妻
單于。使劉敬往結和親約。

劉敬認爲漢方興國，「天下初定，士卒罷於兵，未可以武服也」；而冒頓殺
父取母，崇尚軍事暴力，亦顯然不能以我們的價值觀去戒諭他。故只能於
現階段，先用「歲時漢所餘彼所鮮數問遺」，籠絡其心、拉近關係，再派遣
能言善道的使節，不時用禮節暗示、開導他們，久之，匈奴百姓已習慣漢
朝的文化禮俗，自然「兵可無戰以漸臣也」。然而一切步驟最重要的關鍵就
是將漢朝的公主嫁予匈奴作皇后，利用血緣之親、教責之近，使漢文化能
於匈奴處紮根發芽。婁敬利用「移風變俗」的方式，企圖通過文化的薰染，
使匈奴與漢廷原先敵強我弱的形勢，主客易位，就長遠看，實不失爲一勞
永逸之法。

爾後，惠、文、景三朝無不依循著婁敬此既定方針而行。但令人質疑的
是，如果婁敬此方略眞能奏效，何以文、景二朝與匈奴的戰爭、爭執仍不見
改善呢？這就是筆者接下來所要論述的，婁敬雖能導引時勢，卻無法測度過
程中未知的變數，此亦是歷史研究需特別留意之關鍵所在，因爲關鍵因素的
失之交臂，往往會使得史事的評價有截然不同的走向。

（二）論中行說對和親策略的破壞

清人丁晏評價婁敬「和親匈奴」的建議，實「開千古和親之釁」，語曰：

> 案史公言婁敬之智，其言都關中及匈奴不可擊，具見碩畫，至請以
> 公主妻單于，開千古和親之釁，此則罪之大者，匪直謀之不臧也。
> 史公止贊其建都之安，而不及他事，可云特識。〔註69〕

丁氏謂婁敬言「都關中及匈奴不可擊，具見碩畫」，不可謂無識。然其推究史
遷心意，實欠周慮。〈太史公自序〉序目即言「徙彊族，都關中，和約匈奴；
明朝廷禮，次宗廟禮法，作〈劉敬叔孫通列傳〉第三十九」，豈可謂史遷止贊
其建都之安呢？丁氏此語，恐不免斷章取義。

至於說婁敬「開千古和親之釁」、「直謀不臧」就更是忽略了宦官中行說
這個從中破壞的歷史變數，致使婁敬「移風變俗」之策，延宕中絕。

中行說爲孝文帝時身邊的宦官，因其爲燕人出身，而燕地與匈奴接壤，
故遣其爲和親公主的侍從。

〔註69〕楊燕起、賴長揚等：《史記集評》，頁542引《史記餘論・劉敬叔孫通列傳》。

中行說知道此行一去，回國無期，便堅決不允，並說：「必我行也，爲漢患者」（〈匈奴列傳〉），但仍於文帝的堅持下，與公主隨行，後果然從中破壞婁敬當年擬定的方略，挑唆漢、匈之間的敵意、戰爭，影響兩國關係近二十年之久。〔註70〕

中行說主要做了兩件事。首先，他藉由職務之親，爲匈奴單于先灌輸漢邦、匈奴兩國其風俗民情皆截然不同的觀念，以抵禦婁敬「移風變俗」的策略，如〈匈奴列傳〉述曰：

> 初，匈奴好漢繒絮食物，中行說曰：「匈奴人眾不能當漢之一郡，然所以彊者，以衣食異，無仰於漢也。今單于變俗好漢物，漢物不過什二，則匈奴盡歸於漢矣。其得漢繒絮，以馳草棘中，衣袴皆裂敝，以示不如旃裘之完善也。得漢食物皆去之，以示不如湩酪之便美也。」
> 於是說教單于左右疏記，以計課其人眾畜物。

司馬遷寫道：早先，匈奴喜愛漢朝的繒絮、食物。此可知婁敬的方略已開始產生作用。但中行說娓娓道出漢邦、匈奴兩國在生活習慣、文化上的差異，點破匈奴爲漢所惑的盲點所在。如匈奴的飲食習慣與漢人迥異，加上人口抵不上漢朝一個郡，根本無須從漢朝輸入食物，便可自給自足；而今匈奴人逐漸習慣漢朝的食物，一旦造成依賴，屆時漢廷便可以此挾制匈奴。另外，漢人與匈奴的生活環境有別，習慣亦有別，以衣服而言，漢人繒絮以涼爽文飾爲主進行設計，根本不利大動作的騎馬，也不如旃裘結實耐用。故而他建議單于應當丟棄漢人的食物，回歸到匈奴人原本的習慣。

更重要的是中行說教會了單于的部下學習分類跟計算物資的種類、數量。數字是最自然的科學語言，當人對數字產生概念時，他便能從事基本的理性思考，即以量化計算損益。易言之，婁敬欲「以歲時漢所餘彼所鮮數問遺」的方式矇混匈奴已經行不通了，因爲在中行說的教導下，匈奴單于已能分辨何者是他乃至於整個部族眞正需要的物資，而何者不是；並在量化思考的協助下，單于也能藉由理性的判斷，推算自己在每一次的協議合約中究竟是吃虧，還是佔便宜。

〔註70〕據〈匈奴列傳〉，漢文帝使中行說傅公主出嫁和親，時在文帝前六年（前174年）漢遺匈奴書後。而中行說服事稽粥單于、軍臣單于父子兩代，然不知其何所終，只知漢廷與匈奴重修舊好，締結和親之約，並維持很長時間的和平局勢，是在漢景帝平定吳楚七國之亂後，時在漢景帝三年（前154），故筆者言「近二十年之久」，則由此故。

　　總之，中行說沒有使匈奴在漢文化的薰陶下，生出由衷欣羨之情，反而使他除了握有強大的軍事實力外，還成為懂得外交斡旋、討價還價的難纏敵手。

　　其次，中行說更教唆單于利用外交信函，或面見使節的機會，對漢朝進行挑釁，並且施加壓力。甚或親身代表匈奴，與漢廷的使者進行文化、風俗等各方面的對辯，目的則在於抵禦漢文化的入侵，不使漢廷有可趁之機以影響匈奴人的生活模式。通過持續的騷擾，逼使漢廷進行和談，質言之，彷彿流氓地痞，無故生端以勒索保護費。

　　據是，婁敬在中行說的干擾下，其「以歲時漢所餘彼所鮮數問遺」與「因使辯士風諭以禮節」的兩種策略皆宣告失敗。漢邦、匈奴的關係，因中行說的一己私怨，重新回到交惡的原點。

　　從中行說分析漢邦、匈奴文化風俗差異的記載來看，他確實為深通兩國文化的外交人才，漢文帝的選擇並沒有錯。但他雖掌握了中行說的才幹，卻未能掌握他的人品，遂使婁敬欲明以「和親」、暗以「變俗」的百年大計，原地空轉近二十年。縱使婁敬對形勢的推估再深謀遠慮，恐怕都不能算出中行說這個惹事生非的禍因來，時風變化的拿捏掌握，其難在此。

　　故而，若欲以此謂婁敬的和親政策失敗，以「開千古和親之罪」問責之，恐是失之公允。因為根據司馬遷的認識，中行說在「和親匈奴」方略的從中作梗，他想必是瞭若指掌。見司馬遷於〈匈奴列傳〉中，載錄文帝後二年，遺匈奴的書信裡頭，便有暗斥中行說挑撥兩國關係的敘述，曰：

　　　　今聞渫惡民貪降其進取之利，倍義絕約，忘萬民之命，離兩主之驩，
　　　　然其事已在前矣。

雖未指名道姓，但史遷以此書銜接於中行說辯退漢使之後，應有責之之意。是以「和親匈奴」之策，未能達成預期之效果，實非婁敬之失也。

　　總言之，婁敬以戍卒繂夫的社會底層身份，展現其過人的識見與謀慮，超乎尋常人眼光所能想像，而這正是司馬遷所欲表達的「智豈可專」，莫為任何條件以侷限自我對於形勢的認識，以及忽視他人對於形勢觀察的正確判斷。再者，婁敬在「都關中」、「徙彊族」、「和親匈奴」三事上，無論是對形勢的分析、動向的掌握、心理的推估皆精準無疑，亦反映了個人在因應時風變化的前置準備，經驗跟知識皆屬要件，切莫以智自專、劃地自限，聰明反為聰明誤矣。

第柒章　結　論

　　人之所以會向「歷史」尋求援手，往往是因爲面對現實生活環境的困難已束手無策，故而回顧歷史、探究歷史。其目的動機之小者，則同情古人之遭遇，平衡自身之抑鬱，獲取聊以自慰、自勵之機；其目的動機之大者，則詮評古今之流變，借鑒過往之經驗教訓，爲眼前幽暗的昏沉濁世，打亮一盞前行的明燈。

　　司馬遷背負著其父司馬談所論「世典周史」之職守，而賦予之中興家業的期許，以及「宣揚漢德」未竟的遺志。這種期許和遺志，加在司馬遷肩上，負擔已屬沉重，又因「李陵案」爲自己招來天外橫禍，致使下半生近三、四十年的光陰歲月，都在「爲鄉黨所笑，以汙辱先人」的譏諷謾罵中度過；經歷著「腸一日而九迴，居則忽忽若有所亡，出則不知其所往。每念斯恥，汗未嘗不發背沾衣也」的惶恐生活；而最使人氣憤煎熬者，又莫過於還要伴駕行走，眼前盡是「希世用事」的虛僞矯飾之徒，「陽慕」、「乾沒」的「刻深意忌」之輩，堂堂漢武盛世，彷彿構築於不勝枚舉的謊言、欺騙、諛美、陷害之種種使人憤懣、作嘔的行爲之上，而自己對此卻束手無策。

　　是以，司馬遷只能將他的希望寄予於未來，他希望通過《史記》的建構、傳世，讓現實中遭受到的屈辱，能於未知的時空中獲得理解，以平反他筆墨難以形塑言喻的苦痛；也通過《史記》，將現實中種種光怪陸離的景象，一一刻劃描摹下來，以告訴後世漢武盛世背後髒汙、腐臭的眞實面貌，諫告後世當引以爲戒，莫使自己正經歷飽嘗的孤寂及憤怒，一而再、再而三地發生。

　　爲使《史記》不流於戰國時人「迂大宏辯」、「怪誕不經」的空言浮說，司馬遷回顧了周公、孔子從事「歷史研究」、借重「歷史經驗」的過往，最重

要的是「周文精神」的建立。周文精神其實就是一種歷史意識覺醒的理性精神。此種理性精神，由人性原始的恐懼所觸發；既對恐懼有所警覺，且欲尋求因應解決之道者，便可視為具備理性思維；此思維訴諸外在之表現，即為憂患意識。「周文精神」便是周人企圖借助歷史回顧、歷史鑑戒的力量，以因應「憂患意識」的人文自覺精神。

周公本著精練的歷史知識以闡述歷史，又本著精練的歷史知識以說服殷商遺民，此即《周書》諸篇檔案所透露、所展現的歷史精神及人文意識。但這並不代表上帝的信仰對周人社會已全面失去影響力，故而如何淡化殷商舊制所遺留的宗教色彩，脫離神意信託的傳統，走上理性思辨的道路，才是問題的關鍵。故周公藉由「文王精神」形象的塑造，與「制禮慎刑」概念的落實，完成了宗教信仰走向理性思辨的轉移。

由於在周公時，文王去世猶未遠，這些德行風範，在民眾記憶中猶言在耳、歷歷在目，周公因此抓緊文王的道德形象，加以放大、擴張、宣揚，很容易便形塑其完美形象，進而成為周人的精神象徵。同時，周公強調禮法的重要性，其鑑於殷代滅亡之教訓，於是將抽象的道德價值概念藉由客觀形式制度的建立以具現化，其消極意義，是用以抑制人慾之泛濫，而其積極意義，則藉由「文王之德」的模範，要求士大夫以上階層必須具有以身作則、為民表率的自覺象徵。是以周公不厭其煩的強調為政者當有道德自覺之重要，非出於維護君王利益的一己之私，而是當軸失正，再縝密周詳的律法自無人遵守，則法亦枉然。

據是，周公以憂患意識為動力，以歷史知識為指迷，由「敬」字所代表之自強態度出發，逐一分離殷文化中原始的宗教迷信色彩，重新詮釋上天、君王、百姓於現世中各自所扮演的角色與應盡之職責，將抽象的道德思辨轉化成具體的禮制成法。自消極面而言，禮制成法強制規範了君民的地位與行為準則，抑制由私心、人欲而衍生的爭奪之心；自積極面而言，文王之德取代了「天命無常」的觀念，守護著世間每一個因恐懼而焦慮的個體，文王的具體作為也成為後人得以仿效遵循的生存法則，而不至於終日惶惶無所適從。

但時至孔子，由於上位者帶頭違反禮制的規定（如前述所言穆王、厲王、宣王等人之事蹟），臣下自然群起效尤，禮法則隨著時間的變化逐漸失去其約束力，原本穩定的結構就此鬆動，乃至於崩解。而孔子既不得其位，因此無法訴諸于外在形式的力量（即宗法禮儀的規範）以維持社會結構的穩定，乃

轉求諸個人內在的自覺自勵；當每個人皆能使自己在社會群體中成爲一個穩定的力量，國家自然亦能重新回歸成一個結構穩定的狀態。

　　孔子思想之發想形塑，源自於對歷史典籍檔案的探究與現實生活細節的觀察，在抽象思辨與具體經驗中取得對照融合的契機，使自己的思想不至於陷入空泛的玄想或成見的偏狹，此種嚴謹持學的自覺，即可稱之爲「史學精神」，因其已非單純地注重歷史知識、歷史教訓的作用，而是要求自己必須在理性運作、講究邏輯、注重事實的前提下運用或評斷過去的史事和當下的現實，不可使歷史事實遭到污衊、扭曲。此即司馬遷引孔子語云：「我欲載之空言，不如見之於行事之深切著明也」的內涵眞義。

　　司馬遷正是依循著周、孔兩位哲人的思辨道路，提出了自己以「治」爲核心的歷史研究目的。具體而言，「治」的目的，即在使社會秩序獲得安定，讓身處其中的每個人，在身體與心靈兩方面皆得自在安寧的愉悅。其關鍵則在於如何判別「義」與「不義」的行爲，司馬談〈論六家要旨〉嘗云：「其實中其聲者謂之端，實不中其聲者謂之窾。窾言不聽，姦乃不生，賢不肖自分，白黑乃形。在所欲用耳，何事不成。」意思是：應當檢視事件中，「名」與「實」有無相符，即「外在之行事」與此「行事之內涵」有無合一，譬如袁盎、張湯、公孫弘等人「常引大體忼慨」（〈袁盎鼂錯列傳〉），博得聲名，但若檢視其實際的行爲舉止，往往與其對外宣稱的背道而馳，此則「實不中其聲者謂之窾」，發聲的器物與實際發出聲響的內容不符也。當自我能區別「端」（眞實）與「窾」（虛假）的差別時，如何貫徹遵行自身之價值信念，便是再明顯不過之事了。既能區別「義」舉和「不義」之舉，求治以安心，也就是只待具體實踐而已了。

　　但人性變化的急遽難測與社會關係的錯綜複雜，都使得周孔二人在訴諸禮制形式的完善，以及倡言道德修身自持的鍛鍊兩方面，都漸漸失去挽救人心的作用。司馬遷因而進一步搜羅更多的人事案例、人物行跡，企圖補救此種每況愈下的趨勢，其藉由歸納、分類的方式，讓原先單一的道德價值觀，能轉化出更多元的價值選擇，如熱中富貴的管仲、李斯；執著於抱怨復仇的伍子胥和白公勝；還有大德不踰、小德不拘，一心只想遂行己志己願的叔孫通，諸多例子都呈現了現實人生的多種面相。

　　但豐富的選擇，伴隨而來的即是應對的困難，跟隨潮流或抵抗潮流的二元抉擇，成爲最基本卻也是最困難的人生選擇。司馬遷以魏公子的眞淳無不

感動後世每一個聽聞者爲例，委婉的建議爲此苦惱者，當由衷地面對自己的
眞誠。或有爲身份低微、薪米不繼而煩惱者，司馬遷用婁敬的例子，說明眞
正的智慧並非來自於崇高的身份或響亮的頭銜，只要孜孜矻矻的爲充實自己
而努力，待時機到臨，就是天道酬勤的日子。

　　不過，單純說理是不夠的，必須建立在紮實的證據上，方能成爲足以說
服人心的堅固磐石。加上司馬遷因著家傳的史官身份，對於「歷史研究」有
著超乎常人認知的堅持與責任感。爲使「歷史」不遭權奸巨憝所濫用，他立
下嚴謹的條例、準則，使「歷史研究」走向專業化、學術化。無論是關於「歷
史研究」中文本的編纂、材料文獻的蒐集、蒐集的方向，以及材料的分類、
汰選、整合等種種繁複的手續，他都一一仔細考量，一方面反省前人之過失，
一方面審思當下的疑難。故而《史記》五體的設立，和「互見」、「序贊」等
不明文而直接呈現於文本當中的條例，都是在他省思、批判前人史學觀念、
史學思想之後的結晶。

　　反對權威的司馬遷，自不將自己視作權威。他只是希望藉由《史記》的
傳世，能於未知的時空中，尋得能理解其心的知己，使他歷經數十年歲月的
煎熬、忍耐的成果，能得到後人的重視和回應。

　　司馬遷於《史記》中所展現之觀念，實能超越時空的局限，易言之，每
個時代各有其所需面對之問題、疑難，但司馬遷寄寓於《史記》中之理念、
精神，如何進行更化，以作爲現代從事「歷史研究」之鑑戒，實可爲將來努
力之目標。

附錄一：太史公游歷圖

太史公游歷圖

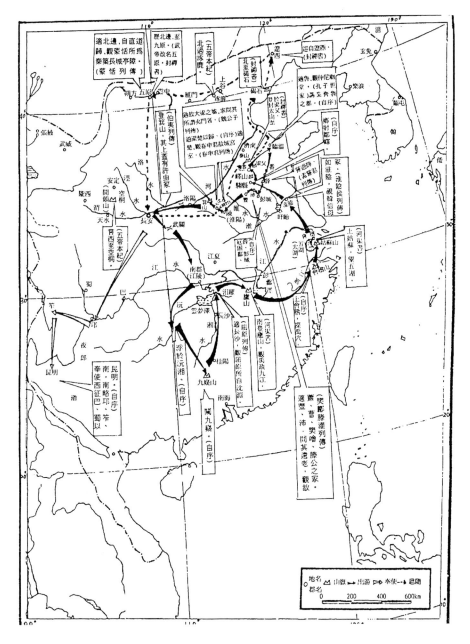

引用書目

此書目不是筆者執筆前全部參考資料的匯集，僅限於在注釋中提到的文獻。

一、《史記》研究之古籍著作

1. 《史記三家注》，〔西漢〕司馬遷著；〔宋〕裴駰集解；〔唐〕司馬貞索隱；
   〔唐〕張守節正義，台北：洪氏出版社，據清同治年間張文虎校刻、金
   陵書局刊行《史記集解索隱正義合刻本》分段標點，1974 年 10 月。

2. 《補標史記評林》，〔西漢〕司馬遷 著；〔宋〕裴駰 集解；〔唐〕司馬貞 索
   隱；〔唐〕張守節 正義；〔明〕凌稚隆 輯校；〔明〕李光縉 增補；〔日〕
   有井範本 補標，台北：地球出版，1992 年 3 月。

3. 《史記志疑》，〔清〕梁玉繩，台北：台灣學生書局，據光緒十三年秋九月
   廣雅書局刻本影印，1970 年 7 月。

4. 《史記會注考證》，〔日〕瀧川資言，台北：大安出版社，1998 年 9 月。

二、古籍著作

（一）經部之屬

1. 《唐宋注疏十三經》，〔唐〕孔穎達、賈公彥等、〔宋〕邢昺，北京：中華
   書局，據 1936 年版《四部備要》縮印，即清阮元重栞宋本十三經注疏附
   校勘記影印本，1998 年 11 月。

2. 《經學通論》，〔清〕皮錫瑞，台北：臺灣商務印書館，1989 年 10 月。

3. 《尚書集釋》，屈萬里集釋，台北：聯經出版，2006 年 10 月。

4. 《春秋左傳注（修訂本）》，題〔春秋〕左丘明 著；楊伯峻 注，台北：洪
   葉文化事業出版，1993 年 5 月。

5. 《國語集解（修訂本）》題，〔周〕左丘明 著；徐元誥 集解，北京：中華書局，2008 年 1 月。

6. 《論語正義》，〔春秋〕孔子著；〔清〕劉寶楠正義，北京：中華書局，1990 年 3 月。

7. 《論語新解》，〔春秋〕孔子 著；錢穆 註解，台北：東大圖書出版，2004 年 7 月。

8. 《說文解字注》，〔東漢〕許慎 著；〔清〕段玉裁 注，台北：洪葉文化事業出版，2003 年 10 月增修版。

（二）史部之屬

1. 《戰國策》，〔西漢〕劉向，台北：里仁出版，據黃丕烈刊刻姚宏《士禮居叢書》本，1982 年 1 月。

2. 《漢書》，〔東漢〕班固 著；〔唐〕顏師古 注，台北：鼎文書局，據王先謙《漢書補注》本分段標點，1976 年 10 月再版。

3. 《後漢書》，〔劉宋〕范曄 著；〔唐〕李賢等 注，台北：洪氏出版社，1975 年 9 月。

4. 《北齊書》，〔唐〕李百藥，台北：洪氏出版社，1974 年 7 月。

5. 《隋書》，〔唐〕魏徵等，新北：史學出版社，1974 年 5 月。

6. 《史通》，〔唐〕劉知幾 著；〔清〕浦起龍 通釋；呂思勉 評，上海：上海古籍出版社，2008 年 12 月。

7. 《通志二十略》，〔宋〕鄭樵 著；王樹民 點校，北京：中華書局，2009 年 2 月。

8. 《陔餘叢考》，〔清〕趙翼，石家莊：河北人民出版社，2006 年 6 月。

9. 《十七史商榷》，〔清〕王鳴盛，南京：鳳凰出版社，2008 年 1 月。

10. 《文史通義校注》，〔清〕章學誠 著；葉瑛 校注，北京：中華書局，2008 年 3 月。

11. 《世本八種》，〔清〕秦嘉謨等 輯，北京：中華書局，2008 年 8 月。

12. 《廿二史劄記校證》，〔清〕趙翼 著；王樹民 校證，北京：中華書局，2012 年 3 月。

（三）子部之屬

1. 《墨子校注》，〔戰國〕墨子 著；吳毓江 校注，北京：中華書局，2010 年 4 月 2 版。

2. 《商君書錐指》，〔戰國〕商鞅 著；蔣禮鴻 注釋，北京：中華書局，2006 年 11 月。

3. 《莊子集釋》，〔戰國〕莊周 著；〔清〕郭慶藩 集釋，台北：萬卷樓出版，1993 年 3 月。

4. 《荀子集解》，〔戰國〕荀子 著；〔清〕王先謙 集解，台北：藝文印書館，1994 年 1 月。

5. 《呂氏春秋譯注》，〔戰國〕呂不韋等 著；張雙棣等 注譯，北京：北京大學出版社，2011 年 6 月。

6. 《韓非子集解》，〔戰國〕韓非 著；〔清〕王先慎 集解，北京：中華書局，2011 年 2 月。

7. 《新語校注》，〔西漢〕陸賈 著；王利器 校注，北京：中華書局，2010 年 4 月。

8. 《賈誼集校注（增訂版）》，〔西漢〕賈誼 著；吳云、李春台 校注，天津：天津古籍出版社，2010 年 1 月。

9. 《春秋繁露義證》，〔西漢〕董仲舒 著；〔清〕蘇輿 義證，北京：中華書局，2010 年 1 月。

10. 《淮南鴻烈集解》，〔西漢〕劉安等 著；劉文典 集解，北京：中華書局，2010 年 1 月。

11. 《鹽鐵論譯注》，〔西漢〕桓寬 著；王眞珉 譯注，長春：吉林文史出版社，1996 年 10 月。

12. 《說苑校證》，〔西漢〕劉向 著；向宗魯 校證，北京：中華書局，2011 年 3 月。

13. 《潛書》，〔清〕唐甄，四川：四川人民出版社，1984 年 9 月。

（四）集部之屬

1. 《楚辭補注》，〔戰國〕屈原等 著、〔南宋〕洪興祖 補注，台北：大安出版社，2009 年 1 月。

2. 《李善注昭明文選》，〔梁〕蕭統 編、〔唐〕李善 注，台北：河洛圖書出版社，1980 年 8 月。

3. 《文心雕龍義證》，〔梁〕劉勰 著、詹鍈 義證，上海：上海古籍出版社，1994 年 9 月。

4. 《文心雕龍讀本》，〔梁〕劉勰 著、王更生 譯注，台北：文史哲出版社，2004 年 10 月。

5. 《戴震全書》，〔清〕戴震，北京：清華大學出版社，1992 年 6 月。

6. 《雕菰集》，〔清〕焦循，上海：商務印書館，1936 年 6 月。

7. 《方苞集》，〔清〕方苞，上海：上海古籍出版社，1983 年 5 月。

8. 《崔東壁遺書》，〔清〕崔述，高雄：河洛圖書出版社，1975 年 9 月。

三、近現代《史記》研究相關之著作

（一）《史記》通論之屬

1. 《司馬遷與其史學》，周虎林，台北：文史哲出版社，1987 年。
2. 《司馬遷史學批判及其理論》，周一平，上海：華東師範大學出版社，1989 年 12 月。
3. 《中國史官文化與史記》，陳桐生，台北：文津出版社，1993 年 11 月。
4. 《司馬遷之人格與風格》，李長之，台北：里仁出版，1999 年 4 月增訂。
5. 《儒家經傳文化與史記》，陳桐生，台北：洪葉文化事業出版，2002 年 9 月。
6. 《司馬遷學術思想探源》，張強，北京：人民出版社，2005 年 5 月。
7. 《抑鬱與超越──司馬遷與漢武帝時代》，逯耀東，東大圖書出版，2007 年 5 月。

（二）司馬遷生平研究之屬

1. 《司馬遷年譜》，鄭鶴聲，上海：商務印書館，1957 年 3 月。
2. 《司馬遷評傳》，張大可，北京：華文出版社，2005 年 1 月。

（三）《史記》學之屬

1. 《司馬遷所見書考》，金德建，上海：上海人民出版社，1963 年 2 月。
2. 《史記考索》，朱東潤，台北：台灣開明書店，1976 年 3 月臺三版。
3. 《史記新注》，張大可，北京：華文出版社，2000 年 1 月。
4. 《史記地圖滙編》，黃啓方師、洪國樑師，新北：學海出版社，2001 年 1 月。
5. 《史記學概論》，張新科，北京：商務印書館，2003 年 11 月。
6. 《史記探源》，崔適，北京：中華書局，2004 年 1 月。
7. 《史記研究史及史記研究家》，張新科、俞樟華等，北京：華文出版社，2005 年 1 月。
8. 《史記版本及三家注研究》，張玉春、應三玉，北京：華文出版社，2005 年 1 月。
9. 《史記研究》，張大可，北京：商務印書館，2011 年 2 月。

（四）《史記》論評之屬

1. 《史記解題》，吳福助，台北：河洛圖書出版社，1979 年 4 月。

2.《史記題評》，韓兆琦，西安：陝西人民教育出版社，2000 年 9 月。

3.《史記集評》，楊燕起、賴長揚，北京：華文出版社，2005 年 1 月。

四、近現代著作

（一）史學理論、方法與史學史之屬

1.《歷史研究法二種》，何炳松、呂思勉，台北：華世出版社，1974 年 12 月。

2.《國史要義》，柳詒徵，台北：台灣中華書局，1979 年 11 月。

3.《中國史學史》，金毓黻，台北：鼎文書局出版，1979 年 10 月 3 版。

4.《孔子與論語》，錢穆，台北：聯經出版，1983 年 6 月。

5.《史學方法論》，杜維運，台北：三民出局出版，1987 年 9 月增訂版。

6.《史學與史學方法》，許冠三，台北：萬年青書店（無出版日期）。

7.《歷史知識與社會變遷》，胡昌智，台北：聯經出版，1988 年 12 月。

8.《管錐編：第一卷》，錢鍾書，台北：書林出版，1990 年 8 月。

9.《史學與中國文化傳統》，陳其泰，北京：書目文獻出版社，1992 年 2 月。

10.《憂患與史學》，杜維運，台北：東大圖書出版，1993 年 1 月。

11.《中國歷史研究法》，梁啓超，台北：里仁出版，2000 年 8 月。

12.《中國古代史籍校讀法》，張舜徽，台北：里仁出版，2000 年 9 月。

13.《史學方法導論》，收入《傅斯年全集》第 2 卷，傅斯年，長沙：湖南教育出版社，2003 年 9 月。

14.《胡適口述自傳》，唐德剛，台北：遠流出版社，2005 年 5 月。

15.《劉咸炘學術論集：史學編》，劉咸炘，桂林：廣西師範大學出版社，2007 年 7 月。

16.《書寫歷史》，朱淵清，上海：上海古籍出版社，2009 年 7 月。

17.《西方史學史》，張廣智，上海：復旦大學出版社，2010 年 7 月 3 版。

18.《口述史研究方法》，李向平、魏揚波，上海：上海人民出版社，2010 年 4 月。

19.《新史學圈外史學》，王爾敏，桂林：廣西師範大學出版社，2010 年 8 月。

20.《與歷史對話——口述史學的理論與實踐》，楊祥銀，北京：中國社會科學出版社，2004 年 11 月。

（二）國史研究之屬

1.《尚書研究》，朱廷獻，台北：台灣商務印書館，1987 年 1 月。

2.《春秋大事表列國爵姓及存滅表譔異》，陳槃，台北：中央研究院歷史語言研究所，1988 年 6 月 3 版。

3.《西周史》，楊寬，台北：台灣商務印書館，1999 年 4 月。

4.《太平天國史》，羅爾綱，北京：中華書局，2000 年 11 月。

5.《秦漢史》，錢穆，台北：東大圖書出版，2006 年 7 月 2 版。

6.《國史大綱》，錢穆，台北：台灣商務印書館，2008 年 9 月修訂 3 版。

7.《中國歷代政治得失》，錢穆，台北：東大圖書出版，2008 年 6 月 2 版。

8.《春秋史》，童書業，北京：中華書局，2010 年 3 月。

（三）思想研究之屬

1.《中國人性論史：先秦篇》，徐復觀，台北：台灣商務印書館，1982 年 7 月。

2.《法家哲學體系指歸》，黃公偉，台北：台灣商務印書館，1983 年 8 月。

3.《經子解題》，呂思勉，高雄：復文圖書，1983 年 10 月。

4.《兩漢思想史：卷一》，徐復觀，台北：台灣學生書局，1993 年 2 月七版。

5.《兩漢思想史：卷二》，徐復觀，台北：台灣學生書局，1979 年 9 月再版。

6.《兩漢思想史：卷三》，徐復觀，台北：台灣學生書局，1979 年 9 月。

7.《中國經學史的基礎》，徐復觀，台北：台灣學生書局，2004 年 9 月。

8.《中國哲學史》，勞思光，台北：三民書局，1995 年 8 月增訂 8 版。

9.《歷史哲學》，牟宗三，台北：台灣學生書局，2000 年 9 月增訂 9 版。

10.《詮釋學——它的歷史和當代發展》，洪漢鼎，北京：人民出版社，2005 年 10 月。

11.《存在主義》，陳鼓應，台北：台灣商務印書館，2007 年 5 月增修 2 版。

12.《公羊學與漢代社會》，宋艷萍，北京：學苑出版社，2010 年 11 月。

13.《從公羊學論《春秋》的性質》，阮芝生，北京：華夏出版社，2013 年 8 月。

（四）法律、學術、經濟及社會研究之屬

1.《春秋時代之世族》，孫曜，上海：中華書局，1936 年 9 月再版。

2.《先秦儒家自由經濟思想》，侯家駒，台北：聯經出版，1983 年 10 月。

3.《興盛與危機：論中國封建社會的超穩定結構》，金觀濤、劉青峯，台北：天山出版社，1987 年 6 月。

4.《俠與中國文化》，林保淳，台北：台灣學生書局，1993 年 4 月

5.《性與中國文化》，劉達臨，北京：人民出版社，1999 年 1 月。

6.《學術與制度》，劉龍心，台北：遠流出版，2002 年 1 月。

7.《血酬定律》，吳思，台北：究竟出版社，2003 年 8 月。

8.《中國經濟史》，侯家駒，北京：新星出版社，2010 年 9 月 2 版。

9.《文化形態史觀&中國文化與中國的兵》，雷海宗、林同濟，長春：吉林出版集團，2010 年 10 月。

10.《九朝律考》，程樹德，北京：商務印書館，2010 年 12 月。

（五）文學研究之屬

1.《文心雕龍研究》，王更生，台北：文史哲出版社，1984 年 10 月增訂版。

2.《中國古典小說研究》，胡適，台北：遠流出版，1986 年 10 月。

3.《俗文學概論》，曾永義師，台北：三民書局出版，2003 年 6 月。

4.《漢文學史綱》，收入《魯迅全集》第 9 卷，魯迅，北京：人民文學出版社，2005 年 11 月。

五、近現代翻譯著作

1.《史學方法論》，〔德〕伯倫漢（Ernst Bernheim），台北：台灣商務印書館，1988 年 5 月。

2.《人格心理學》，〔美〕勞倫斯・普汶（Lawrence A.Pervin），台北：桂冠圖書出版，1989 年 3 月。

3.《人生論》，〔俄〕列夫・托爾斯泰（1828～1910），台北：志文出版社，1997 年 7 月。

4.《人論：人類文化哲學導引》，〔德〕恩斯特・卡西勒（Ernst Cassirer，1874～1945），台北：桂冠圖書出版，1997 年 11 月。

5.《歷史知識理論》，〔德〕約翰・古斯塔夫・德羅伊森（Droysen Johann Gustav，1808～1884），北京：北京大學出版社，2007 年 11 月。

6.《性學三論&愛情心理學》，〔奧〕西格蒙德・佛洛伊德（Sigmund Freud，1856～1939），台北：志文出版社，2007 年 3 月。

7.《史記戰國史料研究》，〔日〕藤田勝久，上海：上海古籍出版社，2008 年 1 月。

8.《歷史的再思考》，〔英〕凱恩・詹京斯（Keith Jenkins），台北：麥田出版，2008 年 6 月 2 版。

9.《何謂歷史？》，〔英〕愛德華・卡耳（Edward Hallett Carr，1892～1982），2009 年 2 月。

10.《恐懼的原型》，〔德〕弗里茲・李曼（Fritz Riemann，1902～1979），台北：台灣商務印書館，2009 年 12 月。

11. 《歷史的觀念》，〔英〕柯林武德（Robin George Collingwood，1889～1943），
北京：北京大學出版社，2010 年 1 月增補版。

12. 《科技奴隸》，〔美〕尼爾・波茲曼（Neil Postman），台北：博雅書屋，2010
年 4 月。

13. 《自卑與超越》，〔奧〕阿弗烈得・阿德勒（Alfred Adler，1870～1937），
台北：志文出版社，2010 年 5 月。

14. 《歷史的歷史：史學家和他們的歷史時代》，〔英〕約翰・布羅（John
Burrow），台北：商周出版，2010 年 7 月。

15. 《全球史學史：從 18 世紀至當代》，〔美〕格奧爾格・伊格爾斯（Georg G.
Iggers）、王晴佳，北京：北京大學，2011 年 2 月。

16. 《先秦社會與思想：試論中國文化的核心》，〔日〕高木智見，上海：上海
古籍出版社，2011 年 3 月。

17. 《人性論》，〔蘇格蘭〕大衛・休謨（David Hume，1711～1776），北京：
中國社會科學出版社，2011 年 11 月。

18. 《歷史科學基本概念辭典》，〔德〕斯特凡・約爾丹（Stefan Jordan，1967
～），北京：北京大學出版社，2012 年 2 月。

19. 《歷史學與文化理論》，〔英〕西蒙・岡恩（Simon Gunn），北京：北京大
學，2012 年 7 月。

20. 《世界歷史的秘密：關於歷史藝術與歷史科學的著作選》，〔德〕利奧波德・
馮・蘭克（Leopold von Ranke），上海：復旦大學出版社，2012 年 9 月。

六、學位論文

1. 《司馬遷的史學方法與歷史思想》，李宗侗、沈剛伯先生指導，阮芝生，
台北：台灣大學史研所，博士論文，1972 年。

2. 《漢初的學術與政治——兼論當時傳統與現實的關係》，曾朝旭指導，霍
晉明，新北：花木蘭文化出版，2010 年 9 月。

3. 《司馬遷的歷史哲學》，李威熊、陳熾彬指導，劉國平，新北：花木蘭文
化出版，2010 年 9 月。

4. 《左傳「君子曰」研究》，簡宗梧指導，盧心懋，新北：花木蘭文化出版，
2010 年 3 月。

5. 《史記「太史公曰」義法研究》，張高評指導，林珊湘，新北：花木蘭文
化出版，2006 年 3 月。

七、史記研究相關之單篇論文

1. 〈太史公行年考〉，收入《觀堂集林》，王國維，北京：中華書局，2006年8月。

2. 〈司馬談作史〉，收入《史記研究（下）》，顧頡剛，北京：中國大百科全書出版社，2009年1月。

3. 〈司馬談與史記〉，收入《中國史學思想史散論》，汪高鑫，北京：北京師範大學出版社，2010年6月。

4. 〈司馬談作史考補證〉，刊於《史學史研究》，賴長揚，北京：北京師範大學史學院史學所，1981年，第1期。

5. 〈司馬談作史考〉，刊於《南京師大學報（社會科學版）》，趙生群，南京：南京師大，1982年，第2期。

6. 〈論司馬談創史記五體〉，刊於《南京師大學報（社會科學版）》，趙生群，南京：南京師大，1984年，第2期。

7. 〈史記論「個體與歷史」舉隅──伯夷列傳決疑〉，收入《第五屆漢代文學與思想學術研討會論文集》，徐聖心，台北：政大中文系出版，2005年12月。

8. 〈讀伯夷列傳〉，收入《何佑森先生紀念論文集》，朱曉海，台北：大安出版社，2009年3月。

9. 〈試論司馬遷所說的「通古今之變」〉，收入《沈剛伯先生八秩榮慶論文集》，阮芝生，台北：聯經出版，1976年12月。

10. 〈試論司馬遷所說的「究天人之際」〉，刊於《史學評論》第六期，阮芝生，台北：華世出版社，1983年9月。

11. 〈班固論司馬遷是非頗謬於聖人辯〉，收入《史記斠證》，王叔岷，北京：中華書局，2007年7月。

12. 〈史記敘事中的一事並見兩說新探〉，收入《史學理論與史學史學刊》，金久紅、王玉亮，北京：社會科學文獻出版社，2009年12月。

八、單篇論文

1. 〈五德終始說下的政治與歷史〉，收入《古史辨》第五冊，顧頡剛，藍燈文化事業出版，1993年8月2版。

2. 〈儒家和五行的關係〉，收入《古史辨》第五冊，徐文珊，藍燈文化事業出版，1993年8月2版。

3. 〈晚周諸子反古考〉，收入《古史辨》第六冊，羅根澤，藍燈文化事業出版，1993年8月2版。

4. 〈殷周制度論〉，收入《觀堂集林》，王國維，北京：中華書局，2006 年 8 月。

5. 〈史學「致用」思想與傳統歷史編纂學的發展〉，收入《中國史學思想史散論》，汪高鑫，北京：北京師範大學出版社，2010 年 6 月。

6. 〈章節體的引入與近代史書編纂觀念的變化〉，刊於《史學史研究》，白雲，北京：北京師範大學史學院史學所，2011 年，第 1 期。

7. 〈歷史與現實〉，收入《第三種歷史》，雷戈，北京：人民出版社，2007 年 6 月。

8. 〈中國史敘論〉，收入《梁啟超全集》第 2 卷，梁啟超，北京：北京出版社，1999 年 7 月。

9. 〈歷史是怎樣口述的？〉，收入《胡適雜憶》，唐德剛，台北：遠流出版社，2005 年 5 月。

10. 〈文學與口述歷史〉，收入《史學與紅學》，唐德剛，台北：遠流出版社，2003 年 10 月。

11. 〈從段玉裁對「讀」字的訓解，談孔安國以今文字讀《古文尚書》的相關問題〉，刊於《世新中文研究集刊》第 6 期，洪博昇，台北：世新大學中國文學系，2010 年 7 月。